과학으로 하나님을 만나다

모든 인간은 하나님의 형상을 닮은 존엄한 존재입니다. 전 세계의 모든 사람들은 인종, 민족, 피부색, 문화, 언어에 관계없이 존귀합니다. 예영커뮤니케이션은 이러한 정신에 근거해 모든 인간이 존귀한 삶을 사는 데 필요한 지식과 문화를 예수 그리스도의 사랑으로 보급함으로써 우리가 속한 사회에 기여하고자 합니다.

과학으로 하나님을 만나다

초판 1쇄 찍은 날 · 2005년 8월 10일 | 초판 2쇄 펴낸 날 · 2007년 12월 14일

지은이 · 김경태 | **펴낸이** · 김승태

편집 · 이덕희, 방현주 | **디자인** · 이훈혜, 박한나
영업 · 변미영, 장완철 | **물류** · 조용환, 엄인휘

등록번호 · 제2-1349호(1992. 3. 31.) | **펴낸 곳** · 예영커뮤니케이션
주소 · (110-616) 서울 광화문우체국 사서함 1661호 | **홈페이지** www.jeyoung.com
출판사업부 · T. (02)766-8931 F. (02)766-8934 e-mail: jeyoungedit@chol.com
출판유통사업부 · T. (02)766-7912 F. (02)766-8934 e-mail: jeyoung@chol.com
제작 예영 B&P · T. (02)2249-2506~7

ISBN 978-89-8350-363-3 (03230)

값 8,000원

하나님의 존재하심을 부인할 수 없는 45가지 증거

과학으로 하나님을 만나다

김경태 지음

예영커뮤니케이션

✽ 추천의 글

생명현상 속에 들어 있는 하나님의 오묘한 손길

우주 만물은 하나님의 말씀으로 창조되었으며, 지금도 하나님의 섭리 아래 운행되고 있습니다. 모든 것이 하나님께서 만드신 법칙과 질서 속에 정연하게 움직이고 있습니다. 따라서 우주 만물의 모습은 하나님의 창조의 손길을 느낄 수 있는 또 하나의 계시입니다. 하나님께서 만드신 세상에서 호흡하며 살아가는 인생들도 하나님의 피조물로서 마땅히 창조주 하나님을 찬양하고 경배해야 할 것입니다.

생명과학자인 김경태 교수는 이 책을 통해 우리가 살아가면서 바라보는 자연의 모습과 생명 현상 속에 들어 있는 하나님의 오묘한 손길을 표현하고 있습니다. 누구나 알기 쉽게 과학적 원리를 설명하고 있고, 이를 통해서 하나님께서 말씀하시고자 하는 바를 찾고자 하였습니다.

우주만큼이나 복잡한 생명의 원리를 밝히기 위해 땀을 흘리는 연구의 현장과 학생들에게 과학적 지식뿐만 아니라 올바른 삶의 방향까지 전해 주고자 노력하는 교육의 현장에서 얻어진 지혜와 경험을 나누고자 하였습니다. 또한 일상생활의 다양한 현상 속에서도 과학적 원리를 찾아내어 하나님의 멋진 모습을 담아내며, 하나님을 섬기는 한 사람의 신앙인으로서 고백을 하고 있습니다.

우리는 매일 성경의 말씀을 통해서 하나님의 거룩하고 위대하신 모습을 발견하며, 우리를 향하신 하나님의 뜻을 이해할 수 있습니다. 이와 아울러 바뀌어가는 계절의 변화와 산과 나무와 구름과 비와 바다를 바라보면서 그 속에 하나님의 숨소리를 들을 수 있습니다. 그리고 우리 몸에서 일어나는 수 많은 생리 현상들을 바라보면서 생명의 주인이신 하나님을 확인할 수 있습니다.

조화로운 자연과 생명의 모습을 겸손한 눈으로 바라보며 묵상한 글이기에 독자들이 이 책의 한 장 한 장 속에서 하나님의 살아 계심을 느끼며, 하나님에 대한 신앙을 다시 한 번 돌아볼 계기가 되리라 확신합니다.

2005년 8월

칼빈대학교 총장

김의환

✲ 서문

자연과 생명 가운데 계신 하나님의 손길

오늘날 우리는 지식의 홍수 시대를 살아 가고 있다. 그러나 엄청난 지식의 양에도 불구하고 하나님을 중심에 두지 않고 있다. 그런 정보를 가능하게 하신 분이 하나님인데도 말이다. 하나님이 없는 지식은 혼돈과 혼란을 주지만 하나님 중심으로 깨닫게 되는 지식은 질서가 있고 정돈됨을 느낄 수 있다. 아직도 배울 것이 너무 많고 알고 있는 것이 일천하지만, 내가 지금까지 배워온 과학의 지식들은 하나님의 존재를 더욱 분명하게 알도록 한다.

오늘도 연구실에서 대학원생들과 씨름하면서 하나씩 밝혀지는 과학적 사실과 그 안에 내재되어 있는 정교한 원리들을 바라보면서 하나님의 손길을 인정하지 않을 수 없다. 똑같은 과학적 지식이지만 우리의 가치관이 어떠한지에 따라 하나님을 배제하기도 하고 하나님을 인정하기도 한다. 한 사람의 과학자로서 조금씩 과학적 사실을 알아갈 때마다 그 속에 숨겨진 하나님의 창조 사역을 깨닫게 된다. 그리고 물질과 생명을 만드시고 지금도 존재케 하시며, 창조 원리에 따라 움직이게 하신 하나님을 조금씩 알아갈 때마다 희열을 느끼게 된다.

그 동안 연구자로서 자연과 생명 안에 살아 계시는 하나님의 손길과 신앙인으로서 성경을 통해 깨닫게 되는 하나님의 모습이 따로 노는 것이 아니라 하나로 통합된 모습으로 그리고 싶었다. 그러던 차에 포항 극동방송이 개국하면서 "신앙과 과학"이라는 코너로 칼럼을 방송하게 되었다. 평소에 생각하며 느끼던 질서의 하나님, 조화의 하나님, 창조의 하나님을 매주 전할 수 있게 기회를 준 극동방송의 국장님과 강수미, 윤재희, 정은숙 PD님들께 감사를 전하고 싶다.

그리고 이 칼럼들이 방송될 때 격려와 조언을 아끼지 않았던 믿음

의 친구들에게 감사를 드리고, 뿔뿔이 흩어진 칼럼들을 하나의 책으로 꾸며 주신 예영커뮤니케이션의 김승태 사장님과 편집부에도 감사를 드린다. 또한 바쁘신 중에도 본인의 부족한 글에 대해 즐겁게 추천사를 써 주신 칼빈대학교의 김의환 총장님께 존경과 감사를 표한다. 그리고 이 글을 읽고 타이핑을 해주며 애써 준 김경애 자매와 연구실 식구들에게도 고마움을 표한다. 무엇보다도 날마다 기도하며 슬픔과 기쁨을 함께 나누는 아내에게 감사를 전한다.

보잘것없는 나와 이 책을 통해서 하나님의 살아 계심이 널리 전해지길 소원하며, 부족한 글이지만 이 일을 감당하는 첫걸음이 되길 기도한다.

포항에서

김경태

차례

2장_인체를 알면 하나님을 부인할 수 없다

3장_과학은 하나님을 거부할 수 없다

1장

하나님 안에 과학 있다

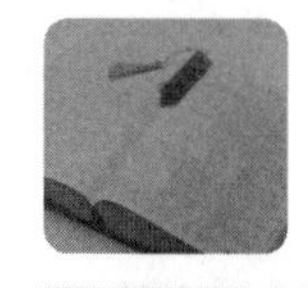

골리앗이 다윗에게 진 그럴 만한 이유가 있다

– 영적인 시야가 삶의 방향을 결정한다

말은 뒤쪽도 볼 수 있다?

사람의 눈이 볼 수 있는 시야는 약 170도 정도 되는데 앞면과 좌우 옆만 볼 수 있다. 뒤에서 우리를 부르는 소리가 들릴 때 고개를 돌려야만 그 사람을 볼 수 있다. 그런데 말은 시야가 350도나 되기 때문에 고개를 돌리지 않고도 알아챌 수 있다. 즉 가만히 있어도 눈동자의 움직임을 통해 앞뒤 좌우에 있는 물체를 분간할 수 있는 능력을 가지고 있다.

그런데 경주에 나오는 말들을 자세히 보면 모두 눈가리개를 착용하고 있다. 양쪽 눈 뒷부분에 가죽이나 고무로 만든 컵 모양의 눈가리개를 부착해 뒤쪽과 옆쪽을 보지 못하도록 차단한 것이다. 게다가 소리에 예민한 말들은 소리를 차단하는 귀마개까지 쓰고 있다. 이렇게 하는 이유는 경마에서 최선의 결과를 얻기 위해서이다. 앞만 보며 집중하지 않고서는 최고의 성적을 낼 수 없기 때문에 뒤쪽이나 옆에서 다른 말이 따라 붙는 모습을 보지 못하게 하고, 관중들의 환호 소리를 듣지 못하게 함으로써 다른 곳에 신경 쓰지 않고 오직 앞으로만 질주할 수 있도록 한 것이다.

우리는 시야 범위에 들어오는 사물에 대해 인식을 할 수 있다. 눈의 망막에 상이 맺힐 때 망막에 있는 광수용체 세포들이 자극을 받고 이 자극은 시신경 세포로 전달된다. 시신경 세포는 뇌의 후미에 위치한 시각중추로 정보를 전달하는데, 시각중추에 이르기까지 신경 회로가 온전해야 한다. 망막에서 형성된 신경신호가 시각중추로 전달되는 과정에서 신경회로의 경로에 문제가 생기면 어떤 물체인지 그리고 어떻게 움직이는지 제대로 인식할 수 없다.

골리앗에게도 약점이 있었다

성경에 보면 골리앗이란 거인의 이야기가 나온다. 사무엘상 17장의 내용을 보면 이스라엘 군대와 블레셋 군대가 엘라 골짜기에서 서로 대치하여 싸우는 장면이 나온다. 블레셋 군대의 장수가 골리앗인데 이 장수의 신장이 여섯 규빗 한 뼘이라고 정확하게 묘사하고 있다. 규빗이란 단위는 손가락 끝에서 팔꿈치까지의 길이를 말하는데, 성인의 경우 약 45cm 정도 되므로 여섯 규빗은 2m 70cm에 해당한다. 그리고 한 뼘이나 더 되니까 한 뼘의 길이가 약 20cm가 되므로 골리앗의 키는 약 2m 90cm 정도 되는 엄청나게 큰 거인이었다.

■ 다윗과 골리앗의 전투

재미있는 사실은 1993년 5월에 고고학자들이 팔레스타인 지역에서 거인의 해골을 발견했는데, 그 해골의 이마에 돌이 박혀 있었다. 해골의 이마 좌우거리를 측정하여 그 사람의 키를 계산해 본 결과, 2m 90cm나 되는 장대한 체격의 거인이었음이 밝혀졌다. 연대 측정을 해 본 결과도 약 B.C 1,000년경의 사람으로 다윗시대와 일치하였다. 학자들은 발견 장소가 팔레스타인 지역이고 체격이 거대하며 이마에 돌이 박혀 있을 뿐만 아니라 살았던 연대가 다윗시대임을 종합해 볼 때, 이 해골의 주인은 다윗에게 죽임을 당한 골리앗의 유골임이 확실하다고 발표했었다.

이 골리앗은 거구의 체격에다 엄청난 힘과 용맹을 자랑하였지만 결정적인 약점이 있었으니 바로 그의 시신경 회로에 장애가 있었던 것이다. 학자들은 골리앗이 눈으로 볼 수 있는 시야의 범위에 문제가 있었다고 지적한다. 학자들은 골리앗의 키가 이렇게 큰 데에는 뇌하수체에 이상이 있었을 것으로 판단하고 있다. 뇌하수체 전엽에서 성장호르몬이 분비되어 신체의 크기를 조절하는데, 골리앗의 경우 뇌하수체 비대증이 있어서 성장호르몬의 과다분비가 일어나 거인으로 자라나게 되었다고 보는 것이다. 사람의 뇌에서 뇌하수체는 양쪽 눈에서 오는 시신경 다발이 교차하는 곳, 즉 교차핵 바로 아래에 위치하고 있다. 그런데 뇌하수체가 부풀어 올라 비대해지면 시신경 교차핵을 누르게 되어 정상적인 시야를 갖지 못하게 되고, 시야의 가장자리에서 오는 정보를 뇌로 전달할 수 없게 된다. 이렇게 되면 마치 터널을 통해 바깥세상을 보는 듯하다고 해서 이런 장애를 터널시각이라 한다. 경주하는 말의 눈에 눈가리개를 하여 앞만 보게 한 경우처럼 골리앗의 시야도 좌우 옆면은 잘 보지 못하고 정면만 볼 수 있었으리라 추측된다.

뇌하수체 : (腦下垂體)【명사】 간뇌(間腦)의 밑에 있는 내분비샘의 하나《전엽(前葉) · 중엽 · 후엽의 세 부분으로 되었고 생식 · 발육에 밀접한 관계가 있음》.

뇌하수체 비대증 : (肥大症)[ㅡ쯩]【명사】『의』 몸이 비대해지는 병적 증세.

■ 해외 잡지에 소개되었던 골리앗의 해골과 이마에 박혀 있는 돌

골리앗은 놋 투구를 쓰고, 물고기 비늘처럼 만든 놋 갑옷을 입었고, 다리에는 놋 경갑을 차고, 어깨에는 놋 단창을 매었다. 그의 손에는 베틀 채 같은 창 자루가 들려 있었다. 힘이 장사여서 손에 든 창을 쉽게 다룰 수 있었는지는 모르지만 육중한 갑옷과 투구로 온 몸을 감싸고 있어서 움직임은 날렵하지 못했을 것이다.

반면에 소년 다윗은 재빠르게 엘라 골짜기를 가로질러 골리앗을 향해 달려가면서 적절히 은폐물을 이용했을 것이다. 터널시각을 가지고 있어 시야가 제한되어 있던 골리앗은 이리 저리 몸을 숨겨가며 자기를 향해 달려오는 다윗의 모습을 중간에 놓쳐 버렸고, 이런 와중에 다윗은 골리앗 가까이 충분히 다가갈 수 있었을 것이다. 다윗은 평소 양을 치며 사자나 곰을 물리치기 위해 물매질을 하였기 때문에 능숙한 솜씨로 사정거리 안에 있던 골리앗의 이마를 정확하게 맞출 수 있었다. 골리앗이 자신의 힘과 우람한 덩치만 믿고 호령하다가 날렵하고 용감한 다윗의 손에 쓰러지고 말았던 것이다. 골리앗이 장대하여 하나님의 이름을 모욕하면서 자신의 힘을 뽐내었지만, 결국 어린 소년의 손에 엎어지고 말았다. 그리고 자신이 차고 있던 긴 칼에 의해 목이 베이고 말았다.

삶의 방향을 정하는 것은 영적인 시야이다

우리가 살아감에 있어서 육신의 시야도 중요하지만 영적인 안목은 이보다 더욱 중요하다. **우리의 영적인 시야가 어디에 있느냐에 따라 삶의 방향이 정해진다. 소년 다윗은 골리앗에 비해 왜소한 자신의 몸집에 시야를 두지 않았다. 그의 시야는 하나님께 맞춰져 있었다.** 다윗은 골리앗을 맞아 싸우러 가기 전에 이렇게 고백한다. "여호와의 구원하심이 칼과 창에 있지 아니함을 이 무리로 알게 하리라. 전쟁은 여호와께 속한 것인즉 그가 너희를 우리 손에 붙이시리라."(사무엘상 17장 47절) 다윗은 전쟁의 승패가 얼마나 강한 힘을 가졌는지 혹은 얼마나 좋은 무기를 가지고 있느냐에 달려 있는 것이 아니라 하나님께 속한 것임을 분명히 믿고 있었다. 갑옷을 입지 않고 무장도 하지 않은 소년 다윗이 가지고 있었던 것은 고작 물매 돌 다섯 개뿐이었다. 하지만 다윗은 아무리 무시무시한 골리앗이라도 하나님을 모욕하는 자를 용서할 수 없었다. 다윗의 시야가 하나님께 있었고 하나님께서 그를 도우실 것을 믿었기 때문이다.

우리의 시야가 돈에 맞춰져 있으면 평생 돈을 좇아 허우적거릴 것이다. 또 세상의 재미에 맞춰져 있으면 늘 새로운 자극이 있는 곳으로 달려가게 된다. 분명한 것은 세상이 주는 것은 잠시 잠깐이지만 천국의 상급은 영원하다. 영원한 것을 바라보고 달려가는 자야말로 진정 현명한 사람이다. 비록 **육신의 눈에는 보이지 않을지라도 하나님께서 기뻐하시는 것을 분별할 줄 아는 영적 시야를 갖고 지금 자신이 서 있는 자리에서 최선을 다해 진력하는 우리가 되어야 할 것이다.**

구름이 없었으면 사람도 없었다

– 구름에는 하나님의 오묘한 사랑이 실려 있다

매년 가을이 오면 구름 한 점 보이지 않고 끝없이 펼쳐져 새파란 하늘을 자주 보게 된다. 그 끝을 알 수 없는 투명한 보자기에 하늘 넓게 푸른 물이 가득 담겨져 있어 살짝 건드리면 파란 물감이 금방이라도 쏟아질 것만 같다. 그 아득한 하늘을 바라보노라면 가슴에서 시원한 폭포소리가 들리기라도 하듯 후련해진다.

그러다가 어떤 날엔 높은 하늘에 새털 같은 구름들이 기묘한 형상으로 수를 놓는다. 특히 저물어가는 석양의 빛을 받아 묘한 색깔로 채색되어 있는 구름의 형상은 탄성을 자아내게 한다. 또 시시각각으로 변하는 구름의 모습을 지켜보면서 우리는 여러 가지 상상을 하게 되고 그 신비로움에 빠지게 된다. 이처럼 하늘에서 형상이 변하면서 다양한 모습을 한 구름을 두고 역사 가운데 많은 문학가와 예술가들이 감상적인 느낌과 막연하면서도 경이로움들을 그들의 작품 속에 표현해왔다.

구름, 알고 보면 흰색은 없다

그런데 이 구름에 대해 과학적 접근으로 분석하고 구름의 종류와 형성 과정에 대한 이론적 체계를 갖추게 된 것은 19세기 초반에야 이루어졌다. 구름의 명명법과 분류법을 고안해서 현대 기상학의 기초를 닦은 사람은 아마추어 기상학자 루크 하워드(1772-1864)였다. 하워드는 영국 런던에서 철제기구 제조업자의 아들로 태어나 권위적인 아버지 밑에서 가정교육을 받으며 금욕적인 생활을 강요당하면서 자라났다. 이런 하워드에게 있어 절제되고 따분한 일상생활을 벗어날 수 있는 유일한 방법은 창밖의 구름을 관찰하는 것이었다. 아버지의 뜻을 거역할 수 없어 약제사의 길을 걷게 되었지만 구름에 대한 호기심과 진지한 관찰은 멈추지 않았다. 마침내 1802년에 「구름의 변형에 관하여」라는 논문을 발표했다. 구름은 수증기가 상승하면서 응결되어 만들어진 것이며, 나아가 몇 가지 기본 형태로 구름을 분류할 수 있다는 주장을 담은 이 논문은 기상학의 역사를 다시 쓰는 중요한 연구 성과로 각광을 받았다.

푸른 하늘에 흩어져 변화무쌍하게 수를 놓고 있는 구름은 물 입자로 이루어져 있다. 물 입자의 크기는 다양한데, 입자의 크기에 따라 진동수가 달라지고 진동수는 구름의 색깔을 결정하게 된다. 물 입자 가운데 가장 작은 것은 진동수가 많아 파란색을 띠게 되고, 조금 큰 입자는 녹색을, 그리고 제일 큰 입자는 빨간색을 산란시킨다. 맑은 날 하늘에 떠 있는 구름은 여러 가지 크기의 입자가 골고루 분포하게 되는데, 산란되는 세 가지 색깔의 입자들의 양이 비슷하여 전체적으로는 흰색으로 보이는 것이다.

반면 여름철 소나기 구름처럼 물 입자의 크기가 더 커지는 경우에는 빛은 흡수되고 산란되는 빛의 양이 적어지게 되어 어두운 색을 나타내는 먹구름이 된다. 그리고 먹구름의 물 입자는 크기가 커서 그 무게로 인해 마침내 땅으로 떨어져 소나기가 된다. 소나기를 뿌리는 먹구름뿐만 아니라 뭉게구름, 양털구름, 새털구름 등 다양한 모양을 체계적으로 분류하고 이름을 붙인 것이 바로 루크 하워드이다. 그는 구름의 이름을 지으면서 다른 나라 학자들도 쉽게 이해할 수 있도록 라틴어를 사용하여 머리카락을 뜻하는 권운(Cirrus), 더미 또는 퇴적이라는 뜻의 적운(Cumulus), 층이나 판을 뜻하는 층운(Stratus) 등의 용어를 만들어냈으며, 오늘날 기상학계에서는 하워드의 명명법이 그대로 사용되고 있다.

■ 권운

■ 층운

하워드는 구름의 외적 특징뿐 아니라 구름의 성질과 그에 따른 기상 변화까지 관찰하여 기록하였다. 가령 적운을 '원뿔 혹은 반구 모양으로 불룩하게 솟아오른 구름'이라고 설명하면서 '처음에는 작고 불규칙한 점이 나타나는데, 그것은 적운이 계속 증가하도록 하는 핵이다. 일출 후 몇 시간에 걸쳐 형성되기 시작해 정오를 지나 가장 더운 시간에 최대로 커졌다가 다시 점차적으로 줄어들면서 해거름 즈음에는 완전히 사라진다'고 하면서 구름의 생성에서부터 소멸까지의 과정을 자세히 기술하였다. 또 '강한 바람이 부는 방향으로 형성된 적운은 곧 바람이 고요해지고 비가 올 것임을 말해 준다. 적운이 사라지지 않거나 해질 무렵까지 가라앉지 않고 계속 상승한다면 밤에 천둥이 칠 것을 예상할 수 있다'고 하면서 구름의 형상이 변하는 것을 보고 일기를 예측할 수 있다고 밝혔다. 하워드는 오랜 세월을 두고 관찰하면서 구름의 모습을 직접 수채화로 그리고 세밀한 관측 근거에 따라 설명을 하고 있다. 그는 일생 동안 구름을 사랑하고 관찰하면서 변덕스럽고 쉽게 모양을 바꾸는 구름에 대해 명확한 과학적 시각을 제공해 주었다.

하나님의 물 공급 지구대작전

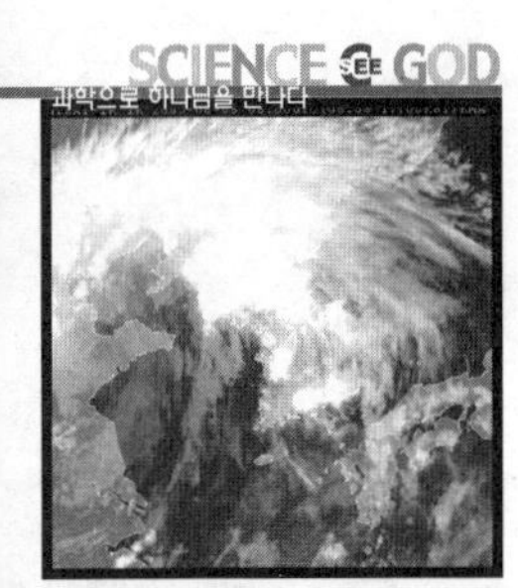

■ 일기예보. 한반도가 태풍의 영향권 안에 있는 것을 볼 수 있다.

일기예보를 보면 태풍이 남동쪽 먼 바다에서 몰려오는데 엄청난 양의 구름이 소용돌이치며 움직이는 것을 기상관측 인공위성에 의해 실시간으로 볼 수 있다. 거대한 구름이든 혹은 군데군데 떠 있는 구름이든 당시 바람의 세기와 방향, 기온, 공기 중 수증기 양에 따라 구름의 모양과 크기가 결정되는데, 강력한 소용돌이 형태의 구름이 다가오고 있다면 강풍을 동반한 엄청난 양의 비가 뿌릴 것을 예측할 수 있다. 이처럼 구름은 물을 가지고 있어서 지구 곳곳에 물을 공급해 주는 하나님의 걸작품이다.

수증기를 함유한 기체는 온도의 증가와 더불어 팽창하므로 지표 근처의 따뜻한 공기는 상승하게 된다. 적도 근처의 따뜻하고 다습한 공기는 상승하여 극지방으로 이동하고, 아래에서는 차갑고 건조한 공기가 극지방에서 적도 쪽으로 이동하게 된다. 바람은 지구의 자전과 공전, 지표면의 지형 등에 영향을 받으며 순환을 함으로써 염분과 불순물이 제거된 물을 내륙 지방으로 운반하는 역할을 수행한다. 지구상에는 엄청난 양의 바닷물이 존재하지만 녹아 있는 염분으로 인해 육상의 생물들이 그대로 사용할 수 없다. 그래서 **하나님께서는 염분을 제거한 물을 육지로 보내기 위해 구름을 창조하셨다.**

성경의 욥기 26장 7-8절은 "그는 북편 하늘을 허공에 펴시며 땅을 공간에 다시며 물을 빽빽한 구름에 싸시나 그 밑의 구름이 찢어지지 아니하느니라"고 말하고 있다. 지구가 하늘이라고 표현된 우주의 공간에 떠 있게 하시고 물이 담긴 구름으로 둘러쌌다고 묘사되어 있다. 그리고 예레미야 10장 13절에도 "그가 목소리를 발하신즉 하늘에 많은 물이 생겨나니 그는 땅 끝에서 구름이 오르게 하시며 비를 위하여 번개하게 하시며 그 곳간에서 바람을 내시거늘" 이라고 기록되어 있다. 이 말씀은 현대에 들어와서 깨닫게 된 구름의 형성과 비나 눈이 만들어지는 강수 이론을 잘 설명하고 있다. 태양열은 초당 수십억 리터의 물을 증발시키고 공기보다 가벼운 수증기는 하늘로 올라가서 공기 중의 미립자를 중심으로 응결 과정을 거쳐 구름을 형성한다. 바람과 기류는 이 구름들을 이동시키면서 강수 과정을 통하여 일정한 크기의 비나 눈으로 지면에 내리게 한다. 지면의 물은 강물이나 지하수로 흘러가거나 식물들에 의해 흡수된다. 그리고 궁극적으로는 다시 바다로 돌아가는데 이러한 과정을 물의 순환이라 한다.

지구 전체를 고려하여 장기간 관측하면 지면에서 증발하는 물의 양과 강수에 의해 지면에 내리는 물의 양은 거의 같으며 지구상의 물은 이 평형을 유지하고 있다. 만일 육지의 생명체에게 염분이 가득한 바닷물을 이용하여 살 수 있는 능력이 갖추어진다고 해도 바다 근처라면 괜찮겠지만 내륙 깊숙한 곳에 사는 동식물들은 살기가 곤란할 것이다. 대륙의 한 가운데 사는 동식물들을 위해 바다로부터 물을 공급하기 위해서 상상할 수 없을 만큼 강력한 펌프가 동원되어야 할 것이다. 그렇지 않으면 바닷가에만 생물들이 살 수 있을 것이다.

그런데 **하나님께서는 구름을 만드시고 그 가운데 물을 싸서 바람을 이용하여 지구 내륙 깊숙한 곳으로 운반하도록 창조하셨다.** 우리가 씨를 뿌리고 곡식을 키워내고 가을에 추수하여 먹고 살 수 있는 것도 하나님께서 구름을 통해 물을 보내주신 덕분이다. 저 하늘에 떠 있는 구름을 바라보면서도 하나님의 오묘하고 깊은 사랑의 손길을 느낄 수 있어 감사하게 된다.

너희가 김치를 아느냐?

– 상생하는 어울림 사회 공동체, 김치에게 배워라

며칠 전 우리 집에서도 김치를 담그게 되었다. 식구가 많지 않아 많이 담그지 않기 때문에 이웃의 집사님 가정과 함께 배추와 무를 공동으로 사서 함께 김장을 했다. 배추를 다듬고 소금물에 절인 후 갖은 양념을 버무려 김장을 만드는 동안 힘들기보다는 오히려 함께 일하면서 즐겁게 교제할 수 있었다. 겨우내 식구들을 위한 영양 보급 준비를 마치면서 늘 식탁 위에 빠지지 않고 올라오는 김치가 이번 겨울에도 그 맛이 어떠할까 상상해 본다.

발효 식품의 최고 결정판, 김치

김치는 식품과학에서 볼 때에도 신선한 채소를 오래 저장할 수 있는 방법이면서도 동시에 여러 영양분을 보강하여 발효시킴으로써 독특한 맛을 만들어내는 발효 기술의 최고 작품임을 알 수 있다. 우리 나라는 산수가 깨끗하고 아름다워 물이 넉넉하며 청명한 기후를 가지고 있기 때문에 다양한 채소가 생산될 뿐만 아니라 채소의 조직이 연하고 향과 맛도 뛰어나다. 그런데 사계절이 뚜렷한 기후 때문에 겨울철에는 채소가 나지 않고 저장도 어려워 건조를 하거나 소금에 절이는 등 가공에 남다른 슬기가 필요하다. 그래서 겨울철에도 채소를 먹기 위해 김치를 만들어 먹었다. 김치는 발효저장법을 활용한 식품으로서 겨울철의 낮은 온도를 이용하여 냉장 보관할 수 있으므로 오랫동안 먹을 수 있도록 고안되었다.

쌀을 주식으로 하는 우리 나라에서는 탄수화물 외에 결핍되기 쉬운 비타민과 각종 미네랄을 채소를 통해 섭취하게 되는데, 겨울 동안에는 김치를 통해 가능하도록 하였다. 김치는 배추나 무뿐만 아니라 산이나 들에서 나는 각종 산나물과 들나물로도 만들어 지방에 따라 독특한 종류의 김치가 있고 김치의 종류만 하더라도 수십 가지나 된다. 야채를 묽은 농도의 소금으로 절이면 채소가 가지고 있는 자가효소나 유산균의 발효 작용으로 인해 아미노산과 젖산 등이 만들어지는 숙성 작용이 일어난다. 그리고 유산균이 김치에서 자라면 병원성 미생물이 자라지 못하기 때문에 건강에도 유익하다.

김치 발효에 관여하는 유산균의 종류는 매우 다양하고, 김치 발효의 초기에는 류코노스톡 메센테로이데스(Leuconostoc mesenteroides)라는 균이 작용하여 김치를 알맞게 익혀 줄 뿐만 아니라 덱스트란(dextran)이라는 식이섬유를 만들어내어 신진대사를 촉진시키는 역할을 한다. 깍두기 김치가 숙성되면서 표면에 끈적끈적한 물질이 생기는데 이것이 바로 덱스트란이다. 덱스트란은 인체에 전혀 해롭지 않고 소화와 변비에 효과가 있다. 그리고 발효가 진행되면서 발효의 중기와 후기에 이르면 락토바실루스 플란타룸(Lactobacillus plantarum)이라는 유산균이 작용하여 다른 해로운 균을 사멸시킨다. 그리고 이 때가 되면 젖산을 너

과학으로 하나님을 만나다
SCIENCE SEE GOD

덱스트란 : (dextrin)【명사】『화』 녹말을 산 · 열이나 효소를 써서 가수 분해 할 때 맥아당이나 포도당이 되지 못한 갖가지 중간 생성물을 통틀어 이르는 말《보통, 백색 또는 황색의 가루로 아라비아고무의 대용으로 인지 · 우표 등을 붙이는 데 씀》. 호정(糊精).

무 많이 만들기 때문에 김치를 시게 하는 원인이 되기도 한다. 유산균의 작용으로 발효된 김치에는 요구르트와 거의 같은 양인 1g 속에 8억 개의 유산균이 들어 있어서 우리의 장을 튼튼하게 하고 배변을 돕는다.

연구 결과에 의하면 김치에는 30여 종의 균이 살고 있으며, 외부의 온도나 습도, 숙성 정도에 따라 유산균의 비중이 달라진다. 김치의 유산균은 섭씨 5℃에서 50일까지 계속 증가하며, 이후에는 급격히 감소한다. 그래서 50일 정도 숙성된 김치가 제일 맛있고, 영양분도 가장 풍부하다. 또한 김치는 젓갈을 섞어 발효를 시키기 때문에 젓갈에서 공급되는 아미노산과 칼슘, 철, 아연 등과 같은 미네랄을 많이 함유하고 있다. 게다가 고추, 마늘, 생강, 조미료 등에 들어 있는 여러 종류의 성분이 더해져서 더욱 풍부한 영양을 가지게 된다.

고춧가루에는 지방을 연소하는 캡사이신(capsaicin) 성분이 들어 있는데, 캡사이신은 몸의 대사 기능을 높여 지방의 축적을 막으므로 다이어트에도 좋다. 캡사이신은 열을 감지하는 수용체에 결합하여 작용하기 때문에 고추를 먹으면 우리가 매운 맛을 느끼게 되고 땀이 나는 것이다. 땀을 흘릴수록 몸 안에 축적된 지방을 연소시키는 효과가 있다. 그리고 최근에는 캡사이신이 진통 효과가 있음을 확인하였고, 나의 연구실에서도 혈구 세포에서 활성 산소의 생성을 억제하므로 염증 반응을 조절할 수 있다는 사실을 밝혀냈다. 또한 고춧가루에는 사과의 25배나 되는 비타민 C가 함유되어 있어 우리 몸에 환원력을 보강시켜 주므로 세포들의 노화를 방지할 수도 있다.

그리고 김치에 들어가는 마늘에는 알린(alliin)이라는 성분이 있는데 마늘을 갈아서 음식에 넣게 되면 효소 작용에 의해 알리신(allicin)으로 변하여 살균작용을 가지게 되며, 또 공기 중의 산소로 인해 산화되어 마늘의 독특한 냄새를 갖게 하는 휘발성의 다이알릴 설파이드(diallydisulfide)가 만들어진다. 이런 마늘의 성분들은 혈중의 지방이나 혈압을 저하시키는 효과와 아울러 항응고효과 및 항산화작용을 가진다. 또한 생강에는 쇼가올(shogaol), 진저롤(gingerol)과 같은 독특하고 매운 성분이 있어 혈액의 흐름을 좋게 한다고 알려져 있다. 이렇듯 채소뿐만 아니라 젓갈이 더해지고 고추, 파, 마늘, 생강 등 다양한 재료가 섞여 버무려지고 유산균의 발효 작용으로 숙성되는 김치는 겨울철 감기로부터 몸을 건강하게 유지하고 사스(Sars)와 같은 병원균에 대한 항균 작용뿐만 아니라 종합 영양소를 갖춘 완벽 식품이다. 이제 김치는 우리 나라만의 음식이 아니라 중국과 일본을 넘어 세계인들의 식탁에 오를 정도로 그 가치를 인정받고 있다.

■ 김치. 다양한 재료와 유산균의 발효 작용으로 숙성되는 김치는 건강을 위한 완벽한 식품이다.

김치에게 배우는 어울림 사회공동체

오늘날 우리 사회에도 다양한 사람들이 서로 섞여 살아가고 있다. 채소 같은 사람, 매운 맛을 내는 고추 같은 사람, 독특한 냄새를 만드는 마늘과 생강 같은 사람, 짭짤한 젓갈 맛을 내는 사람 등 성향과 출신과 배경이 다른 사람들이 모여 살아간다. 여러 재료들이 모여 함께 발효되고 숙성되어 김치가 만들어지듯 우리가 속한 사회나 공동체에서도 여러 계층의 다양한 사람들이 어우러져 살아가며 조화롭게 하모니를 이루는 아름다운 삶의 모습이 연출된다면 얼마나 좋을까? 모자이크로 이루어진 큰 그림의 조각들을 하나씩 떼어내서 보면 별로 의미도 없고 볼품이 없을지라도 이들을 모아 적절한 위치에서 자기의 모양과 색깔을 내게 하면 커다란 하나의 아름답고 조화로운 그림이 완성되는 것이다. 하나님을 사랑하는 다양한 색깔의 사람들이 서로 모여 힘을 합하고 선한 뜻을 추구해 나갈 때 주님 안에서 아름답고 멋진 그림이 이루어지게 된다. 믿음의 사람들이 사회의 이질적인 다양한 사람들을 어우러지게 하며 조화롭게 하는 역할을 감당한다면 그리스도인의 가치는 더욱 커질 것이다.

김치가 우리의 밥상에 매 끼마다 올라와도 지겹지 않고 보이지 않으면 오히려 허전하게 느껴진다. 그리고 어떤 요리와 함께 있더라도 어울릴 수 있고 늘 우리의 입맛을 즐겁게 한다는 것이 김치의 탁월한 매력이다. 마찬가지로 우리 그리스도인들은 우리가 속해 있는 가정이나 학교 또는 직장에서 야단스럽게 드러나지는 않지만 꼭 필요한 존재로 살아가기를 원한다. 우리가 있음으로 인해 분열이 일어나기보다는 일치하게 되고, 다투기보다는 화평케 하고, 미움과 무관심보다는 따뜻한 사랑이 넘치고, 비겁함보다는 용기가 북돋워지기를 기대한다. 겨울을 준비하며 김장하는 손길을 생각하면서 비록 차갑고 얼어붙은 추위가 몰려올지라도 서로간의 차이를 인정하고 이해하면서 사랑과 관심으로 서로의 마음을 따뜻하게 녹여 줌으로써 함께 어우러져 독특한 맛을 내는 아름다운 어울림 사회공동체를 꿈꿔보자.

가을에는 왜 단풍이 들까?

– 단풍 가운데 하나님을 깨달을 수 있는 마음을 주셨다

매년 가을이면 학교로 가는 길에 길게 늘어선 가로수마다 오색찬란한 물감으로 채색되어 있다. 울긋불긋한 나뭇잎들은 가을의 풍경을 아름답게 수놓고, 떨어진 단풍잎들은 회색 아스팔트마저 고호의 작품처럼 채색해 놓았다. 주말이면 맑고 드높은 가을의 파란 하늘을 보기 위해서, 또 다채롭고 화려한 단풍을 보고 즐기기 위해 많은 사람들이 산행을 하거나 숲이 우거진 야외로 나서는 것을 볼 수 있다.

색소가 만들어내는 아름다운 단풍

우리 나라의 날씨는 여름에서 가을로 접어들면서 서서히 기온이 내려가기 때문에 단풍이 형성되기 좋은 조건을 갖추고 있다. 은행나무의 경우 가을의 운치를 노랑 물감으로 표현하는데, 이렇게 노란 단풍이 드는 이유는 초록색을 띠는 엽록소가 서서히 사라지고 엽록소와 같이 있던 노란색 색소인 카로틴과 크산토필이 나타나기 때문

카로틴 : (carotin)【명사】 당근 뿌리나 고추 따위에 많이 들어 있는 황적색의 색소 물질. 동물의 몸 안에서 비타민 A로 바뀜.

크산토필 : (Xanthophyll) 고추 · 달걀의 노른자 등에서 얻는 카로티노이드 색소.

이다. 엽록소가 합성될 때에는 엽록소가 훨씬 많기 때문에 초록색을 띠다가 엽록소가 사라지면서 초록색에 가렸던 노란색이 보이게 된다. 엽록소는 광합성이 일어나는 센터의 역할을 하는데, 가을로 들어서면 나뭇잎의 생육 활동이 막바지에 이르게 되고, 나뭇잎으로 공급되는 수분과 영양분이 점차 감소하기 때문에 엽록소가 여름만큼 왕성하게 생성되지는 않는다. 따라서 엽록소의 생성이 떨어짐과 동시에 잎 속에 남아 있던 엽록소는 햇볕에 노출되어 계속 사용되면서 없어지기 때문에 나뭇잎은 푸른빛을 점차 잃게 된다. 그렇지만 카로틴과 크산토필은 햇볕을 받아도 사라지지 않으므로 엽록소가 없어진 뒤에도 잎 속에 계속 남아 우리가 노랗게 물든 은행잎을 볼 수 있는 것이다.

■ 노랗게 물든 은행잎

그리고 참나무나 너도밤나무, 플라타너스, 느티나무 등은 가을이면 갈색으로 변하게 되는데 이는 엽록소가 사라진 뒤에 탄닌이라는 갈색 색소가 남기 때문이다. 반면에 붉은색 단풍은 다른 색깔의 단풍과는 달리 새로운 색소를 만들어낸다. 엽록소가 파괴된 뒤, 잎 속에 없었던 안토시아닌이라는 색소가 새로이 합성되면서 잎은 선명한 붉은색으로 변한다. 안토시아닌은 붉은 꽃에 많이 있는 플라보노이드 화합물의 일종으로서 탄수화물이 많을수록 합성이 촉진된다. 안토시아닌은 현재까지 40여 종이 알려져 있는데, 세포 내에서는 모두 당이 붙어 있는 배당체로 존재하고 있다. 안토시아닌을 산으로 가수분해하면 붉은색을 띠는 안토시아니딘과 탄수화물인 당으로 나누어진다. 안토시아닌에 붙어 있는 당에는 포도당과 유당 및 람노오스, 크실로오스 등이 있는데 이러한 탄수화물이 많이 만들어져야 안토시아닌의 합성이 왕성하게 일어날 수 있게 된다. 그리고 가을이 되어 기온이 내려가면 건조한 기후와 추위에 견디기 위해 나무는 잎

배당체 : (配糖體)【명사】『화』 포도당 등의 당류와 히드록시기(基)를 갖는 유기 화합물이 결합한 화합물의 총칭. 글리코시드.

을 떨어뜨리는데 이를 위해 잎자루에 떨켜를 만든다. 그러면 잎에서 광합성으로 만든 탄수화물이나 아미노산이 줄기로 이동하지 못하고 잎에 축적되어 색소의 합성에 이용되는 것이다.

나뭇잎에 탄수화물이 많이 쌓이려면 낮에는 광합성이 활발하게 일어나야 하고, 밤에는 호흡작용이 적게 일어나서 낮에 합성된 탄수화물의 소비가 적어야 한다. 즉 낮에는 뜨겁지 않으면서 햇볕이 잘 들어야 하고, 밤에는 시원하면서도 낮과 밤의 온도 차이가 많이 나야 한다. 낮보다 밤이 쌀쌀하게 되면 대사의 효율이 떨어져 낮에 만들어진 탄수화물의 소비가 줄어들게 된다. 그러면 안토시아닌의 합성이 잘 일어나서 예쁘고 붉은 색조의 빛깔로 나뭇잎을 변화시키는 것이다.

단풍 가운데 하나님을 깨달을 수 있는 마음을 주셨다

나무마다 독특한 색조로 온 세상을 멋지게 수놓는 가을 단풍을 바라볼 때마다 하나님께서 주시는 아름다움에 감탄하게 된다. 세상의 그 어떤 화가도 이처럼 위대한 그림을 그릴 수는 없을 것이다. 때가 되면 당연히 나뭇잎의 색깔이 변하는 것으로 생각하지만 갖가지 색으로 변신하도록 디자인하셔서 가을마다 멋진 광경을 연출하시는 하나님의 섬세하심을 볼 수 있다.

또한 다양한 색조로 변한 가을의 나뭇잎을 볼 때 우리는 천하에는 때가 있음을 느낄 수 있다. 새순이 파릇하게 나올 때가 있고 꽃이 필 때가 있으며 푸른 나뭇잎이 울창하다가 이윽고 다양한 단풍의 색깔로 변해갈 때가 있고 마침내는 가지를 떠나 떨어질 때가 있다. 전도서 3장 11절에 보면 "하나님이 모든 것을 지으시되 때를 따라 아름답게 하셨고 또 사람에게 영원을 사모하는 마음을 주셨느니라. 그러나 하나님의 하시는 일의 시종을 사람으로 측량할 수 없게 하셨도다"라고 했다. 하나님께서 우주를 창조하시면서 사시와 일자와 연한을 이루게 하셨고, 그것을 창조 질서 아래 아름답게 만드셨다. 그리고 질서 있고 아름다운 자연을 바라보는 우리에게 영원을 사모하는 마음을 주셨다. 나뭇잎의 색깔을 변하게 하시는 하나님의 손길이 있고 단풍 가운데 하나님을 깨달을 수 있는 마음을 우리에게 허락하셨다는 것이다. 지금의 과학이 아무리 발달하고 화학 합성의 기술이 뛰어나다 할지라도 아직 나뭇잎 하나도 합성할 수 없다. 더구나 계절에 따라 오묘하게 변하는 단풍의 모습을 실험실에서는 재현해내지 못하고 있다. 우리가 겸손한 태도로 나뭇잎만 자세히 바라보아도 적절한 때를 정하신 하나님을 만날 수 있다.

나뭇잎이 물들어 곱게 치장을 하면 곧 떨어지게 될 것을 예상할 수 있듯이 우리도 태어날 때가 있고 죽을 때가 있다. 육신의 마지막 순간이 이르기 전에 하나님을 아는 자야말로 지혜로운 자라고 할 수 있다. 그리고 곱게 물든 단풍을 바라보면서 지금의 아름다운 색깔을 지니기까지 자신의 자리에서 최선을 다한 모습이었음을 깨닫게 된다. 나뭇잎은 나무가 필요로 하는 영양분을 합성하기 위해 열심히 자신의 일을 수행했다. 태양을 향해 손을 벌리고 쏟아져 오는 빛 에너지를 최대한 활용하여 광합성을 꾸준히 수행하여 나무가 생존하도록 하였다. 때론 비바람이 휘몰아치기도 하고 벌레가 공격해오기도 했지만 가지로부터 떨어지지 아니하고 꿋꿋이 견디어낸 나뭇잎만이 가을을 맞아 아름다운 단풍으로 변할 수 있는 것이다.

우리도 자신이 처한 위치에서 맡겨진 일들을 기쁨으로 감당하며 하나님의 자녀답게 살아야 한다. 그래야 세월이 만들어내는 성숙된 아름다움이 우리에게 나타나리라 본다. 때로는 우리를 힘들게 하는 일들이 있을지라도 좌절하지 말고 내가 하는 일이 하나님께서 주신 일임을 자각해야 한다. **하나님께서 "그 동안 수고하였고 이제는 땅 위의 수고를 그치라"라고 말씀하실 때까지 주어진 일에 사명감을 가지고 성실하게 감당할 때, 우리의 삶은 아름다운 단풍의 색깔처럼 주위를 기쁘게 하고 밝게 할 것이다.** 오늘도 예쁘게 변한 단풍과 낙엽을 바라보면서 때를 정하신 하나님의 뜻을 헤아려보며 자신에게 주어진 길을 후회 없이 최선을 다해 즐거운 마음으로 걸어갈 수 있도록 하자.

우리의 귀는 0.006초를 감지한다

– 들을 귀는 하나님의 세미한 음성을 듣는다

얼마 전 교회에서 음악회가 열렸다. 초등학생으로부터 청소년, 어른에 이르기까지 정성껏 준비해서 찬양을 드렸는데, 피아노와 바이올린 그리고 색소폰이 어우러지는 앙상블도 있었고, 어린 초등학생의 첼로 독주와 중고등학생의 클라리넷, 플루트, 기타 연주도 있었다. 또한 힘찬 트럼펫 소리도 있었고 아름다운 하모니의 합창도 있었다. 가만히 생각해 보면 우리가 이렇게 아름다운 음악을 들을 수 있고 이를 통해 하나님의 영광을 찬양할 수 있다는 것은 참으로 신기한 일이다.

소리를 인식하기까지의 섬세한 과정

우리의 귀는 20-20,000Hz의 소리를 들을 수 있다. 다시 말해서 1초에 20-20,000번 진동하는 파동을 감지할 수 있다는 것인데, 이를 가청주파수라고 한다. 파동의 진폭이 클수록 큰 소리로 들리고

가청주파수 : [可聽周波數, audio frequency (AF) 사람의 귀가 소리로 느낄 수 있는 주파수 영역.

파동의 주파수가 많을수록 높은 소리로 들리게 된다. 사람과 달리 개들은 40,000Hz의 높은 소리도 들을 수 있는 반면에 코끼리는 15Hz의 저음도 감지할 수 있다. 그래서 지진이 나면 초기에는 아주 저음의 진동이 발생하는데 동물들은 이것을 감지하기도 한다.

우리의 귀는 외이, 중이, 내이로 나누어지는데 외이에는 귓바퀴가 있어 소리를 모으고, 이어서 약 2.5cm의 통로를 지나게 되는데 통로의 안쪽에 고막이 자리 잡고 있다. 이 고막은 소리의 음파가 생성하는 압력을 감지해낸다. 고막 안쪽에는 중이가 있으며, 중이에는 고막의 진동에 따라 움직이는 3개의 조그만 뼈가 들어 있다. 중이에 있는 뼈를 청소골이라 하며, 청소골은 지렛대와 피스톤의 원리로 고막에 도달한 소리의 진동을 증폭하여 내이로 전달한다. 중이에 염증이 생기면 좁은 공간 안에 염증으로 인한 액이 차기 때문에 굉장한 압력이 생기게 되고 이것이 중이를 짓누르기 때문에 몹시 아픈 것이다.

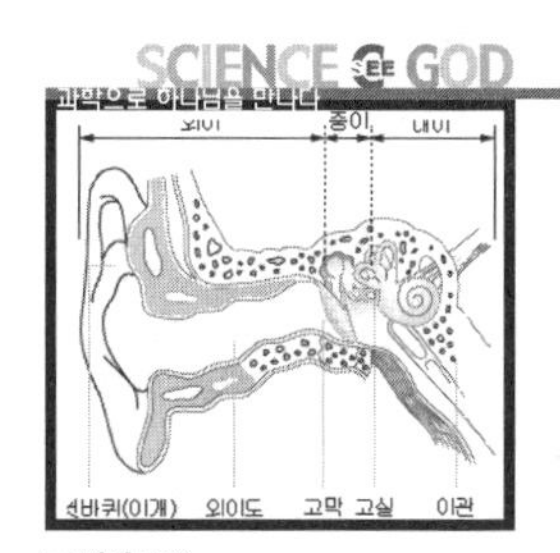

■ 귀의 구조

내이에는 소리의 진동을 신경신호로 바꾸는 달팽이관과 몸의 균형을 감지하는 세 반고리관이 있다. 고막을 거쳐 청소골에 의해 증폭된 소리의 진동은 달팽이관에 들어 있는 액체에 압력을 가하여 액체의 파동을 유발하고, 이는 달팽이관 안에 있는 기저막을 출렁이게 한다. 그러면 기저막에 있던 고감도의 코르티 기관을 자극하게 되는데, 코르티 기관에는 미세한 액체의 흐름에 반응할 수 있는 섬모세포가 있다. 섬모세포에는 약 100여 개의 섬모가 있는데 액체의 흐름에 따라 구부러지거나 펴질 수 있고, 이에 따라 섬모막에 존재하는 이온통로가 열리거나 닫히는 반응이 일어나 신경신호를 만들어낸다. 섬모세포에 의해 발생한 신경신호는 신경망을 따라 뇌의 청각중추로 전해져 우리가 소리를 인식하게 되는 것이다. 이렇듯 소리의 파동은 고막과 청소골의 작용으로 기계적 에너지로 전환되고 이어

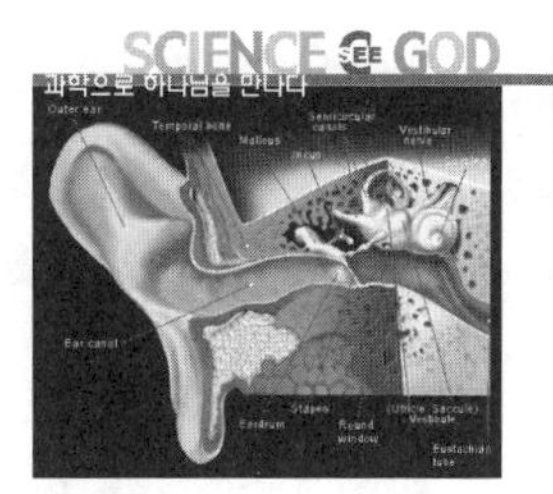

■ 달팽이관의 구조

섬모세포 : 섬모 (纖毛) [명사] 1. 몹시 가는 털. 2. 생물체의 세포 표면에 있는 가는 털 모양의 돌기. 박테리아, 하등동물, 하등 조류(下等藻類) 등에서 볼 수 있으며, 이것을 움직여 이동을 함. 물결털.

코르티 기관 : [Corti' s organ] 내이(內耳)의 달팽이관 속에 있는 소리를 느끼는 감각기관.

세 반고리관 : 반:고리-관 (半-管) [명사] 척추동물의 내이(內耳)에 있는, 평형 감각을 맡고 있는 기관. [반원형으로 된 세 개의 관에 림프가 차 있어 그 움직임으로 몸의 평형과 위치를 감각함.] 삼반규관(三半規管

서 코르티 기관에서는 신경신호, 즉 전기화학적인 에너지로 전환되어진다. 세 반고리관에도 액체가 들어 있어 우리 몸이 움직일 때나 머리가 기울어지고 회전할 때 세 반고리관에 들어 있던 액체가 움직여 섬모세포를 자극함으로써 신경신호를 발생시키고 신경신호가 뇌로 전달되어 몸이 기울어졌음을 감지하고 다시 균형을 잡게 한다.

또 우리에게 어떤 소리가 들릴 때 소리가 나는 위치를 감지할 수 있는 능력이 있는데, 누군가 우리를 부를 때 부르는 소리가 양쪽 귀에 도달하는 시점의 조그만 차이가 있기 때문에 어느 위치에서 부르는지를 알게 된다. 공기 중에서 소리의 속도는 1초에 343m나 퍼져나가며, 통상 얼굴의 넓이가 약 20cm 정도 되므로 오른쪽에서 소리가 나면 오른쪽 귀보다 왼쪽 귀에는 0.006초 늦게 소리가 도착한다. 우리는 이 정도의 미묘한 차이를 통해 오른쪽에서 우리를 부르고 있다는 것을 감지하게 된다. 소리를 이용하여 물체의 위치를 정확하게 알아내는 동물 중에는 박쥐가 있는데, 박쥐는 20,000-100,000Hz의 초음파를 발생시켜서 이 초음파가 물체에 부딪혀 반사되어 돌아오는 소리를 감지한다. 그래서 먹이가 자신으로부터 멀어지거나 가까이 올 때 반사되어 오는 초음파의 진동수가 달라지기 때문에 이를 감지하여 정확하게 위치를 파악할 수 있는 것이다.

■ 박쥐. 박쥐는 가청주파수 이상의 초음파를 발생시켜 되돌아오는 소리를 감지하여 거리를 파악한다.

우리가 가만히 귀를 기울이면 갖가지 소리가 들리게 되고 그 소리가 가지는 미묘한 뜻까지 이해할 수 있는 것은 당연한 것이 아니라 너무나 정교하게 만들어진 청각 시스템에 의한 것임을 알 수 있다. 이는 저절로 생겨난 것이 아니고 하나님의 섬세한 설계와 창조하심 때문임을 인정하지 않을 수 없다.

하나님의 세미한 음성을 듣는 귀를 가져라

성경은 우리에게 들을 귀 있는 자는 복되다고 했다. 즉 주님께서 우리에게 말씀하실 때 이를 들을 수 있는 영적인 귀를 가지고 있어야 하며, 성령님의 미세한 음성에 민감하게 반응할 수 있어야 한다. 구약성경을 보면 엘리야 선지자가 갈멜산에서 바알의 선지자 450인과 아세라의 선지자 400인 등 총 850명과 함께 누가 믿는 신이 진정한 하나님인지를 가리는 대결을 벌였다. 엘리야는 여호와 하나님의 살아 계심을 모든 백성들 앞에서 분명하게 증거하는 멋진 승리를 거두고 바알과 아세라를 따르는 거짓된 선지자들을 기손 시냇가로 끌고 가 모두 죽이게 된다. 이를 전해들은 이스라엘 왕비 이세벨이 엘리야를 죽이려고 하자 이를 두려워한 엘리야는 유대 광야로 도망하게 되고, 탈진한 상태에서 로뎀나무 아래에 앉아 하나님께 차라리 죽기를 기도했다. 그러자 천사가 전해 준 떡과 물을 마시고 원기를 회복한 엘리야는 다시 40일을 달려 호렙산에 이르고 거기서 하나님을 만나게 된다.

그런데 엘리야가 만난 하나님은 산을 가르고 바위를 부수는 강한 바람 사이에도 계시지 않았고, 지진이 일어나고 불이 있으나 그 가운데에도 계시지 않았고, 단지 세미한 소리 가운데 계셨다. 하나님은 이세벨의 살해 위협 앞에 주눅이 든 엘리야에게 세미한 음성을 통해 당시의 시대적 상황 가운데 선지자로서 해야 할 일을 지시하셨고, 바알에게 무릎 꿇지 않은 7,000명의 선지자가 아직 남아 있음을 알려 주시면서 격려해 주셨다. 두려움에 떨면서 탈진해 있었던 엘리야에게 하나님께서 세미한 음성으로 다가오셔서 위로해 주셨던 것이다. **엘리야는 하나님의 음성을 들을 귀가 있었기 때문에 세미한 소리를 들을 수 있었고, 지치고 절망에 쌓인 상황에서 다시 용기와**

힘을 회복하며 담대하게 하나님의 뜻에 순종할 수 있었다.

우리 또한 살아가면서 우리를 힘들게 하는 많은 어려움들을 만나게 된다. 때로는 너무나 고통스러워 현실을 피해 빨리 천국에 가고 싶은 마음이 생기기도 한다. 하지만 주님께서는 세미한 음성으로 우리에게 말씀하신다. 흔들리지 말고 믿음에 견고하여 굳게 서라고, 인내하며 주님의 때를 기다리라고. 우리 마음속에 계시는 성령님의 음성에 민감하지 못할 때 세상의 염려와 걱정이 자리 잡게 되고, 우리가 세상을 이기는 것이 아니라 세상에 의해 삼킨 바 되기 쉽다. 우리의 영적인 귀가 밝아져서 살아가는 동안에 끊임없이 속삭여 주시는 성령님의 음성을 듣고 순종하는 삶을 살자. 주님의 음성대로 사는 사람이야말로 성령의 사람이고 성령의 사람이 우리 가운데 많을수록 우리 주위에는 거룩하고 아름다운 주님의 공동체가 이루어지리라 확신한다.

우리 몸이 분해할 수 있는 알코올은 얼마나 될까?

– 술로 망가지지 말고 성령으로 강건하라

대학에서는 봄학기가 시작되면서 각 학과별로 1년 동안 학생들을 대표해서 봉사하고 이끌어 갈 새로운 대표들을 구성한다. 그리고 발대식을 가지면서 학과 학생들과 교수들이 모인 자리에서 인사를 하고 음식을 나누며 교제하는 시간을 가진다. 지금까지의 학과 발대식은 대체로 상을 차려 돼지 머리를 올려놓고 고사를 지내면서 그 앞에서 절을 하고 술판을 벌이는 형식이었다. 나는 크리스천 교수로서 돼지 머리 앞에 절을 할 수 없으니 참석하지 않겠노라고 선언하고 발대식에 가지 않았다. 그런데 올해 구성된 학과 대표들이 찾아 와서는 이번 발대식은 고사를 지내지 않으니 참석해 달라고 요청해왔다. 그래서 참석했더니 돼지 머리는 보이지 않고, 대신 떡으로 만든 케이크와 다과를 준비해서 함께 먹으며 학생들과 교수들이 어울려 이야기꽃을 피우는 모습이 내심 흐뭇했다.

대학생들뿐만 아니라 우리 사회의 어느 모임이든지 빠지지 않는 것이 술이다. 직장에서 회식을 할 때에도 술을 주고받으며 대화를 이끌어간다. 그래서 같이 술에 취해 떠들고 노래하면서 동질성을 느끼는 문화가 우리 나라에 자리 잡고 있다. 그런 자리에서 술을 마시지 않는 사람은 답답한 사람이라는 인상을 줄 수도 있고, 또한 그 모임에서 따돌림을 받을 수도 있다는 우려 때문에 술을 마시지 않는 사람도 억지로 마셔야 하는 경우가 많다. 그리고 직장 상사가 부하 직원에게 술을 권하면서 자신의 지위를 과시하고 은근히 리더십에 대한 복종을 강요하기도 한다. 이런 자리에서 부하 직원이 상사가 권하는 술을 사양한다는 것은 앞으로 어떤 불이익이 닥칠지 모르는 모험이 될 수도 있다. 그래서 싫어도 사양하지 못하고 분위기를 깨뜨리지 않기 위해 마시다 보면 어느새 이런 문화에 익숙해지고 본인이 상사의 자리에 올랐을 때도 똑같은 회식문화를 자연스럽게 답습하게 된다.

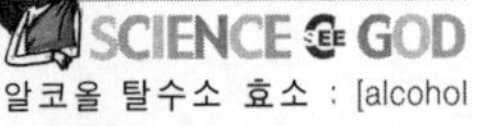

알코올 탈수소 효소 : [alcohol dehydrogenase] 알코올에서 수소를 이탈시켜 알데히드를 생성하는 반응을 가역적으로 촉매하는 효소

소포체 : [小胞體, endoplasmic reticulum] 모든 세포 안에 존재하는 막상구조(膜狀構造)

아세트 알데하이드 : 알데히드(aldehyde)[명사] 알데히드기를 갖는 화합물을 통틀어 이르는 말. 알코올의 불충분한 산화에 의하여 생긴 액체로서, 자극적인 냄새가 있고 휘발성이 높으며 특이한 환원 작용을 함. [환원제 · 향료 · 마취제로 쓰임.]

NADH : NAD+Hydrogen) n.【생화학】 NAD의 환원형

ATP : [명사] 체내에서 에너지를 저장하거나 방출하는 데 가장 중요한 구실을 하는 물질. [adenosine triphosphate]

우리 몸의 알코올 분해

술을 마시게 되면 알코올은 물과 지질에 쉽게 녹기 때문에 위장에 흡수가 잘된다. 흡수된 알코올은 일차적으로 위장에 있는 알코올 탈수소 효소가 작용을 하여 흡수된 알코올의 일부분을 분해하고 나머지는 대부분 혈액을 따라 간으로 가서 간에 존재하는 알코올 탈수소 효소의 작용과 소포체에 존재하는 산화효소의 작용에 의해 알코올이 아세트 알데하이드로 바뀐다. 알코올 탈수소 효소에 의해 알코올이 대사될 때 NADH라는 것이 생기게 되는데, 이 NADH는 미토콘드리아에서 에너지, 즉 ATP를 생산하거나 세포 내 생화학 합성에 사용되는 중요한 생리 물질이다. 간에서는 지방산을 대사하여 NADH를 주로 얻는데, 술을 마시게 되면 알코올이 분해될 때 생성

되므로 굳이 지방산을 분해할 필요가 없고 오히려 NADH는 지방산의 합성을 촉진하기 때문에 간에서 지방이 분해되지 않고 축적되는 결과를 초래하게 된다. 그래서 지방간이 되는 것이다. 지방간이 점점 진행되면 간경화로 발전될 수 있고, 오랜 기간 간경화가 지속되면 간암이 될 확률이 높아지게 된다.

지방산 : (脂肪酸)【명사】『화』 탄소 원자가 사슬 모양으로 결합한 일가(一價) 카르복시산(酸)의 총칭《아세트산 · 팔미트산 · 스테아르산 · 올레산 · 포름산 따위》.

지방간 : (脂肪肝)【명사】『의』 간(肝)에 중성 지방이 비정상적으로 축적된 상태. 또는 그 간. 지간(脂肝).

그리고 알코올의 대사로 인해 생기는 아세트 알데하이드는 세포 안의 미토콘드리아에 존재하는 알데하이드 탈수소 효소에 의해 다시 분해되어 초산으로 된다. 그런데 지속적으로 술을 마시게 되면 알데하이드 탈수소 효소의 활성이 감소되어 독성이 큰 아세트 알데하이드의 양이 많아지게 된다. 아세트 알데하이드는 세포 안에 있는 다양한 효소의 작용을 억제하고 DNA가 손상될 때 복구하는 것을 방해할 뿐만 아니라 간세포에서 글루타티온을 감소시켜 활성산소의 생성이 많아져서 세포 손상이 일어나고 지방의 과산화가 심해지게 된다. 보통 사람은 체중 1kg당 1시간에 100-200mg의 알코올을 분해할 수가 있는데, 개인마다 차이는 있지만 체중이 60kg인 사람이면 6-12g의 알코올을 1시간 동안에 처리할 수가 있다. 하루 동안 간이 분해할 수 있는 알코올의 양은 80g 정도인데, 매일 50-500g의 알코올을 섭취한 사람의 50퍼센트가 5년 내에 간경화가 된다는 통계가 있다. 그리고 임신한 여성이 술을 마시게 되면 알코올 성분이 태반을 거쳐 태아에게 미치게 되고 태아는 알코올 분해 효소가 없어서 알코올에 의한 피해를 고스란히 입게 된다. 그래서 뇌의 발육이 부진하여 뇌성마비나 신경 정신 질환을 앓게 될 수도 있다.

과학으로 하나님을 만나다
SCIENCE GOD

글루타티온 : [glutathione] 생체 내에서 뽑아낸 최초의 결정성 폴리펩티드.

활성산소 : [活性酸素, oxygen free radical] 호흡과정에서 몸 속으로 들어간 산소가 산화과정에 이용되면서 여러 대사과정에서 생성되어 생체조직을 공격하고 세포를 손상시키는 산화력이 강한 산소.

술 취하지 말고 성령에 취하라

성경에도 그리스도인이 술 취해서는 안 된다고 경고하고 있다. 로

마서 13장 13-14절에 보면 "낮에와 같이 단정히 행하고 방탕과 술 취하지 말며 음란과 호색하지 말며 쟁투와 시기하지 말고 오직 예수 그리스도로 옷 입고 정욕을 위하여 육신의 일을 도모하지 말라"고 했다. 이 말씀을 보면 방탕과 술 취함과 음란과 호색과 쟁투와 시기 같은 것들은 밤의 행동임을 알 수 있다. 하나님의 자녀는 빛의 자녀이므로 밝은 대낮에 거할 때처럼 단정히 행하라고 말하고 있다. 대낮부터 술에 취해 비틀거리는 사람을 잘 볼 수 없는 것도 술 취하는 것이 밤의 문화이기 때문이다. 그것이 품위 있고 덕스러운 모습이 아니라는 것이다. 당대의 의인이요 완전한 자였으며 하나님과 동행하는 자라고 불리던 노아도 대홍수 이후에 포도주를 마시고 취해 장막에서 벌거벗고 자다가 아들들 앞에서 하체를 드러내는 실수를 저지르기도 했다.

잠언 20장 1절에 보면 "포도주는 거만케 하는 것이요 독주는 떠들게 하는 것이라 무릇 이에 미혹되는 자에게는 지혜가 없느니라"고 했다. 술은 사람을 거만하게 만들고 난잡하게 만드는데, 결국 술 취하는 것은 미련한 사람이 행하는 일이라고 성경은 못 박고 있다. 물론 술 자체가 죄악이라고 말할 수는 없다. 예수님께서도 갈릴리 가나 지방에서 있었던 혼인 잔치에서 포도주가 떨어지자 물로 포도주를 만드는 기적을 베푸셨다. 이를 볼 때 주님께서는 포도주를 악한 것으로 정죄하신 것이 아님을 알 수 있다. 주님께서 십자가 고난을 앞두고 제자들과 함께 마지막 성만찬을 하실 때에도 십자가에서 흘리실 보혈을 상징하며 포도주를 마셨다. 따라서 당시의 습관에서는 식사를 하면서 포도주를 마시는 것이 일반적이었다. 그러므로 **술 자체를 정죄하기보다는 술에 취해서 방탕하게 되는 것을 정죄하고 술에 인 박혀서 술의 노예가 된 삶을 거부하라는 것이다.**

하지만 우리 나라의 술 문화는 대부분 가정의 울타리 밖에서 음란한 분위기 가운데 형성되어 있다. 이런 분위기에서 경건한 삶의 태도를 유지하기란 쉽지 않다. 그래서 아예 술을 입에 대지 않을 것을 선언하는 것도 크리스천으로서 덕을 세우는 데 유익한 방법이라 생각된다. 그리고 먼저 믿은 신앙인들이 술자리에서 술을 입에 댄다면 아직 신앙의 연륜이 짧은 사람들이 이를 보고 술을 마셔도 괜찮다는 생각을 하게 되어 자연스럽게 술자리에 임하다가 결국 죄 가운데 쉽게 빠질 우려가 있다. 즉 형제를 실족하게 만드는 일이라 할 수 있다.

에베소서 5장 18절에 "술 취하지 말라 이는 방탕한 것이니 오직 성령의 충만을 받으라"는 말씀처럼 우리는 알코올에 취할 것이 아니라 성령에 취한 사람이 되어야 한다. **술에 취해 세상을 비틀거리며 바라볼 것이 아니라 성령에 취해서 온전히 성령님께 붙잡혀 살아가는 자가 되어야 한다.** 또한 살아가면서 힘들고 어려운 일이 닥칠지라도 술로서 잠시 잊어 보려고 애쓸 것이 아니라 주님께 부르짖어 기도하면서 주실 응답을 사모하는 것이 지혜로운 일이요 근본적인 해결책이다. 이제부터 성령에 취해서 능력 있게, 멋지게, 그리고 그리스도인으로서 덕스럽게 살아가도록 하자.

사람은 복제로 만들 수 있는 제품이 아니다

– 하나님은 우리 모두를 독특하고 특별한 존재로 창조하셨다

클로네이드사의 음모와 인간복제

■ 라엘리안무브먼트. 외계의 생명체가 하나님이라고 주장하고 있다.

미국에 라엘리안무브먼트(Raelian Movement)라는 종교 단체가 있는데, 이 단체는 지구상의 생명체가 엘로힘(Elohim)이라고 불리는 외계 인류에 의해 DNA 조작으로 창조되었다고 믿고 있다. 이들은 엘로힘으로 불리는 외계 인류의 이름이 히브리어 성서에서도 발견되는데 훗날 하나님(God)이라는 단어로 오역된 것이며, 예수도 엘로힘의 복제 기술로 태어났다고 주장한다. 이 종교 단체는 현재 84개국에 5만 5천 명 이상의 회원을 가지고 있으며, 자신들의 믿음을 실현하기 위해 1997년 2월에 이 단체의 리더인 라엘(Rael)에 의해 클로네이드(Clonaid)라는 인간 복제 회사를 설립하였다.

■ 라엘리안무브먼트의 지도자 라엘.

클로네이드사에 소속된 프랑스 여성과학자 브리지트 브아셀리에 박사는 2002년 12월 26일에 "인류 역사상 처음으로 인간복제를 통해 여자 아기가 태어났다"고 프랑스 AFP 통신에 밝혔다. 브아셀리에 박사는 "복제 아기의 어머니는 30세의 미국 여성으로 산모와 유전적으로 동일하며 제왕 절개에 의해 태어났다"고 했으며, 그 이전 2002년 11월경에 5명의 여인이 복제 인간을 임신 중이며, 그 첫번째 아기가 12월 내로 출생할 것이라고 밝힌 바 있다. 클로네이드사의 인간복제 계획에 따르면 미국인 2쌍, 아시아인 2쌍, 유럽인 1쌍 등 모두 5쌍이 이 프로젝트에 참여하고 있는 것으로 알려져 있다.

클로네이드사에서 시도한 복제 아기의 출산에 대해 사실인지, 사기극인지 정확히 알려지지 않았으나 만약 사실이라면 '남자와 여자의 결합에 의한 유전적 결합' 이라는 전통적인 출산 개념이 무너지게 되는 것이다. 인간복제는 정자와 난자의 수정을 통해 이루어지는 수정과는 달리 체세포를 조작해 인간 배아를 만들어 내는 유전공학적 방법으로 우리 나라와 미국을 비롯한 대부분의 나라에서는 이를 법으로 금지하고 있다. 그럼에도 불구하고 이들이 경쟁하듯 잇따라 복제 인간의 탄생이 임박했다고 주장하는 것은 세계 여론을 자신들에게 집중시키고 인간복제 연구의 주도권을 잡기 위한 것으로 보인다.

클로네이드사와 안티노리 박사는 복제 인간의 목적을 불임 부부를 위한 것이라고 주장해 왔지만 많은 과학자들은 라엘리안 무브먼트를 선전하려는 이유 때문에, 그리고 안티노리 박사의 개인적인 야심 때문이라고 비판하고 있다. 실제로 복제 인간이 태어난 사실이 확인되면 다른 곳에서도 비슷한 시도가 이어질 것으로 보여 세계적으로 인간복제를 둘러싼 경쟁이 본격화될 가능성도 있다. 하지만 복제 동물이 제대로 태어나기까지에는 많은 위험이 도사리고 있다. 정상적인 핵 치환이 이루어져 대리모의 자궁에 성공적으로 착상을 했다 하더라도 25퍼센트 정도만이 정상적으로 자라났고, 나머지는 유산이나 기형, 급사증후군, 거대체중증후군 등으로 죽고 말았다. 복제 실패율이 이렇게 높은데 이를 인간에게 적용하게 되면 기형 인간을 양산하게 되는 결과를 초래할 것이다. 복제 기술의 부작용이나 미비점이 해결되어 정상적인 개체가 태어난다고 하더라도 이 기술을 인간에게 적용하는 것을 결코 허용해서는 안 될 것이다.

위험 수위를 넘어선 인간복제

만약 이렇게 복제 인간을 만들었다고 해서 이 기술로 태어난 개체들이 100퍼센트 정확하게 일치한다고 볼 수는 없다. 복제 인간은 일란성 쌍둥이가 몇 십 년의 차이를 가지고 태어나는 것과 비슷하다고 볼 수 있다. 하지만 유전 인자는 핵을 공여한 사람과 동일하다고 해도 유전자가 발현됨에 있어서 환경적 요인에 의해 많은 차이가 있기 때문에 정확하게 같은 사람이 만들어진다고 볼 수는 없다. 일란성 쌍둥이라서 겉모습은 비슷할지 모르지만 자라온 환경이 다르면 사고하는 것이나 행동에 있어 큰 차이를 보이기 때문이다. 그리고 체세포 핵을 난자에 이식하여 발생을 유도하기 때문에 난자가 가지고 있는 미토콘드리아가 달라진다. 그래서 이로 인한 형질의 차이가 있을 수도 있다. 왜냐하면 미토콘드리아에도 유전 물질이 존재하며, 핵 속에 있는 염색체의 유전 물질과는 독립적으로 세포 내에서 복제되기 때문이다.

복제 동물의 경우, 체세포 복제 기술이 개발되기 전에는 생식세포를 통한 복제가 이루어져 왔다. 생식세포 복제란 암컷의 난자와 수컷의 정자가 결합하여 이루어진 수정란이 분열하면서 수정란 분할이 이루어지는데, 분할 과정에 있는 세포의 핵을 난자의 핵과 치환하는 방법이다. 이렇게 초기에 분열하는 세포의 경우 모든 종류의 체세포로 분화될 수 있는 성질을 가지고 있어 정상적인 개체로 발생

과학으로 하나님을 만나다
SCIENCE SEE GOD

생식세포 복제 : 생식 세:포 (生殖細胞) [—쎄—] [명사] 생식을 위하여 분화(分化)한 세포. 생물체를 구성하는 세포 중에서 다음 세대를 만들어 내는 바탕이 되는 세포. 성세포(性細胞).복제 (複製) [

체세포 복제 : 체세포[體細胞, somatic cell] 생물체를 구성하고 있는 세포 중에서 생식세포 이외의 것.

할 수 있다. 그런데 요즈음 사용하는 방법은 완전히 분화가 끝난 체세포의 핵으로 난자의 핵을 치환하여 동물을 복제하는 것인데, 이를 체세포 복제라고 한다.

분화가 완전히 끝나면 각각 세포들마다 유전 발현이 그 세포의 특성에 맞게 제한이 된다. 예를 들어 위장세포는 위장세포의 역할을 수행할 수 있도록 하는데 필요한 유전자만 발현되고 나머지 유전자는 더 이상 활동하지 않게 된다. 그렇지만 온전한 개체로 발생하기 위해서는 모든 유전자의 활동이 필요하기 때문에 이미 분화가 끝난 세포에서 얻은 핵을 복제에 사용한다면 비활동 유전자를 다시 발현 가능한 상태로 만드는 것이 힘들기 때문에 불가능하다고 생각해 왔었다. 그런데 1997년 2월 23일, 스코틀랜드의 이안 윌머트 박사 팀이 복제 양 돌리의 생산에 성공하면서 체세포 복제가 가능하고 그 기술 또한 확립되었음을 알리는 신호가 되었다. 6년 된 성숙한 양의 유선세포를 떼 내어 세포에 있는 핵을 난자에 집어넣은 후 발생시켜 돌리라고 이름 지은 양을 복제했다. 그리고 동시에 미국에서도 원숭이 복제에 성공하여 발표하면서 전 세계가 시끄러워지기 시작했다. 이런 실험을 그냥 두면 인간복제까지 일어날 수 있으리라는 우려를 낳았기 때문이다.

■ 복제양 돌리.

돌리의 출현은 많은 것을 시사하고 있다. 이전에는 수정란이 처음에 2개, 4개, 8개, 16개의 세포로 분열할 때 16개의 세포를 따로 떼어내 다시 하나에서부터 발생을 시키면 온전한 개체로 자랄 수 있었다. 하지만 16개를 넘어 32개의 세포로 분화되면 더 이상 복제하는 것이 어렵다고 알려져 있었다. 하지만 돌리 사건은 다 자란 양의 체세포를 이용하여 똑 같은 형질의 양을 복제했다는 점에서 충격적인 일대 사건이었다. 완전히 분화되어 세포 분열이 더 이상 일어나지 않는 세포의 핵을 가지고서도 충분히 개체를 복제해 낼 수 있다는 사실을 입증했기 때문이다. 따라서 우리 몸의 어떤 조직의 체세포이든지 이를 이용하면 복제가 가능하고 사람의 경우 70조 개의 세포가 있기 때문에 거의 무한으로 복제해 낼 수 있게 된다.

복제 동물을 생산하려고 애쓰는 이유 가운데 하나가 상업적인 목적 때문이다. 사람의 장기와 성질이 똑같은 장기를 가진 동물을 만들어낼 수 있다면 장기 이식에 유용하게 쓰일 수 있을 것이고, 우리에게 유용한 단백질을 젖으로 많이 분비하는 소나 양을 만들 수 있으면 동물의 젖을 이용하여 이를 대량으로 생산할 수 있을 것이다. 그리고 복제 동물은 형질이 동일하므로 어떤 약물의 시험에도 유용하게 쓰여질 수 있다. 왜냐하면 동물 실험을 해보면 개체마다 조금씩 반응이 달라 약물의 반응이 달라지는 경우가 많기 때문이다.

■ 황우석 박사와 세계 최초로 복제에 성공한 개 스너피.

이후에 우리 나라에서도 1999년 복제 젖소 영롱이와 한우 진이가 탄생되었고, 2000년에는 돼지 복제가 이루어졌다. 또 2000년에는 고양이 복제가 이루어지고, 2005년에는 황우석 박사팀에 의해 아프간하운드 종의 애완견 스너피의 복제에 성공했다. 무엇보다 황우석 박사 연구팀이 세계 최초로 배아줄기세포의 복제에 성공했다고 거짓 논문을 발표하여 세계를 깜짝 놀라게 하기도 했으나, 이런 BT분야의 눈부신 성장으로 우리 나라도 복제 기술에 관한 한 선진 대열에 들어서게 되었다.

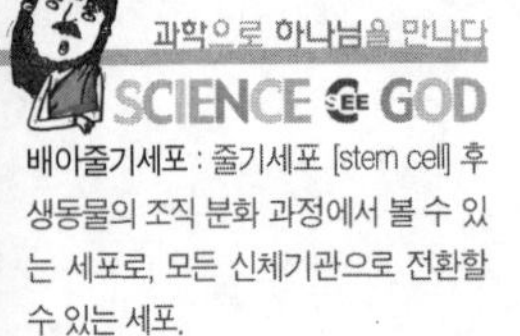

배아줄기세포 : 줄기세포 [stem cell] 후생동물의 조직 분화 과정에서 볼 수 있는 세포로, 모든 신체기관으로 전환할 수 있는 세포.

이렇게 다양한 종류의 동물 복제를 경쟁적으로 시도하다가 급기야는 인간복제까지 손을 대게 될 것이 뻔하다. 논란이 가열되면서 미국을 비롯한 유럽 등에서 생명 복제에 대한 규제 움직임이 일어났고, 우리 나라에서도 복제에 대한 규범을 만들기에 이르렀다.

사람은 복제로 만드는 제품이 아니다

하나님께서는 우리가 한 생명으로 태어나기까지 어머니로부터 23개의 염색체를 받고 아버지로부터 23개의 염색체를 받아 서로 섞여져서 유전자 발현에 다양한 조합이 일어나도록 하셨다. 그래서 다양한 사람들이 서로 섞여 더불어 살아가는 것을 원하셨다. 창세기 1장 27-28절에 "하나님이 자기 형상 곧 하나님의 형상대로 사람을 창조하시되 남자와 여자를 창조하시고 하나님이 그들에게 복을 주시며 그들에게 이르시되 생육하고 번성하여 땅에 충만하라 땅을 정복하라 바다의 고기와 공중의 새와 땅에 움직이는 모든 생물을 다스리라 하시니라" 하셨다. 하나님께서는 남자와 여자를 따로 창조하시고 둘이 그 부모를 떠나 한 몸이 되어 다음 세대를 만들어가도록 하셨다. 다시 말해 남자의 염색체와 여자의 염색체가 반반씩 섞여 새로운 개체가 되도록 하셨다. 그래서 **지구상에 60억이나 되는 사람이 살고 있지만 똑 같은 사람이 하나도 없고 각기 독특한 개성을 가지고 있다. 즉 하나님은 한 사람 한 사람 모두를 귀하게 창조하신 것이다.**

그런데 복제 인간이 만들어지면 한 개체의 동일한 유전자가 몽땅 전해지기 때문에 똑같은 유전 형질을 가진 사람들이 늘어날 수 있다. 이는 개체의 다양성을 원하신 하나님의 뜻과는 상반된 것이다. 그리고 복제 인간을 만들면 이러한 특성을 상실하게 되고 하나님께서 만드신 가정의 개념이 무너지게 된다. 가정에는 부모와 자녀가 있고 부모를 통해 하나님의 사랑의 그림자를 바라보게 하시고, 아이들을 통해 순전하고 깨끗함이 무엇인지 배우게 하시며, 가정으로 하여금 하나님을 섬기는 최소 단위의 교회가 되게 하셨는데, 실험실에서 세포 조작 기술을 이용한 인간복제는 하나님께서 마련하신 방법이 전혀 아니다.

또한 복제 인간이 허용되면 강하고 머리 좋고 멋있는 사람들을 만들고자 할 것이고, 약한 자는 자연히 멸시 받고 인격적인 대접을 받지 못하게 될 가능성이 크다. 그런데 주님은 약한 어린이를 환영하셨고, 중풍병자, 절름발이, 소경 등 각색 병든 자들을 측은히 여기시고 그들의 죄를 사하시며 병을 고쳐 주셨다. 그리고 사람들의 손가락질을 받던 세리와 창녀들을 불쌍히 여기시고 함께 식사를 하셨다. 이는 약하고 천한 자라도 그들의 인격을 존중하고 사랑하심을 몸소 우리에게 보여주시며 교훈하신 것이다.

그리고 하나님의 창조 질서를 어지럽히는 길이다. 하나님께서는 완전하셔서 우리를 위해 최선의 것으로 만드시고 그것을 유지시키기 위해서 최선의 방법을 마련하셨다고 믿기 때문에 처음 창조하실 때의 모습과 질서대로 회복하는 것이 우리 자신에게도 가장 바람직한 일이다. 따라서 우리는 복제인간을 만드는 일에 관심을 가질 필요도 없고, 이러한 시도를 단호히 배격해야 한다. 이 땅에 하나님께서 싫어하시는 일을 의도적으로 행하는 인간적인 노력이 물거품으로 변하고 주님의 공의가 편만해지기를 간절히 기도하자.

시속 100Km의 강풍에도 끄떡없는 금문교의 비밀

- 하나의 줄은 쉽게 끊어져도 삼겹줄은 끊어지지 않는다

강풍을 이겨내는 금문교 케이블의 비밀

미국 서부 캘리포니아 주의 북부 해변에 샌프란시스코라는 아름다운 도시가 자리 잡고 있다. 샌프란시스코는 해안에 위치하고 있어 바닷물이 들어 온 만(灣)의 양쪽을 연결시키기 위해 여러 개의 다리가 건설되었는데, 그 중 가장 유명한 것이 금문교(Golden Gate Bridge)이다. 금문교는 사실 금색이라기보다는 붉은 황색이며, 다리를 한 번 지나가는 데 3달러의 통행료를 받고 있다.

■ 금문교

이 다리에는 우리 나라의 63빌딩의 높이와 맞먹을 정도의 두 개의 주탑이 서있는데, 각 주탑의 높이는 227.4m에 달한다. 두 개의 주탑에 폭이 27.4m에 길이가 2,737m나 되는 다리를 줄로 연결하여 매달아 놓았다. 이런 형태의 다리를 현수교라고 부르는데, 우리 나라에도 부산 광안리해수욕장 앞바다에 광안대교가 설치되어 아름다운 현수교의 자태를 뽐내고 있다. 금문교는 조셉 스트라스(Joseph Strass)와

■ 야경이 더욱 아름다운 광안대교.

그의 조수 찰스 엘리스(Charles Ellis)에 의해 설계되었다. 1933년 1월에 기초공사를 시작한 이래 4년 넘게 공사를 진행하여 1937년 5월 27일에 완공되었다.

금문교의 상판 오른쪽으로 인도가 설치되어 사람이 걸어 다닐 수 있도록 했는데, 일전에 내게도 금문교 중간까지 걸어가 아득한 바다를 내려다 볼 수 있는 기회가 있었다. 해수면으로부터 67m 위치에 다리가 있는데, 태평양의 넘실거리는 파도가 교각을 때리면서 하얗게 부서지는 모습을 보면 아찔한 현기증을 느낄 정도였다. 다리 중간 부분에 바람이 세차게 불 때가 많은데, 심할 때는 시속 100Km가 넘는 강풍이 분다고 한다. 이런 강풍에 견뎌내기 위해 금문교는 튼튼하게 지어져야 했고, 실제로 좌우 8.4m에 상하로 5m까지 흔들려도 문제가 없도록 설계되었다.

금문교 남쪽에는 금문교 기념관이 있어 공사를 진행하면서 있었던 장면들을 사진으로 전시하고 있다. 기념관 내에는 다리를 지지해 주고 있는 실제 케이블을 전시하고 있는데, 케이블의 단면을 들여다보니 수많은 철사들이 모여 하나의 굵은 케이블을 이루고 있었다. 케이블의 굵기는 92.4cm로 어지간한 고목나무보다 더 굵어 어른의 팔로 한아름에 안기가 힘들 정도였다. 그리고 케이블 하나를 만들기 위해 27,572개의 가는 철사가 합쳐졌다. 연필 두께 정도의 철사들을 옮겨온 다음, 한데 묶어 61개의 봉을 만들었고, 이 봉을 압축한 다음 한데 묶어 90cm 굵기의 줄을 만들었다. 마지막으로 가느다란 철사로 케이블을 감아 매끄럽게 끝마무리를 했고, 129,000Km에 이르는 강철선이 엮어져 굵은 케이블이 된 것이다.

샌프란시스코의 남북을 오가는 수백만 대의 차량이 통과하는데도 끄떡없이 견뎌낼 수 있는 것은 결국 가는 철사들의 집합 때문에 강도를 높였기 때문임을 알 수 있다. 육중한 다리를 떠받치고 강풍과 파도에 견디며 오늘날 샌프란시스코의 명물로 자리잡고 있는 금문교가 철사를 꼬아 만든 케이블에 의해 지탱되고 있다는 사실이 경이로웠다. 가느다란 철사 한 가닥으로는 육중한 다리를 도저히 견딜 수 없지만 이들이 모일 때 그 강도는 어마어마하게 높아지게 된다.

삼겹줄은 쉽게 끊어지지 않는다

신앙의 삶에서도 활력을 잃지 않고 지속적으로 열매를 맺기 위해서는 혼자서 신앙 생활하기보다 여러 형제 자매들과 함께 모여 삶을 나누는 아름다운 교제가 있어야 한다. 홀로 있을 때는 낙심해서 넘어지기 쉬워도 곁에서 함께 걱정해 주고 용기를 북돋워 주는 친구가 있을 때에는 쉽게 이겨나갈 수 있다. 우리의 신앙에도 기복이 있어 주님만 바라보며 어떤 세상의 유혹이 몰려와도 끄떡없이 잘 견딜 것 같다가도 때로 자존심에 상처를 입히는 직장 동료의 비난 한 마디에 핏대를 올리며 와르르 무너지기도 한다. 매일 성경을 묵상하며 말씀 가운데 하나님의 약속을 발견하고 기뻐서 눈물을 흘리다가도 어느 순간엔 과연 하나님이 내 기도를 들어 주시는 걸까 하며 회의에 빠지기도 한다.

이럴 때 함께하고 같이 있어 주는 신앙의 동지가 필요하다. 신앙의 사람들이 함께할 때 우리는 담대하게 믿음의 행동을 할 수 있다. 혼자서는 움츠러들고 망설여지는 일이라도 크리스천 형제자매들이 함께하면 주님께서 기뻐하시는 일을 힘차게 해낼 수 있게 된다. 솔로몬이 기록한 전도서 4장 12절에 "한 사람이면 패하겠거니와 두 사람이면 능히 당하나니 삼겹줄은 쉽게 끊어지지 아니하느니라" 했다. 나 혼자 하기보다 가치관이 같은 사람들끼리 모여 교제할 때 쉽게 넘어지지 않고 강인한 케이블처럼 흔들리지 않는 삶이 된다는 말이다. 다시 말해 **혼자서는 실패하기 쉽지만 두 사람이면 이를 감당할 수 있고 무엇보다도 주님과 함께하는 삼겹줄이 되어질 때 쉽게 끊어지지 않는 것이다.**

하나님께서 우리에게 더불어 교회를 이루어갈 형제자매들을 주셨다. 그들이 우리에게는 소중한 사람들이다. 나의 신앙이 차갑게 식어 있거나 용기 있는 삶을 누리지 못하고 세상과 타협하며 적당히 살아가고 있을 때 내 옆에서 함께 고민하고 위로하며 힘을 주는 소중한 사람들이다. 내가 실수하여 괴로워하고 주눅이 들 때 나의 아픔을 함께 나눌 수 있는 소중한 사람들이다. 내게 허락하신 믿음의 사람들을 기뻐하며 그들과 진실한 교제가 이루어지도록 우리의 마음을 열고 우리의 삶을 서로 나눌 수 있어야 한다. 신실한 신앙의 동지를 많이 알고 그들과 긴밀하며 활발한 교제가 이루어질 때 우리의 삶은 역동적으로 변할 수 있다.

나의 주위에 어떤 믿음의 사람을 주셨는지 살펴보기를 원한다. **주님은 나의 삶을 풍성하게 하기 위해서 믿음의 사람들을 보내주셨으며, 수많은 철사들이 모여 강인한 케이블이 되듯이 신앙의 동지들을 만나 신앙의 네트워크를 이룰 때 우리의 삶은 어떤 시련에도 견딜 수 있는 견고함을 가질 수 있을 것이다.** 믿음의 친구를 만날 때마다 나의 삶을 튼튼하게 만들기 위해 보내주신 하나님의 은혜로 감사해야 한다. 나에게 허락하신 믿음의 동지를 살펴보고 그들에게 당신은 하나님께서 나에게 보내 주신 참으로 소중한 사람이라고 고백하며 사랑을 표현해 보자.

대나무 키는 어째서 빨리 자랄까?

- 우리의 신앙도 땅 속에서 준비하는 기간이 필요하다

내가 사는 아파트 옆 야산에 대나무 숲이 울창하게 우거져 있다. 밤에 가로등에 비쳐지는 빽빽한 대나무 숲은 마치 깊이를 가늠하기 힘든 두터운 울타리 같이 보인다. 겨울철의 쌀쌀한 날씨에 대부분의 나무들은 여름에 무성했던 잎을 잃어버리고 앙상한 줄기와 가지만을 드러내고 있다. 하지만 대나무는 여전히 푸르름을 간직하며 곧게 서 있다.

소나무 30년 자란 키가 대나무 1년 자란 높이다

대나무는 씨앗을 심은 후 처음 4년 동안은 대부분 자라는 모습을 발견할 수 없다. 4년 동안 땅속에서만 자라기 때문이다. 그 동안에는 섬유질의 뿌리 구조가 형성되는데 땅 속으로 깊고 넓게 퍼진다. 그러다가 5년째가 되면 드디어 땅 위에 솟아 있던 죽순으로부터 대나무가 자라기 시작하는데 키가 가장 큰 것은 25m 이상 성장하기도

■ 죽순

한다. 죽순은 5월 중순에서 6월 중순까지 나오는데 매 년 같은 양의 죽순이 나오는 것이 아니라 많이 나오는 해와 죽순이 적게 나오는 해가 교대로 있기도 하며, 이런 주기가 2-3년 후에 생기는 경우도 있다.

대나무는 죽순이 지상으로 나온 후부터 대단히 빠른 성장을 보이는데, 오전 10시부터 오후 3시경까지 빠르게 자라고 건조할 때보다는 습기가 많을 때 잘 자란다. 또 기온이 낮을 때보다는 기온이 높을 때 빨리 자라므로 여름철 비가 온 뒤 습기가 많고 기온이 높을 때 가장 왕성한 성장을 보인다. 우후죽순이라는 말이 있듯이 비가 온 다음 습기가 많고 기온이 올라가면 부쩍 자라게 된다. 왕대의 경우 하루 동안에 빠르면 60cm 정도까지 자라는데, 일본에서 측정한 자료를 보면 최고 1m 20cm까지 자란 경우도 있다고 하며, 대나무가 하루 동안 생장하는 것이 소나무가 30년 동안 자라는 길이와 같다고 한다.

우후죽순 : (雨後竹筍)【명사】 비가 온 뒤에 많이 솟는 죽순처럼, 어떤 일이 한때에 많이 일어남의 비유.

이렇게 빨리 자라는 이유는 소나무의 경우 생장점은 가지 끝에만 있는데 반해서 대나무는 생장점이 마디마다 존재하기 때문에 식물 호르몬인 지베렐린과 오옥신이 많이 분비되어 길이 성장이 촉진되기 때문이다. 대나무는 성장하는 속도가 크기 때문에 생장이 일찍 완료되는데, 대나무의 종류마다 다르지만 왕대의 경우 대개 30-50일 만에 성장을 완료한다. 다 자란 후에는 더 이상 굵어지지 않고 나무의 재질이 단단하게 되며, 이렇게 빨리 자란 다음 오랫동안 있다가 꽃을 피우게 되면 대나무는 죽게 된다. 종류에 따라 개화 시기도 다르지만 30-60년 혹은 120년이 지난 다음 꽃이 피는 경우도 있는데, 일단 꽃이 피기 시작하면 유행병이 퍼지듯 주변의 나무들마다 꽃이 피고 다른 지역의 대나무 숲으로까지 차례로 개화하게 되는 신

생장점 : (生長點)[—쩜]【명사】『식』 식물의 줄기 · 뿌리 등의 끝에 있어 세포 분열을 일으켜 생장을 하는 부분. 성장점.

기한 현상을 보이기도 한다.

우리의 신앙도 대나무처럼 쑥쑥 자라라

대나무의 일생을 바라보면 죽순이 나오기까지 오랜 시간 땅 속에서 준비하는 시기가 있고, 일단 성장하기 시작하면 신속하게 자랄 뿐만 아니라 이후 오랫동안 푸르름을 자랑한다. 사람도 마찬가지로 인격과 신앙을 갈고 닦는 데에는 오랜 기간이 필요하다. 인격의 변화는 일순간에 이루어지는 일이 아니기 때문이다. **우리 몸은 편안해지려는 쪽으로 움직이며, 좀 더 편하고 안락한 곳을 찾으며 좀 더 쾌감을 느끼기 위해 시간과 에너지를 쓰는데 집중한다. 그런데 이러한 방향과는 반대로 움직여야 지금보다 더 강인하고 성숙한 모습으로 성장할 수 있다.** 육체적인 건강과 이를 지속시킬 수 있는 단단한 몸을 만들기 위해서는 편안한 소파에서 박차고 일어나 운동장으로 나와야 한다. 정신적인 깊이를 얻기 위해서 이불을 걷어치우고 침대에서 빠져나와야 한다. 그리고 시간을 아껴서 손에 책을 잡고 머릿속에 지식을 쌓아가야 한다.

영적인 성장을 위해서도 마찬가지이다. 성숙한 신앙으로 자라 주님께서 기뻐하시는 일을 효과적으로 감당하며 좋은 열매를 얻기 위해서는 하나님의 말씀을 사랑하고 배워야 한다. 또한 배우고 깨달은 말씀대로 실천에 옮기면서 살아 있는 신앙으로 변모해나가야 한다. 하나님의 말씀대로 사는 일이 당장에는 즐겁지 않을 수도 있고 물질적으로 손해를 볼 수도 있으며, 내 몸이 자연스럽게 흘러가고자 하는 방향과는 역행하는 경우가 대부분이다. 그럼에도 불구하고 이러한 일들은 장기적인 관점에서 지속적인 노력이 필요하다. **주님께서 귀하게 사용하시는 요긴한 일꾼이 되고자 하는 목표를 가지고 그렇**

게 꾸준히 육적, 지적, 영적인 훈련을 해나간다면 대나무가 비온 후에 쑥쑥 자라듯이 어느 순간 자기도 모르게 훌쩍 커버린 자신을 발견하게 될 것이다.

우리는 이 땅의 영적 부흥을 갈망하며 기도한다. 이 시대에 살고 있는 많은 사람들이 주님을 알며 주님을 인생의 주인으로 고백하는 일들이 편만하여지길 고대하며 기도한다. 부흥의 불길은 대나무 죽순과도 같아서 타오르기 시작하면 걷잡을 수 없는 요원의 불길처럼 타오르게 된다. 그러기 위해서는 우리가 먼저 준비되어야 하며, 어린 신앙인들을 충분히 도와줄 수 있는 성숙된 그리스도인이 되기까지 기다려야 한다. 그리고 우리의 삶에서 그리스도의 향기가 퍼지며 주위의 사람들로부터 인격적으로도 존경을 받을 수 있도록 훈련되어야 한다.

■ 모세

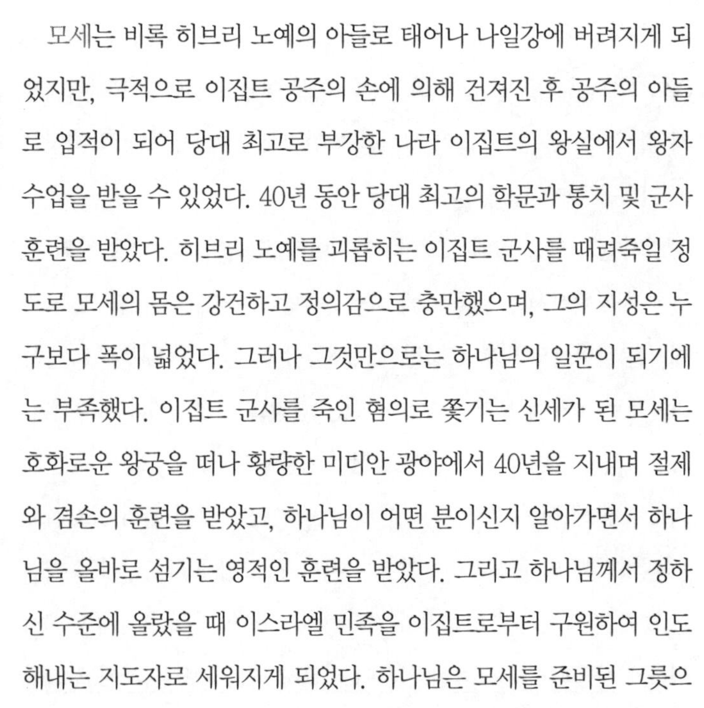

모세는 비록 히브리 노예의 아들로 태어나 나일강에 버려지게 되었지만, 극적으로 이집트 공주의 손에 의해 건져진 후 공주의 아들로 입적이 되어 당대 최고로 부강한 나라 이집트의 왕실에서 왕자 수업을 받을 수 있었다. 40년 동안 당대 최고의 학문과 통치 및 군사 훈련을 받았다. 히브리 노예를 괴롭히는 이집트 군사를 때려죽일 정도로 모세의 몸은 강건하고 정의감으로 충만했으며, 그의 지성은 누구보다 폭이 넓었다. 그러나 그것만으로는 하나님의 일꾼이 되기에는 부족했다. 이집트 군사를 죽인 혐의로 쫓기는 신세가 된 모세는 호화로운 왕궁을 떠나 황량한 미디안 광야에서 40년을 지내며 절제와 겸손의 훈련을 받았고, 하나님이 어떤 분이신지 알아가면서 하나님을 올바로 섬기는 영적인 훈련을 받았다. 그리고 하나님께서 정하신 수준에 올랐을 때 이스라엘 민족을 이집트로부터 구원하여 인도해내는 지도자로 세워지게 되었다. 하나님은 모세를 준비된 그릇으로 만드시기 위해 오랜 인고의 세월을 보내며 훈련을 통과하도록 이끌어 주신 것이다.

현재의 우리 삶을 돌아보면 기쁨이 넘칠 때도 있고 좌절감을 느끼게 될 때도 있을 것이다. 그러나 일희일비하지 말고 그리스도의 장성한 분량에 이르기까지 목표의식을 가지고 차곡차곡 준비한다면 반드시 우리가 원하는 부흥의 계절이 올 것이다. **여름의 뜨거움과 겨울의 한파에도 아랑곳하지 않고 지조와 절개의 상징으로 꼿꼿하게 서 있는 대나무를 바라보며 세상의 조류에 타협하지 않고 하나님의 말씀이 가르치는 대로만 살겠다는 삶의 철학을 가지고 날마다 절제하며 기도하는 마음으로 살아가도록 하자.**

우리가 물 없이 살 수 있을까?

– 우리 삶에 생수의 강이 흐르게 하라

지난 겨울에는 유난히 눈이나 비가 많이 내렸다. 내가 살고 있는 곳은 우리 나라의 남부 지방이라 겨울철에도 눈이 내리는 경우가 드물었는데, 이번 겨울에는 매섭게 추운 날들이 많았다. 눈이 자주 내려 나무마다 아름다운 눈꽃을 만들어 보는 이로 하여금 즐겁게 하기도 했고, 춘삼월에 들어와서도 비가 내리던 중 갑자기 기온이 떨어져 비가 눈으로 변해 펑펑 쏟아지기도 했다. 늘 강우량이 부족해서 농사에 필요한 물뿐만 아니라 마실 물까지 없어서 애를 태우곤 했었는데 올해는 당분간 물 걱정을 하지 않아도 될 성 싶다.

■ 바닷물은 지구의 물의 총량의 98.5퍼센트를 차지하고 있다.

생명체의 생존에는 물이 필요하다

지구상에 존재하는 물의 총량은 138,600만Km^3로 계산되는데, 이 중 바닷물이 96.5퍼센트를 차지하고 있고 나머지는 담수로서 빙산이나 빙하, 지하수 그리고 강과 호수에 존재하고 있다. 그런데 사람은 물이 없이는 살 수 없는 존재이다. 우리 몸에서 일어나는 각종 생리 현상을 유지할 뿐만 아니라 문화생활을 영위하는 데 있어서도 물은 필수 불가결한 존재이기도 하다. 인체의 60-70퍼센트가 물로 구성되어 있으며, 하루에 2.0-2.5리터의 물을 필요로 한다. 체내의 물은 약 16일에 한 번씩 완전히 바뀐다고 한다.

물은 우리 몸에서 대단히 중요한 기능을 유지하도록 한다. 각종 내분비선이나 외분비선으로부터 호르몬이나 효소가 분비되도록 하는 작용, 음식물의 소화 및 흡수, 배설 작용, 노폐물 제거와 혈액의 부피 조절 및 순환과 호흡, 그리고 질병에 대한 면역 활동 등 체내의 모든 생리현상에 물이 필요하다. 우리 인체를 구성하고 있는 물의 10퍼센트 이상을 상실하게 되면 체내 모든 기관에 기능적인 이상이 오게 되고, 20퍼센트 이상 상실하게 되면 생명이 위험해진다. 물은 이러한 생리적인 기능 외에도 음식의 조리, 세탁, 목욕, 청소, 산업용수 등 일상생활에도 광범위하게 사용되고 있고, 소득과 문화 수준이 향상될수록 1인당 물의 사용량도 가파르게 증가하게 된다.

물은 물리·화학적인 성질이 독특하여 생명 현상을 유지하는데 가장 알맞은 용매이기도 하다. 대부분의 물질은 온도가 떨어지면 수축하여 밀도가 높아지고 부피가 줄어드는데, 알코올이나 석유 등의 액체뿐만 아니라 철, 알루미늄과 같은 금속들도 마찬가지이다. 하지만 물은 냉각될 때 섭씨 4도, 정확하게는 섭씨 3.98도까지는 부피가 줄어들고 밀도가 증가하다가 온도가 더 낮아지게 되면 오히려 부피가 증가하고 밀도가 감소하는 성질을 가지고 있다. 그래서 강이나 호수에 얼음이 얼면 물보다 밀도가 낮아 수면에 뜨게 된다. 그리고 얼음이 바닥에 가라앉지 않고 표면부터 얼기 때문에 얼음 아래의 물에 대해 덮개처럼 씌워져서 보온 효과가 있기 때문에 수초를 비롯한

모세관 현상 : (毛細管現象) [명사] 물리학에서, 가는 유리관을 액체 속에 세웠을 때, 관 안의 액면(液面)이 관 밖의 액면보다 높아지거나 낮아지는 현상을 이르는 말.

물고기들이 추운 겨울철에도 생존할 수 있는 것이다.

뿐만 아니라 표면 장력이 커서 우리가 가는 유리관에서 흔히 보는 모세관 현상으로 인해 나무뿌리로부터 빨려 들어온 물이 수십 미터 꼭대기까지 올라갈 수 있게 된다. 또 물은 분자량이 18 밖에 되지 않는 작은 질량의 물질이지만 녹는점과 끓는점의 범위가 넓어 물을 이용하는 생명체가 최적의 조건에서 살아갈 수 있다. 만일 어는점과 끓는점이 적당치 않아 기온이 조금만 올라가거나 내려가도 세포 내의 물이 수증기로 날라가 버리거나 얼음으로 변해 버린다면 생명체는 살 수가 없을 것이다. 물의 기화열은 540cal/g나 되므로 더울 때 땀을 흘려 체온을 조절하는 데 아주 적합하다는 것을 알 수 있다. 또한 열용량이 커서 태양으로부터 오는 열에너지를 많이 저장할 수 있으므로 생태계의 급격한 온도 변화를 막아 준다. 화학적으로도 극성을 띠고 있어서 생체 물질들이 잘 녹는 훌륭한 용매로 작용을 하여 세포 내에서 일어나는 모든 효소의 반응을 가능하게 만든다. 그래서 생체에서 일어나는 합성과 분해 등 물질 대사가 원활하게 일어나도록 돕는 역할을 한다. 식물은 광합성을 하여 유기물을 합성하는데 물과 이산화탄소를 이용하고, 이렇게 합성된 식물의 유기물을 동물이 섭취하여 생존에 필요한 에너지를 얻게 되는 것이다. 이렇듯 생명체의 생존에 있어 물은 없어서는 안 될 필수적인 존재이다.

육신을 위한 물만큼 영혼을 위해 성령이 필요하다

이렇게 육신의 생명을 위해서도 물이 필요하듯이 영혼의 생명을 위해서도 물이 절실하게 필요하다. 요한복음 7장 37-38절에 보면 "누구든지 목마르거든 내게로 와서 마시라 나를 믿는 자는 성경에 이름과 같이 그 배에서 생수의 강이 흘러나리라"고 했다. 그 다음 구절에서는 여기에서 말하는 생수가 믿는 자가 받을 성령을 가리키는 것이라고 언급하고 있다. 우리가 하나님과 관계없는 자로 살 때에는 우리의 욕심대로 살면서 영적 생명을 상실한 채 살아갔었다. 그런데 **하나님께서 몸소 인간의 몸으로 이 땅에 오셔서 내가 지은 죗값을 대신 치르기 위해 죄 없으신 그 분이 십자가 형틀에 매달려 죽음을 당하신 사실을 믿고, 하나님 앞에 굴복하고 나아갈 때 우리는 생수가 흘러넘치는 은혜를 체험하게 된다는 것이다.** 그리고 영적 갈증으로 목말라 있던 우리에게 생수를 허락하시고 이 생수가 끊임없이 솟아올라 강물처럼 풍성히 흐르게 하시겠다는 약속이다. 우리가 하나님의 은혜를 마음껏 누리기 위해서는 생수의 강물이 사방으로 흐르듯이 성령님께서 우리를 통해 일하심이 우리 자신뿐만 아니라 우리가 처한 가정이나 학교, 직장에 흘러 넘쳐 하나님의 사랑과 위대하심이 드러나야 할 것이다.

성경에 보면 에스겔 선지자가 환상 중에 천사에게 이끌려 예루살렘 성전에 갔었는데 성전 문지방 밑에서 생수가 흘러나오기 시작하여 동으로 흐르다가 남쪽으로 흐르는 것을 보게 된다. 그리고 물이 점차 많아져 발목까지 오르다가 이윽고 무릎까지 깊어지게 되었고, 시간이 가면서 점점 물이 많아져 허리까지 이르고 마침내 물이 가득하여 서서 건너지 못하고 헤엄을 쳐야 할 정도가 되었다. 큰 강을 이룬 물은 동방으로 향하여 흘러 지금의 사해 바다인 아라바 바다에 이르게 되었다. 그런데 죽었던 바다가 다시 살아나고 강가에는 각종 나무가 무성해지며 실과가 끊어지지 않고 이 강물이 흘러 들어가는 곳마다 생물이 살고 물고기가 심히 많아지는 기적이 일어났다.

에스겔의 환상은 우리가 성령의 사람으로서 온전히 성령님의 뜻에 의해 살아갈 때 우리의 삶을 통해 생명의 역사가 일어남을 보여 준다. 그리고 성령님의 뜻에 순종함에 있어서 우리의 신앙이 점차 성장해야 함을 말해 준다. 처음에는 발목까지만 차다가 무릎, 허리까지 차오르고 마침내 큰 강을 이루어 마음껏 헤엄을 치듯이 모든 영역에서의 삶이 성령님의 지배를 받도록 신앙이 발전해 나가야 한다는 뜻이다. 또한 나의 욕심에 지배를 받던 사람이 이제는 성령님의 뜻에 굴복하는 사람이 되어야 하며, 매 순간마다 성령님의 뜻에 순종하는 삶의 폭과 깊이가 커져야 한다는 뜻이다. 그럴 때 우리의 인생은 하나님께서 즐거워하시는 모습으로 변해가고, 멋지고 매력적인 신앙의 사람이 될 것이다. 왜냐하면 성령의 사역은 사람을 바꾸는 능력이 있기 때문이다.

세상의 강물은 엄청난 소용돌이를 일으키며 하나님으로부터 멀어지게 하는 탁류를 담고 도도하게 흘러가고 있는데. 이러한 현실 속에서는 세상의 물결에 떠밀려 세상과 육신의 법대로 살아가기 십상이다. 하지만 성령의 사람은 이에 휩쓸리거나 타협하지 아니하고 성령의 법을 따르려고 노력한다. **우리가 성령님께 의지하면 할수록 우리를 통해 성령의 생수가 흐르기 시작하고 새로운 생수의 물줄기가 형성되며, 궁극적으로는 강물처럼 흘러 생수가 스며들어가는 곳마다 영적으로 소생하는 기적이 일어나게 될 것이다.**

크리스천이 각자의 삶에서 하나님의 통치권이 회복되어 생수의 강이 흘러나올 때 세상의 탁류는 정화될 것이다. 우리가 속한 가정과 교회와 사회가 하나님을 만나 영적 생명을 누리고 성령 충만한 우리의 삶을 통해 성령의 뜻이 우리 주위에 편만해지고 주님의 이름이 높임을 받고 영화로워지기를 기도하자.

꿀은 왜 냉장고에 넣지 않아도 상하지 않을까?

– 사탄의 생각을 영적 삼투압으로 녹여라

선생이 되어 즐거운 일 가운데 하나가 가르침을 받은 후 사회에 나가 인정을 받으며 뻗어나가는 제자들의 모습을 보는 것이다. 대학원에서 석사 과정을 마치고 대기업의 생명공학 연구소에서 일하고 있는 제자가 오랜만에 찾아왔다. 선생의 건강을 염려해서 꿀에 절인 인삼 한 통을 가져 왔다. 5-6년 된 수삼을 쪄서 천연꿀과 올리고당을 첨가하여 2달 정도 숙성시킨 다음 설탕을 묻히고 그늘에서 적당히 말린 것이었다. 그래서 말랑말랑하고 수분이 적당하며 홍삼 특유의 부드러운 향과 아울러 꿀맛이 있으므로 먹기가 좋았다.

■ 꿀

반투막과 삼투현상

인삼에는 사포닌이 많아 맛이 쓰지만 꿀에 절여 놓으면 쉽게 먹을 수 있다. 인삼을 꿀에 절인 것은 쓴맛을 완화시키는 효과도 있지만 보관하는 데도 좋기 때문이다. 냉장고에 식품을 저장하더라도 시간

올리고당 : [oligosaccharide] 단당류가 글리코시드 결합을 한 것.

사포닌 : [saponin] 식물계에 널리 존재하는 배당체의 비(非)당부분(애글리콘)이 여러 고리 화합물로 이루어진 것의 총칭.

프룩토스(fructose) : n. 【화학】 과당(果糖)

반투막 : (半透膜)【명사】『화』 용액 중의 용매(溶媒)만을 통과시키고 용질(溶質)을 통과시키지 않는 막. 반투벽.

용질 : (溶質)【명사】『화』 용액 중에 녹아 있는 물질. 액체에 다른 액체가 녹았을 때는 양이 적은 쪽을 말함. ↔용매(溶媒)

용매 : (溶媒)【명사】『화』 액체에 고체 또는 기체 물질, 곧 용질을 녹여 용액을 만들었을 때, 본디 액체를 말함. 또는 액체에 액체를 녹일 때는 많은 쪽의 액체를 말함. ↔용질.

이 지나면서 곰팡이가 생겨 상하는 경우가 많은데, 꿀은 냉장고가 아닌 상온에서 아무리 오랫동안 보관해도 곰팡이가 생기지 않는다. 꿀은 프룩토스(fructose)라는 당이 함유된 용액으로서 농도가 매우 높기 때문이다. 설령 곰팡이가 꿀에 침투하더라도 곰팡이의 세포보다 꿀의 농도가 훨씬 높기 때문에 삼투현상이 일어나 곰팡이 세포로부터 물이 빠져나가게 되므로 곰팡이가 전혀 살 수 없다.

삼투현상은 반투막을 경계로 용질의 농도에 차이가 날 때, 농도 차이를 줄이는 방향으로 용매, 즉 물이 이동하는 것을 말한다. 용질을 녹이는 용매는 반투막을 통과하지만 용질 분자는 통과하지 못하므로, 농도가 낮은 쪽의 용매가 높은 쪽으로 이동하면서 농도 차이를 줄이게 된다. 김치를 담글 때 진한 소금물에 배추를 담가두면 배추에서 수분이 빠져 나와 빳빳하던 배추가 풀이 죽고 절여지는 것을 볼 수 있는데, 이것도 삼투현상 때문이다. 곰팡이 세포나 배추의 세포를 둘러싸고 있는 세포막은 이중 지질의 막으로 되어 있어 물은 어느 정도 통과할 수 있으나 물에 녹아 있는 용질은 통과하기 어렵다.

특히 물에 잘 녹는 친수성 용질과 같이 극성을 띠고 있는 것들은 지질막을 통과하지 못한다. 그래서 세포막은 반투막으로 작용을 하게 되어 세포 바깥의 농도가 높은 환경에 처하면 삼투현상에 의해 용매인 물이 세포 밖으로 빠져나가게 된다. 결국 농도가 높은 환경에서는 세포 안의 물이 밖으로 빠져나가므로 물이 부족해서 세포가 정상적인 기능을 발휘하기 힘들어진다. 젓갈을 담글 때처럼 식품을 저장할 때 진한 농도의 소금이나 설탕을 이용하는 것은 바로 이와 같은 원리 때문이다.

말씀을 믿지 못하고 눈을 믿는 이스라엘 백성

출애굽기를 보면, 야곱이 모든 식솔을 이끌고 막내아들 요셉이 총리로 다스리고 있는 이집트로 내려가 살기 시작한 지 400년이 지난 후 이스라엘 민족의 수는 크게 증가했다. 이스라엘 민족은 이집트의 화려하고 강대한 문명을 이용하여 거대한 민족으로 성장하게 되었다. 그런데 이스라엘 민족이 강성해지자 이집트의 바로왕은 이스라엘 민족을 억압하고 탄압하기 시작했다. 하나님은 고통에서 신음하던 이스라엘 백성들을 이집트로부터 해방시켜 그들의 조상 아브라함에게 약속한 땅인 가나안으로 인도하기를 원하셨다. 그리하여 이집트를 떠나 홍해를 건넌 이스라엘 백성들에게 직접 올라가 그 땅을 취하라고 하셨고, 가나안 땅에는 일곱 족속이 여전히 살고 있었지만 그 땅의 소유권을 이스라엘 백성에게 물려주시겠다고 약속하였다. 하나님께서 약속하셨기 때문에 필연적인 승리가 기다리고 있었다.

이제 이스라엘 민족에게 요구되는 것은 하나님에 대한 신뢰와 하나님의 명령에 대한 순종뿐이었다. 하지만 가나안 땅을 돌아보고 온 정탐꾼들의 보고에 이스라엘 백성들은 크게 낙담하였다. 가나안 족속들은 키가 크고 장대하며 힘이 강한 족속인데다 그들이 살고 있는 성곽은 크고 견고했다. 가나안 족속은 쉽게 물리칠 수 있을 만큼 그렇게 만만하게 보이지 않았다. 눈앞에 다가온 현실 앞에 이스라엘 백성들은 주저하였다. 가나안 족속들과 싸우고 싶지 않았다. 왜냐하면 하나님께서는 가나안 족속과 싸우라고 이스라엘 군인들에게 갑옷을 주신 것도 아니고 철병거를 만들어 주시지도 않았기 때문이다. 단지 그 땅을 네게 주리라고 한 약속의 말씀뿐이었다.

'이집트 바로왕의 폭정으로부터 너희를 해방하여 이끌어낸 것처럼 이번에도 너희를 위해 싸우시겠다' 는 약속의 말씀만 이스라엘 백성의 귀에 맴돌 뿐이었다. 이스라엘 민족은 자신의 손에 갑옷과 최신의 무기가 들려지는 것보다 하나님의 음성을 더 불신했다. 그들은 하나님의 말만 믿고 올라갔다가 가나안의 강한 군대 앞에 궤멸될 것을 두려워했던 것이다.

신앙의 농도를 높여라

크리스천의 삶은 깊은 신앙의 농도에 절여져야 한다. 다시 말해 우리의 생각과 말과 행동에 주님의 제자다운 모습이 우러나야 한다. 나의 생각이 주님께 초점이 맞추어지고 주님께서 나를 통해서 이루시고자 하는 소명을 바라보고 쉼 없이 전진해야 한다. 우리가 살아가는 동안에 사탄은 끊임없이 우리에게 침투하여 넘어뜨리고 우리로 하여금 좌절하여 힘없이 주저앉게 만들고자 한다. 하지만 **우리 신앙의 농도가 높으면 영적 삼투압 현상이 일어나 사탄이 발을 붙이지 못하고, 삶을 부패케 하지 못한다. 그래서 신앙의 농도를 높이기 위해 우리의 생각에 불신이 자리 잡지 못하도록 경계하고, 주님을 향한 전적인 믿음으로 굳게 서야 한다.**

하나님께서는 우리가 살아가는 동안 지속적으로 말씀을 통해 약속을 하시고 그 약속을 일깨워 주시지만, 당장 내 손에 가시적인 것이 잡히지 않고 지금 내가 바라는 일들이 눈앞에서 이루어지지 않을 때 하나님을 불신하기 쉽다. 이 때 사탄은 우리의 마음을 파고들어 두려움이라는 씨앗을 심는다. 그래서 우리로 하여금 머뭇거리게 하고 결국에는 시작도 하기 전에 주저앉게 만든다. 하나님께서 기뻐하실 일이라는 것을 인식하면서도 내게 홍수처럼 쏟아지는 부정적인 정보들로 인해 우리는 쉽게 포기하고 만다.

이를 극복하는 길은 우리의 신앙의 농도를 높이는 일이다. 사탄이 심어 주는 생각이 신앙의 삼투압에 의해 녹아질 수 있도록 기도하면서 성령님의 도우심을 구해야 한다. **하나님은 될 수 없다고 하는 수많은 조건들 속에서도 주님께서 명령하시고 가리키시는 것들을 바라보고 믿음으로 걸어가는 우리의 모습을 기대하신다.** 하나님의 말씀 가운데 우리 각자에게 주어지는 약속의 말씀을 붙들고 그 약속을 신뢰하며 용감하게 걸어가도록 하자.

왜 소금으로 간을 맞춰 먹을까?

– 우리의 삶이 거룩해질 때 존재의 의미를 지닌다

내가 근무하는 학교에서는 1년에 한 차례씩 건강 검진을 받을 수 있도록 하고 있다. 학교 일로 바쁘게 생활하다 보면 차일피일 미루게 되는데, 검사 기한이 다 되어서야 겨우 병원을 찾았다. X-선 촬영이나, 피 검사, 소변 검사 등 다양한 검사 항목 중에 대장 조영 촬영 검사가 있었다.

이 검사를 위해서는 검사 전날부터 준비를 해야 하는데, 검사 전날에는 흰죽을 먹어야 하고, 당일 아침에는 아무 것도 먹지 말고 물만 마셔야 했다. 하루 종일 흰죽만 먹어야 하니 맛도 없거니와 얼마 지나지 않아 이내 배고픔을 느끼지만 처음에는 먹기도 힘들었다. 너무 싱거워서 몇 숟가락 넘기기도 어려웠기 때문이다. 그래서 간장을 조금 쳐서 간을 맞추고야 겨우 먹을 수 있었다. 늘 간이 제대로 된 반찬들로 식사를 할 때는 미처 생각하지 못하다가 흰죽을 먹으면서 소금으로 맛을 내는 일이 대단히 중요함을 새삼스럽게 깨달

■ 소금

을 수 있었다.

우리 몸은 염분을 필요로 한다

음식을 통해 염분을 섭취하는 일은 우리의 생존을 위해서 대단히 필수적인 일이다. 우리의 세포는 세포막을 경계로 하여 세포 안과 세포 밖의 이온 농도가 다른데, 세포 밖의 나트륨 이온, 즉 소디움 이온은 145mM나 되고 세포 안쪽은 5-15mM 정도 되므로 세포 바깥이 세포 안보다 10-25배 정도 많다. 반면에 칼륨 이온, 즉 포타슘 이온은 세포 바깥쪽이 5mM 정도 밖에 안 되고 세포 안쪽이 140mM 정도 되므로 세포 안쪽이 바깥보다 약 30배 정도 많다. 그리고 칼슘 이온 같은 경우, 세포 밖에는 2-5mM 정도 되지만 세포 안은 100nM 밖에 안 되기 때문에 세포 밖과 비교해 볼 때 거의 20,000배 이상의 농도 차이가 있다.

소디움 이온 : sodium ion으로서 양전하 하나를 가진 이온.

포타슘 이온 : potassium ion으로서 양전하 하나를 가진 이온.

이렇게 각종 이온들의 농도가 세포 안과 밖을 비교할 때 차이가 있기 때문에 세포에 어떤 자극이 오면 세포막을 가로질러 이온들이 세포 안이나 바깥으로 이동할 수 있게 되고 세포막 전위의 변화를 일으킨다. 세포막 전위의 변화는 세포의 중요한 신호로 작용을 하는데, 예를 들어 신경세포의 경우 신경신호를 전달할 때 세포막에 존재하는 소디움 이온이 통과할 수 있는 이온 통로 단백질과 포타슘 이온이 통과할 수 있는 이온 통로 단백질이 약간의 시간차이를 두고 열리고 닫힘으로써 이온 통로가 있는 근처의 세포막 전위가 일시적으로 변하게 된다. 소디움 이온 통로가 열리면 세포 바깥의 소디움 농도가 높기 때문에 세포 안으로 소디움 이온이 들어오고, 포타슘 이온 통로가 열리면 세포 안의 포타슘 농도가 높기 때문에 포타슘 이온이 세포 밖으로 흘러나간다.

이러한 이온의 이동에 의해서 발생하는 일시적인 세포막 전위의 탈분극 현상을 활동 전위라고 하는데, 활동 전위는 세포막의 한 지역에서 발생하면 계속해서 다른 지역으로 전달될 수 있다. 왜냐하면 세포막에는 일정한 간격으로 소디움과 포타슘이 통과하는 이온 통로들이 배열해 있어서 바로 옆의 세포막에서 활동 전위가 발생하면 이를 차례로 인식하여 새로운 활동 전위를 생성시키기 때문이다. 이렇게 함으로써 한 번 생성된 전기적 신호는 중간에 사라지지 않고 신경 말단까지 신호를 보낼 수 있다. 신경 말단에는 칼슘 이온이 통과할 수 있는 이온 통로 단백질이 있어서 활동 전위가 말단에 도착하여 세포막 전위에 변화가 일어나면 이 변화에 반응하여 칼슘 이온 통로가 열리게 되고, 세포 바깥에 수만 배의 칼슘 이온이 있기 때문에 칼슘 이온은 이온 통로를 통해 세포 안으로 들어온다. 그러면 일시적으로 세포 내 칼슘 이온의 농도가 증가하게 되고 이런 변화는 신경 말단에서 신경 전달 물질을 분비하게 만든다.

이렇게 이온들의 농도 차이에 따라 발생할 수 있는 신경신호에 의해 우리의 뇌세포가 작동을 하는 것이다. 이러한 이온들의 이동을 통해 내분비 세포에서는 호르몬의 분비가 조절되고 근육세포에서는 근육의 수축과 이완에 필수적인 일들이 일어나게 된다. 우리가 음식을 먹을 때 소금으로 간을 맞춰 먹는 것은 비단 맛을 내기 위한 것일 뿐만 아니라 소금이 우리 몸에 들어가서 세포 안과 밖의 이온을 보충해 주며 이온 농도에 균형을 맞추어 세포로 하여금 적절한 세포막 전위를 형성케 하기 위한 것이다.

소금이 짜야 하듯 그리스도인은 거룩해야 한다

요즘은 소금이 많이 생산되어 쉽게 구할 수 있는 값싼 것이지만 우리 몸의 정상적인 반응과 작용에 있어 없어서는 안 될 대단히 중요한 것이다. 소금의 섭취가 중단되면 우리 몸에 있는 세포의 기능이 완전히 마비되어 생명이 위험해지기도 한다. 이처럼 소금이 우리 몸에 없어서는 안 될 귀중한 역할을 감당하듯이 성경은 그리스도인들도 이 사회의 소금이라고 말하고 있다. 마태복음 5장 13절에 보면 "너희는 세상의 소금이니 소금이 만일 그 맛을 잃으면 무엇으로 짜게 하리요 후에는 아무 쓸 데 없어 다만 밖에 버리어 사람에게 밟힐 뿐이니라"라고 말하고 있다.

주님께서는 우리가 교회 안에서의 소금이 아니라 세상의 소금이라 하셨다. 많은 크리스천들이 교회 안에서는 거룩한 삶과 태도를 보여 주지만 사회에 나가서는 크리스천의 모습을 나타내지 못하고 자신이 주님을 따르는 자임을 드러내는 일에 소극적이거나 오히려 두려워하는 것을 많이 보게 된다. 왜냐하면 대다수의 사람들이 생각하는 가치관을 수용하고 그들이 생활하는 방식대로 살아가면서 다수의 집단에 속하고 싶어하기 때문이다. 또한 내가 특별히 크리스천이라는 것을 분명히 밝힐 때 다수의 사람들로부터 왕따를 당하고 알게 모르게 불이익을 받게 될지 모른다는 생각 때문에 떳떳하게 자신의 삶에서 예수님이 주인이심을 드러내지 못한다.

엘리야 선지자를 따르던 엘리사는 엘리야가 하늘로 승천한 직후, 요단 강물을 가르고 건너 여리고로 온다. 엘리사가 여리고에 머무는 동안에 여리고성의 사람들이 엘리사에게 하소연을 하게 한다. 여리고의 터는 아름답지만 물이 좋지 못해서 토지의 소산이 익지 못하고 떨어져버린다고 한다. 그런 어려움을 들은 엘리사는 새 그릇에 소금을 담아 가져오라고 명한 후 물이 발원하는 곳으로 가서 소금을 뿌리며 여호와의 이름으로 물의 성질을 고쳐 다시는 토지의 소산이 익지 않고 떨어지는 일이 없으리라고 한다. 그 이후에 여리고 땅에서는 농사의 어려움을 벗어나 토산물을 풍족히 거두는 변화가 있었다. 엘리사는 하나님의 대리인으로서 소금으로 여리고 성의 물을 바꾸었듯이 지금 이 순간 하나님께서는 소금인 우리를 사용하셔서 세상을 바꾸시려고 하신다.

이 땅에서 사는 것에만 초점을 두고 있는 사람들은 가지고 싶은 것을 마음껏 소유하고 풍족하게 살면서 다른 사람들에게 대접 받으며 사는 것을 최고의 목적으로 생각한다. 이런 사람들에게 육신의 죽음 이후에도 영원한 삶이 있다는 것을 알려야 한다. 그래서 세상 사람들이 영원을 위해 준비하는 자들로 바뀌게 해야 한다. 사람들이 하나님의 자녀가 되는 구원의 길이 세상 철학이나 학문, 신념 혹은 다양한 종교를 통해서도 발견할 수 있다는 생각이 변하여 예수 그리스도만이 유일한 구원의 길임을 깨달을 수 있도록 해야 한다. 직장이나 사회에서 정직하지 못하더라도 들키지 않으면 괜찮다는 생각으로 살고 있는 사람들에게 하나님께서 불꽃 같은 눈으로 늘 감찰하시며 지켜보신다는 사실을 알려서 정직하고 바르게 사는 모습으로 변화되도록 해야 한다. 그리고 세상의 부조리와 부패에 대해서도 용감히 고발하여 공평하며 정의로운 사회가 되도록 해야 한다.

그리고 무엇보다도 **소금이 짠 맛을 가져야 소금의 가치를 지니듯이 우리 크리스천들도 크리스천답게 거룩한 삶을 살아야 한다.** 거룩한 삶이란 구별된 삶인데 세상의 풍조와 가치관을 따르지 않고 성경의 가치관으로 살아가는 것을 말한다. 하나님께서 옳다 하는 것은 옳게 여겨 순종하고 하나님께서 아니라고 말씀하시는 것에 대해서는 분명한 선을 긋는 모습이 있어야 한다. **우리의 삶이 세상 사람들의 눈에도 매력적이고 본받고 싶은 삶이 되어야 우리가 세상을 변화**

시킬 수 있다. 소금이 소금으로서의 역할을 다할 때 전정한 존재 의미를 가지는 것처럼 우리도 거룩한 삶을 통해 세상을 변화시키는 가치 있는 삶이되기를 기도하자.

맨 손으로 파리 잡기가 왜 힘든 걸까?

– 우리를 통해 많은 사람들이 빛의 혜택을 받게 하자

몇 해 전 여름, 내 연구실의 학생들과 졸업생들이 조금씩 돈을 모아 앞뜰에 연구실 10주년 기념식수를 했다. 키가 2m 정도 되는 주목인데 겨울철에도 푸르고 삼각형 모양을 하고 있어 크리스마스 트리 장식을 하기에 딱 그만이었다. 그래서 매년 12월이면 학생들이 나무에 별도 붙이고 반짝이는 전구들로 장식하는 등 멋진 크리스마스 트리를 만들었다. 그래서 밤이면 오색 전구가 반짝이면서 찬란하고 환상적인 분위기를 연출해냈다. 공학연구실이라 다소 딱딱하고 메마른 느낌이 드는 곳인데, 영롱하게 빛나는 크리스마스 트리가 있어 사람들의 마음을 훈훈하게 해줄 수 있었다.

사람이 볼 수 있는 빛은 얼마나 될까?

나무를 둘러싸고 있는 오색 전등에서 나오는 빛이 낮에는 거의 식별이 되지 않았지만 밤이 되면 아름답고도 영롱한 빛이 확연히 드러나는 것을 볼 수 있다. 이 빛을 물리적인 시각으로 분석해 보면, 진공 상태에서는 유한하면서 일정한 속도로 움직이고, 입자로서 상호작용을 하며 파동처럼 움직이는 성질을 가지고 있다. 따라서 빛은 입자로서의 성질도 가지고 있고 파동으로서의 성질도 가지고 있는 전자파라고 할 수 있다.

우리가 눈으로 감지할 수 있는 빛을 가시광선이라 하는데, 400-700nm의 파장 범위를 가지고 있다. 가시광선보다 더 짧은 파장을 가지고 있는 빛으로 자외선, X선, 감마선 등이 있다. 감마선은 고주파 빛으로 많은 에너지를 가지고 있어 우리 몸에 침투하여 유전자 돌연변이를 일으키거나 암을 유발할 수도 있다. 자외선과 X선도 감마선보다는 파장이 길지만 역시 높은 에너지의 빛이기 때문에 이 빛에 많이 노출되면 위험하다. 여름에 해수욕장에서 벌거벗은 채로 너무 많은 태양광선을 쬐면 피부가 타고 심하면 화상을 입고 물집이 생긴다. 그리고 자칫하면 피부암이 발생할 수도 있다. 이런 고주파 광선을 지구 표면으로부터 20-35Km 떨어진 지점에 위치하고 있는 오존층이 막아 주기 때문에 지표면까지 도달하는 고주파의 양이 현저하게 줄어들어 피해를 줄일 수 있다. 한편 가시광선보다 파장이 긴 빛으로는 적외선이나 라디오 전파 등이 있다. 적외선은 열을 많이 가지고 있어서 열선이라고도 하는데, 햇빛을 받을 때 따뜻하게 만드는 것이 적외선 때문이다. 그리고 라디오 전파에서는 방송에 사용되는 AM 방식, FM 방식 등이 사용된다.

과학으로 하나님을 만나다
SCIENCE SEE GOD

자외선, X선, 감마선 : **자외선**(紫外線)【명사】『물』 태양 광선의 스펙트럼이 자색부로부터 바깥쪽의 암흑부에 있는 파장이 긴 복사선《피부를 태우며 암을 유발함》. **X선** [X-ray]고속전자의 흐름을 물질에 충돌시켰을 때 생기는 파장이 짧은 전자기파. **감마선** (γ線)【명사】『물』 방사성 물질에서 나오는 방사선의 하나. 극히 파장이 짧은 전파로 물질을 투과하는 힘이 몹시 강한 전자기파(電磁氣波)《암치료, 주물 · 용접부의 내부 결함 탐사, 물성(物性) 연구에 씀》.

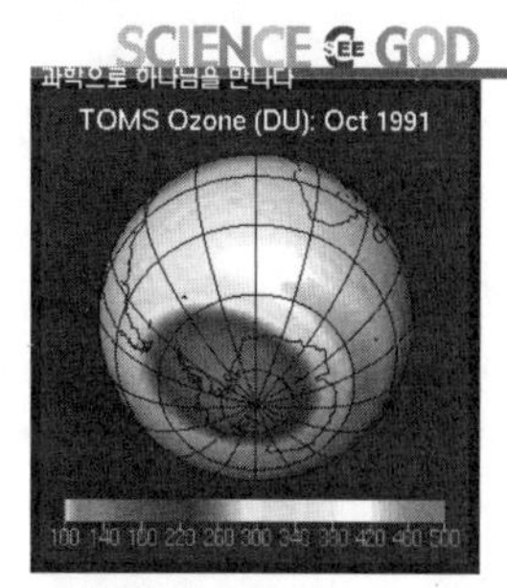

■ 오존층. 지구온난화 등으로 남극대륙의 많은 오존층이 사라져감을 알 수 있다.

가시광선은 백색 광선처럼 보이지만 이를 프리즘으로 나누어 보면 여러 색깔의 빛이 나오게 된다. 사람은 17,000가지의 색깔을 구별할 수가 있으므로 다양한 색상을 이용하여 화가들이 아름다운 그림을 그릴 수도 있고, 또 우리가 사는 주변 환경을 각자의 취향에 따라 여러 가지 색깔을 선택하여 꾸밀 수도 있다. 사람과 달리 개는 완전한 색맹이라서 색깔을 구별하지 못하고 마치 흑백 TV를 보는 것 같이 세상을 본다. 그렇지만 맹인을 앞장서서 인도하는 맹인견의 경우 비록 색깔을 구별하지는 못하지만 도로의 신호등에서 켜지는 빨간색, 노란색, 초록색의 위치를 훈련을 통해 인식 하기 때문에 자신의 임무를 수행할 수 있게 된다.

동물 가운데 뱀은 적외선을 감지할 수 있다. 먹이로부터 나오는 열선, 즉 적외선을 감지하여 그 위치를 파악한다. 그래서 뱀은 마치 적외선 투시 카메라를 통해 보는 것 같이 사물을 본다. 그래서 뱀이 수영장에 나타난다면 얇은 수영복을 입은 사람들이 마치 벌거벗은 것처럼 보이게 된다. 그리고 나비나 파리, 벌 등은 수천 개의 눈들이 모여 겹눈을 이루는데 세상을 마치 모자이크처럼 바라보고 있다. 따라서 물체의 움직임이 과장되게 보이고 어떤 움직임이 주위에 있을 때 빨리 감지하고 피할 수 있기 때문에 손으로 파리를 잡기 쉽지 않다.

또한 이들 곤충들은 자외선 영역의 빛도 감지하기 때문에 우리가 보는 세상과는 다른 모습으로 보고 있다. 사람의 눈에는 같은 색으로 보이는 꽃잎을 자외선 카메라로 찍어 보면, 꽃에서 꿀이 있는 중앙으로 갈수록 색이 짙어짐을 알 수 있다. 그래서 벌과 나비가 정확하게 꽃으로부터 꿀을 찾을 수 있게 되고, 이를 통해 식물은 꽃가루 수정을 할 수 있는 것이다. 이렇듯 빛의 파장의 영역에 따라 같은 사물이라도 감지하는 능력이 동물에 따라 다르기 때문에 완전히 다른 모습과 무늬로 인식하는 것이다.

그리스도인은 세상의 빛이다

성경에서는 우리 그리스도인이 세상의 빛이라고 했다. 마태복음

5장 14-16절을 보면 "너희는 세상의 빛이라 산 위에 있는 동네가 숨기우지 못할 것이요 사람이 등불을 켜서 말 아래 두지 아니하고 등경위에 두나니 이러므로 집안 모든 사람에게 비취느니라. 이같이 너희 빛을 사람 앞에 비취게 하여 저희로 너희 착한 행실을 보고 하늘에 계신 너희 아버지께 영광을 돌리게 하라"고 했다. 주님께서는 세상의 빛으로서의 사명이 우리에게 있음을 분명히 말씀하고 계신다. 빛은 비추어져야 본연의 임무를 완수하는 것이며, 우리에게 빛이 있다면 빛을 필요로 하는 사람에게 던져주어야 한다. 또 빛을 골고루 비취게 하려면 빛이 멀리 퍼져갈 수 있는 높은 곳에 있어야 한다. 그래야 많은 삶들이 빛의 혜택을 받을 수 있다.

그런데 높은 곳에 있으면서 빛을 내기 때문에 많은 사람의 눈에 쉽게 드러나게 되고 주목의 대상이 되는 사람이 그리스도인이 아닐까? 그래서 더욱 우리의 몸가짐을 바르게 하고 정돈할 필요가 있다. **우리가 미처 알지 못하는 사이에도 우리 주위의 믿지 않는 많은 사람들이 우리의 말과 생각과 행동을 보고 있기 때문에 우리의 착한 행실이 우리로 하여금 세상의 빛이 되게 해야 한다.** 그리고 그리스도인답게 생각하고 말하고 행동하는 법을 지속적으로 연습하고 훈련해야 하며, 우리의 삶을 통해서 여러 사람들이 기쁨을 누리는 일에 앞장서야 한다. 나의 가진 것으로 필요한 사람들에게 베풀고 주어진 시간도 타인을 위해 사용하는 것이 그리스도인의 본연의 자세이다. 또한 무엇보다도 우리에게는 측량치 못할 하나님의 사랑이 있으므로 이를 다른 사람들에 대한 관심과 사랑으로 나누어 줄 수 있어야 한다. 사랑은 계속 퍼 줄수록 무한한 사랑의 원천이신 하나님으로부터 더 큰 사랑이 공급되고 마르지 않는 샘물처럼 더욱 풍성히 솟아날 것이며, 사랑을 실천하므로 진정한 사랑의 사람이 될 수 있을 것이다.

그런데 자칫하면 우리는 세상이 가치 있다고 여기는 것을 통해 빛을 발하려는 경향이 있다. **세상이 성공이라고 인정하는 것을 가짐으로써 빛이 드러난다고 생각하기도 한다. 하지만 가장 바람직한 것은 세상이 기대하는 것보다 주님께서 우리에게 기대하시는 그런 빛을 발산하는 것이다.** 사랑과 희락과 화평과 자비와 양성과 충성과 온유와 절제가 있는 아름다운 성품을 통해 이루어지는 우리의 삶들이 바로 주님께서 원하시는 모습이다. 이를 위해 늘 자신을 바라보며 기도하고, 주님의 가르침에 따라 신실하게 훈련 받기를 원하며, 영원한 빛이신 주님으로부터 끊임없이 빛을 받아 발산하는 아름다운 신앙인이 되도록 하자.

두 얼굴을 가진 과학기술–핵폭탄과 원자력발전소

– 과학하는 사람은 자신의 연구에 윤리적 책임을 져야 한다

■ 북핵 6자회담. 북한의 핵문제를 둘러싸고 주변국들 간에 다자간 협의를 하고 있다.

최근 북핵 문제를 둘러싼 6자 회담이 진행되고 있다. 긴장의 해결과 양보를 통해 문제를 극복하려는 방향으로 전개되고 있어 기대가 된다. 북핵을 둘러싼 긴장은 미국 국방장관이 "북한은 핵무기를 보유하고 있다"고 발언하면서 촉발되었다. "북한은 탄도 미사일 기술 분야를 포함하여 대량 살상 무기를 개발하여 확산시키는 전 세계 최악의 나라"라고 비난하기 시작했고, 미국의 정보기관이나 주한 미국 대사도 "북한이 핵무기 2, 3개를 개발할 수 있는 물질을 가지고 있는 것으로 알려져 있다"고 했다.

핵분열 연구의 역사

인류가 핵에너지를 본격적으로 이용할 수 있게 된 계기는 1932년 영국 캠브리지 대학의 제임스 채드윅이 중성자를 발견하면서부터라고 할 수 있다. 중성자가 발견되고 다음 해인 1933년에 졸리오 퀴리 부부는 알루미늄과 같은 가벼운 원자들에게 알파 입자를 쏘면 양전자가 발생한다는 것을 발견했고, 질소, 규소, 인의 동위원소에 해당하는 인공 방사성 동위원소를 얻는데 성공했다. 졸리오 퀴리 부부는 새로운 방사성 원소를 합성한 공로로 노벨 화학상을 수상하였다.

이를 본 이탈리아의 페르미 연구팀은 1934년에 고 에너지 알파 입자 대신에 중성자를 사용하여 원소를 변환시켜 인공 방사성 물질을 만드는데 성공했다. 이 연구 결과로 페르미도 역시 1938년에 노벨상을 수상하게 되었다. 그리고 당시 독일 베를린에 있는 카이저 빌헬름 화학 연구소의 오토 한과 슈트라스만은 페르미 연구팀과 비슷하게 중성자를 이용하여 우라늄을 변환시키는 실험을 수행하였다.

하지만 그 이후 1938년 말에 우라늄이 중성자의 충돌에 의해 약간만 질량이 작아지는 것이 아니라 완전히 두 쪽이 나서 바륨과 크립톤으로 분열되면서 2-3개의 중성자를 다시 방출하고 이 중성자들이 다른 우라늄에 충돌함으로써 연쇄적인 핵분열을 일으킬 수 있다는 사실을 확인함으로써 우라늄 핵분열의 메커니즘이 밝혀지게 되었다. 오토 한은 핵분열의 메커니즘을 밝힌 공로로 1945년에 노벨상을 수상하게 되었다.

바륨과 크립톤 : **바륨** (barium)【명사】『화』 알칼리 토금속 원소의 하나. 담황색 또는 은백색이고 연하며, 열을 가하면 산화바륨이 됨. 화학적 성질은 칼슘과 비슷함. [56번:Ba:137.34] **크립톤** (krypton)【명사】『화』 비활성 기체(非活性氣體) 원소의 하나. 공기 중에 매우 적게 들어 있는 무색무취의 기체. 백열(白熱)전구에 넣어 방사 효율을 높이는데 씀. [36번: Kr:83.80]

우라늄이 작은 조각으로 쪼개질 때 쪼개진 원자들의 질량의 합은 원래 우라늄의 질량보다 약간 감소하는데, 아인슈타인이 밝힌 에너지와 질량의 등가 공식에 의해 핵분열로 인해 감소한 질량이 에너지로 변하는 것이다. 한 개의 우라늄 원자핵이 중성자에 의해 분열하면 폭탄의 재료로 쓰이는 TNT보다 약 6,660,000배의 에너지를 낸다. 그래서 핵분열이 일어날 때 질량 결손이 일어나고 이러한 반응이 연쇄적으로 빨리 일어나게 되면 질량 결손에 따른 막대한 에너지가 발생하여 엄청난 폭발력을 가지게 되는 것이다. 그러나 자연 상태에서는 핵분열이 일어나지 않는다. 핵분열의 연쇄반응은 우라늄의 희귀한 동위원소인 우라늄235에서만 가능하고, 이것은 천연 우라늄 금속의 0.7퍼센트 밖에 존재하지 않기 때문이다. 그리고 우라늄 금속의 대부분을 차지하고 있는 우라늄238은 중성자를 흡수할 뿐만 아니라 핵분열을 일으키지도 않는다. 즉 연쇄반응이 불가능해진다. 따라서 핵분열을 일으키기 위해서는 우라늄235를 농축해야 되고, 우라늄235가 20퍼센트 이상일 경우 고농축 우라늄이라 하는데 핵무기를 만들려면 우라늄235가 90퍼센트 이상이어야 한다. 따라서 우라늄235의 비율을 증가시키기 위해서는 특별한 농축장치가 필요하고, 그 방법으로 원심분리법이 널리 이용되고 있다. 작은 핵무기의 제조를 위해서는 약 50kg의 우라늄235가 필요하다고 한다.

제 2차 세계대전 중인 1940년, 미국에서는 원자폭탄 제조 임무가 미 육군에게 부여되었고, 이를 '맨해튼 프로젝트' 라고 한다. 1945년 6월 16일에 맨해튼 프로젝트팀은 뉴멕시코 주에서 원자폭탄 폭발 시험을 처음으로 성공시켰고, 그 해 8월 6일 일본의 히로시마에, 그리고 3일 후에는 나가사키에 원자폭탄을 투하함으로써 일본의 항복을 받아내어 2차 세계대전이 종식되었다.

원자핵분열의 원리를 이용하여 처음 만들어진 것이 불행하게도 원자폭탄이었지만 이 기술을 선용하면 우리의 삶에 유용하게 활용할 수 있다. 우라늄235의 핵분열을 일으키는 중성자의 속력을 제어해서 느리게 하면 핵분열 반응이 서서히 일어나도록 할 수 있다. 중성자의 속력을 늦추는 물질을 감속제라고 하는데 흑연이나 중수를 사용하고 있다. 그리고 핵분열 시 나오는 중성자의 수를 조절하여 반응을 서서히 일어나게 할 수도 있는데 카드뮴이나 붕소 등은 중성자를 잘 흡수하므로 이들을 이용하면 반응속도를 적절히 조절할 수

우라늄235 : (uranium)[명사] 천연으로 존재하는 원소 중 가장 무거운 방사성(放射性) 원소의 하나. 철과 비슷한 은백색의 결정성 금속 원소로, 원자 폭탄 · 원자로 등 원자력의 이용에 필요한 중요한 원료이며, 라듐의 모체임. 우란(Uran).

가 있다. 그래서 핵분열의 연쇄반응을 서서히 일어나게 하면서 나오는 에너지를 활용하도록 고안된 것이 바로 원자로이다. 현대의 인류 생활에 있어 원자력은 에너지원으로 매우 중요한 부분을 차지하고 있는데, 우리 나라만 하더라도 발전량의 약 40퍼센트를 원자력 발전소에 의존하고 있다.

하나님은 과학이 선하게 사용될 수 있도록 창조하셨다

핵분열의 원리에서 보듯이 과학적 탐구를 통해 자연계의 새로운 원리나 현상을 발견하여 과학 기술이 발달하게 되는데, **과학 기술 그 자체는 선한 것도 악한 것도 아니다. 과학적인 원리나 사실, 새롭게 개발된 기술을 대하는 사람의 태도가 어떠냐에 따라 우리에게 선한 영향을 줄 수도 있고 심각한 재앙을 가져올 수도 있다.** 하나님께서 우주 만물을 창조하실 때에는 만물의 작용 원리를 먼저 만드시고, 그 원리에 따라 물질을 만드시고 물질간의 운행을 정하셨다.

과학자는 이를 탐구하여 자연계에 있는 원리를 이해하고 밝혀나가는 사람이다. 이러한 작업은 하나님의 창조 원리를 밝혀나가는 숭고한 일이라 볼 수 있고, 창조의 신비한 비밀을 밝힘으로써 하나님의 손길과 임재를 느낄 수 있는 일일 것이다. 그러나 새로운 과학적 발견에 대해 하나님의 존재하심과 위대하심을 인정치 않고 단순히 지적 호기심의 충족만을 위해서 연구가 이루어진다면 무서운 결과를 초래할 수도 있다. 처음부터 악한 생각으로 기존의 과학 기술을 이용할 가능성도 있지만, 자신이 미처 깨닫지 못하는 사이에 자신이 진행시킨 연구로 인해 나쁜 결과를 초래할 수도 있다.

과학을 하는 사람은 자신이 수행하는 연구의 결과로 인해 발생하는 영향에 대해 예측하고 이에 대해 윤리적 책임을 지녀야 한다. 과학 기술은 동전의 양면과 같이 선하게도 쓸 수 있고 악하게 활용될 수 있는 성격을 가지고 있다. 우리가 과학 기술을 어떻게 활용하느냐에 따라 그 결과가 상반되게 달라질 수 있다. 과학 기술에 대한 우리 그리스도인들은 오묘한 법칙과 질서를 세우신 하나님을 찬양하며 밝혀진 과학적 원리가 선하게 사용될 수 있도록 파수꾼 노릇을 해야 한다. 그리고 혹 악한 시도가 있을 경우, 많은 사람들에게 그 해악을 공적으로 알려서 사회적인 대처가 이루어질 수 있도록 해야 한다.

우리가 살고 있는 이 땅에도 핵무기 개발이라는 위험한 프로젝트가 속히 중단되고 남북한이 평화적으로 공존하면서 서로 부족한 부분을 채워 주는 선린의 관계가 되기를 소원한다. 그리고 무엇보다도 하루 속히 통일 한국이 되어 핵무기의 개발이 필요 없는 세상이 되고, 주님의 사랑이 북한에도 마음껏 전해질 수 있기를 간절히 기도한다.

2장

인체를 알면 하나님을 부인할 수 없다

보톡스는 사실 박테리아로 만든 독소였다

- 그리스도인의 이미지는 우리를 통해 역사하시는 주님을 통해 만들어진다

봄 학기가 끝나고 여름 방학이 시작되면 내가 근무하는 대학에서는 대학원 입학을 위한 면접시험이 있다. 면접을 보러 오는 학생들은 모두 깨끗한 옷을 단정하게 입고 예의 바른 모습으로 교수들의 질문에 온 신경을 집중하여 한 마디라도 놓치지 않으려고 한다. 또 질문에 대해서는 그동안 공부해 온 지식을 총동원하여 정확하게 대답하려고 애를 쓴다. 대부분의 학생들은 긴장한 얼굴빛이 역력한데, 가끔 어떤 학생들은 비교적 여유 있는 모습을 보여 주기도 한다.

우리는 다른 사람들을 처음 만날 때 첫인상을 좋게 하기 위해 노력한다. 사람과의 관계에 있어서 첫인상이 대단히 중요한 역할을 하기 때문이다. 이미지 메이킹 전문가들은 낯선 사람을 만났을 때 첫인상을 평가하는 데는 불과 7-15초 밖에 걸리지 않는다고 한다. 이를 스냅스(snaps) 현상이라고 하는데, 결국 10초 안팎의 순간에 승부를 걸어야 한다는 뜻이다. 전화로 서로 접촉할 경우에도 마찬가지이다.

스냅스 : 스냅사진을 찍듯 사람의 이미지를 짧은 시간에 각인하는 현상.

처음 두세 마디가 그 사람에 대한 인상을 결정짓게 된다. 텔레마케팅에서는 이미 어떠한 대화 요령이 전화를 받는 상대방에게 좋은 인상을 줄 것인지에 대한 훈련이 비즈니스 교육의 한 파트를 차지할 정도로 비중있게 다루어지기도 한다.

보톡스가 박테리아?

취직을 하려고 할 때도 면접에서 자신이 가지고 있는 강점을 최대한 보여 주기 위해 노력을 한다. 그리고 회사나 지원부서의 이미지에 자신이 부합된다는 인상을 주기 위해 외모도 최선을 다해 꾸민다. 정성을 들여 머리도 예쁘게 가꾸고 옷매무새도 단정하게 한다. 심지어 얼굴에 점이 많은 사람은 레이저 시술로 점을 빼기도 하고 주름이 깊이 패여 있는 사람은 얼굴의 주름을 펴기 위해 보톡스 주사를 맞기도 한다.

■ 주름

보톡스는 클로스트리디움 보툴리늄(clostridium botulinum)이라는 혐기성 박테리아로부터 만들어지는 독소인데 신경에 작용하는 독이다. 이 박테리아는 통조림 같은 음식에서도 가끔 자라는데 통조림의 제조 과정에서 멸균이 제대로 되지 않아 박테리아의 포자가 살아남아 있을 경우 밀봉된 통조림 안에서 자라나 독소를 만들어 내기도 한다. 그래서 독이 든 통조림을 먹을 경우 목숨을 잃는 경우도 가끔 발생한다. 이렇게 치명적인 위험을 가지고 있는 보톡스이지만 이 독소의 작용을 역으로 이용하여 미용에 사용하는 것이다.

보톡스 : 부패된 음식에서 검출되는 혐기성 세균인 클로스트리디움 보툴리눔(Clostridium Botulinum)에서 분비되는 7종류의 신경 독소 (A~G)중 A형 독소를 정제한 것이다.

아세틸콜린 : [acetylcholine] 콜린의 아세트산에스테르로서 염기성 물질.

모든 근육은 움직일 때 운동 신경의 말단에서 아세틸콜린이라는 신경 전달 물질이 분비되어 근육의 세포막에 존재하는 수용체와 결합하여 작용함으로써 근육이 수축되어 움직이게 된다. 아세틸콜린은 신경 말단의 분비포 안에 저장되어 있다가 신경 자극이 오게 되면 신경 말단의 세포막과 융합하여 분비포 안에 있던 아세틸콜린이 쏟아져 나오면서 근육 세포를 자극하게 된다. 이때 미량의 보톡스를 주름이 생긴 부위에 주사하게 되면 신경 말단에서 분비포와 세포막이 융합하는데 필요한 특수 단백질들을 절단해서 못쓰게 만들기 때문에 융합이 일어나지 못하여 아세틸콜린의 분비를 차단하는 것이다. 그러면 근육이 못 움직이게 될 뿐만 아니라 주름을 이루는 근육이 위축되어 얼굴의 주름을 지우는 것이다. 이렇듯 사람들은 자신의 외적인 이미지를 개선하기 위해 보톡스 주사를 맞기도 하고 얼굴의 모습을 바꾸기 위해 성형 수술을 하기도 한다.

우리가 가꾸어야 할 그리스도인의 이미지

그리스도인에게도 각자가 가진 이미지가 있고 이를 아름답게 가꾸어야 할 필요가 있다. 그리스도인의 이미지는 얼굴의 주름을 펴거나 성형 수술을 해서 이루어지는 것이 아니라 하나님과의 관계에서 비롯된다. **하나님과 가까이 할수록 하나님의 이미지를 닮아간다.** 초대 예루살렘 교회 일곱 집사 중 한 명이었던 스데반 집사는 순교하기 전 산헤드린 공회에서 최후의 심문을 당할 때 그의 얼굴이 천사의 얼굴과 같았다고 했다. 자신을 에워싸고 있는 모든 사람들이 고소하고 당시의 권력자들이 협박하는 상황에서, 주눅이 들고 겁에 질려 사색이 될 법도 하였으나 오히려 그이 모습은 천사의 얼굴을 하고 있었다. 또한 시내산에서 하나님을 만나고 십계명이 새겨진 돌판을 들고 내려오는 모세의 얼굴에도 광채가 났었고, 이를 보고 사람들이 두려워하자 수건으로 얼굴을 덮어 가렸다고 했다.

스데반 집사나 모세가 빛나는 얼굴, 즉 천사 같은 얼굴을 가지게 된 것은 화장을 하거나 머리에 기름을 발랐기 때문이 아니었다. 성경의 기록은 모세는 하나님과 친구처럼 대화하며 그 명령을 받아 순종했었고, 스데반 집사는 믿음과 성령이 충만한 사람이었다고 전하고 있다. 그리스도인의 이미지는 하나님과 얼마나 친밀한 관계를 유지하는가에 따라 달라지고, 주님의 말씀을 좇아 믿음으로 행하며 성령님의 뜻에 얼마나 우리를 순응시키는가에 달려 있음을 알 수 있다. 우리의 삶의 현장 속에 주님이라면 어떻게 하실 것인가를 늘 생각하며 주님의 뜻대로 판단하고 순종하는 삶이 이루어질 때 우리의 모습은 어느새 천사의 모습으로 변해 가리라 믿는다.

이런 삶은 주님께서 나와 함께 하신다는 확신에서 출발한다. 그래서 **주님께서 함께 하시므로 어떤 상황에서든지 주님을 의식하며 살아갈 때 나를 통한 주님의 모습이 빛나게 된다.** 나 자신은 약할지라도 위대하신 하나님께서 우리와 함께 하시기 때문에 천만인이 우리를 우겨 싸며 치려 할지라도 두렵지 않을 것이다. 더 이상 두려워하고 떠는 일은 없을 것이고 우리의 연약한 모습은 담대한 모습으로 변할 것이다. 또 나는 초라할지라도 영원한 영광의 하나님께서 우리와 함께 하시므로 우리도 영광스러운 모습으로 변해갈 것이며, 나는 미련할지라도 무한히 지혜로운 하나님께서 함께 하시므로 슬기로운 모습으로 변할 것이다. 나는 아무도 눈여겨보지 않을 미미한 존재지만 광대한 하나님께서 우리와 함께 하시므로 우리가 세상 속에서 우뚝 설 수 있을 것이다.

빛나는 천사의 얼굴은 나로 인해 이루어지는 것이 아니라 나를 통해 역사하시는 주님을 통해 이루어짐을 알 수 있다. 하나님과 함께 걸어가고 날마다 하나님과의 밀접한 교제를 통해 어느새 주님의 모습을 닮아 천사의 얼굴을 한 수많은 그리스도인들이 이 땅에 편만하기를 소원해 본다.

스트레스가 죽음을 부른다

– 염려를 주님께 맡기는 훈련을 하자

현대를 살아가는 우리는 끊임없이 각종 스트레스에 시달리면서 살아가고 있다. 사회가 점점 복잡해지고 고도화되어감에 따라 인간성이 점점 상실되어가고 우리는 기계의 부품 하나처럼 다른 것을 생각할 틈도 없이 단조롭고 경쟁적으로 살다 보니 정신적인 압박과 긴장이 심해지는 것이다. 많은 현대인들이 이렇게 스트레스의 노예가 되어 벗어나지 못하고 계속 자신의 삶을 옥죄고 있다.

스트레스는 죽음을 부를 수도 있다

스트레스는 외부에서부터 접근해오기도 하지만 내부적으로 발생하기도 한다. 외부적으로 우리에게 스트레스를 주는 것은 시끄럽거나 폐쇄된 환경, 대인 관계에서 오는 갈등, 개인적인 자유보다는 조직의 획일적 규율에 적응해야 하는 일, 과중한 학업이나 업무와 동료들과의 성적에 대한 경쟁, 사랑하는 가족과 친지들의 죽음 등이 우리에게 스트레스로 다가온다. 그리고 내부적인 요인으로는 수면 부족이나 불규칙한 생활 리듬, 과도한 자기비판이나 부정적인 생각, 그리고 독선적이거나 비현실적인 생각에 사로잡힌다든지 완벽주의를 추구하여 일중독 현상에 빠지는 경우 엄청난 스트레스를 경험하게 된다.

스트레스라는 말은 원래 물리학에서 고형 물체가 외부의 힘에 의해 성질이 변하는 경우를 일컫는데, 의학적인 용어로서는 1940년대 캐나다 의사인 젤리에가 처음으로 사용하였다. 외부 환경으로부터 오는 물리적, 심리적, 정신적 압력에 대해 우리 몸 내부의 저항력이 이기지 못해 균형이 깨짐으로써 우리 스스로가 가지는 보호 능력이 손상되고 신체 및 정신적인 병적 증상으로 나타나는 것을 말한다.

스트레스를 받으면 우리 몸은 1차적으로 경고 반응을 일으키며 스트레스에 대해 적극적으로 저항을 한다. 뇌에서 스트레스를 인식하면 교감신경이 작동하여 부신에서 아드레날린이 분비되고, 스트레스가 지속되면 뇌의 시상하부는 뇌하수체에 신호를 보내어 뇌하수체로 하여금 부신 피질 자극 호르몬을 분비하게 한다. 부신 피질 자극 호르몬은 부신에서 스트레스 호르몬인 코티솔을 분비하여 온 몸으로 보내어 스트레스에 대항하도록 한다. 처음에는 체온 및 혈압이 저하되거나, 저혈당, 혈액 농축 등의 쇼크가 나타나는데 이를 정상적으로 돌리기 위한 반응, 즉 혈압 상승, 체온 상승, 고혈당 등이 아드레날린과 코티솔 호르몬의 작용으로 나타난다.

경고반응 후에도 스트레스가 지속 되면 우리 몸은 계속적으로 호르몬을 생산 분비하여 스트레스에 저항한다. 그러다가 저항력이 점점 떨어져 소진하게 되면 각종 병적 증상이 나타나게 된다. 신체적으로는 피로를 쉽게 느끼고 두통이나 불면증을 겪고 목이나 어깨,

부신 : 부신 (副腎) [명사] 좌우 신장 위에 한 쌍 있는 내분비 기관. 수질(髓質)과 그것을 둘러싼 피질(皮質)로 이루어짐. 결콩팥.

아드레날린 : (adrenaline) [명사] 부신수질(副腎髓質)에서 분비되는 호르몬. 교감 신경을 자극하여 심장이나 혈관의 수축력을 높이고, 인슐린과 길항 작용(拮抗作用)을 하여 혈당량을 조절함.

뇌하수체 : 뇌하수체(腦下垂體)【명사】 간뇌(間腦)의 밑에 있는 내분비샘의 하나《전엽(前葉) · 중엽 · 후엽의 세 부분으로 되었고 생식 · 발육에 밀접한 관계가 있음》.

부신 피질 자극 호르몬 : [副腎皮質刺戟-, adrenocorticotrophic hormone] 뇌하수체 전엽에서 분비되는 호르몬

허리 등에 경직이 오는 근육통을 느낀다. 그리고 맥박이 빨라지고 가슴이나 배에 통증을 느끼고, 심해지면 구토, 전율, 안면 홍조 등이 일어나고, 면역 기능이 약해져 자주 감기에 걸리는 증상이 나타난다. 그리고 스트레스 호르몬이 지속적으로 생성이 되면 이들 호르몬이 뇌로 가서 공격을 하기 때문에 뇌 신경 세포가 죽고 신경망이 느슨해짐으로 인해 집중력이나 기억력이 감소되고 불안해지거나 신경이 예민해지기도 하고 근심과 걱정이 늘고 심해지면 우울증에 빠지기도 한다. 그래서 안절부절하게 되고 음식 섭취나 수면도 조절이 되지 않고 삶의 의욕을 상실하여 자살을 기도하는 지경으로까지 발전하게 된다.

스트레스를 지혜롭게 다스리려면

이렇듯 우리는 수많은 스트레스 요인에 노출되어 있고 이들에 의해 영향을 받는 연약한 존재들이다. 그렇다고 해서 우리가 스트레스를 완벽하게 피해갈 수도 없다. 스트레스가 올 때 이를 지혜롭게 다스릴 줄 알아야 한다. 그래서 마태복음 11장 28절에 보면 "수고하고 무거운 짐진 자들아 다 내게로 오라 내가 너희를 쉬게 하리라"고 주님께서 말씀하고 있다. 우리는 각종 스트레스에 시달릴 수밖에 없는 환경에서 살고 있지만 주님께서는 그 짐을 맡겨달라고 하신다. 그래서 **그리스도인들은 힘들고 걱정되는 일을 주님께 맡기는 훈련부터 해야 할 것 같다.** 우리가 은행에 돈을 맡기는 것은 은행이 우리 돈을 안전하게 관리할 것으로 믿기 때문인 것처럼 근심거리를 주님께 맡길 수 있으려면 먼저 주님께서 나의 걱정과 근심을 해결해 주실 수 있는 분임을 신뢰해야 한다. 왜냐하면 하나님이 천지를 지으신 능력의 하나님이시고, 이 하나님께서 우리의 하나님이 되어 주시기 때문이다.

주님에 대한 믿음이 선행되지 않을 때 우리 자신의 힘으로 해결해 보려고 애를 쓰게 된다. 그러나 우리 스스로가 잘 알듯이 능력에 한계가 있는 존재이기 때문에 어려운 일일수록 제대로 해결하기 힘들고 그럴 때마다 더욱 좌절감을 맛보게 될 것이다. 우리의 하나님은 자녀된 우리가 즐겁게 살기를 원하신다. 나 또한 내 아들이 세상을 살아가면서 근심과 걱정으로 힘들게 살아가고, 신체적으로 또는 정신적으로 고통 받으며 사는 것을 원치 않는다. 단지 행복하고 즐겁게 사는 모습을 보기 원한다. 하나님도 그러하리라 믿는다. 하나님께서는 우리가 스트레스에 짓눌려 힘들게 사는 것을 원치 않으신다.

주님 안에서 그리스도인들은 형제와 자매가 되었으므로 더불어 즐겁게 살도록 서로 노력해야 한다. 함께 식사도 하고, 운동도 하며, 함께 여행도 하고, 취미 생활을 같이 하는 것도 필요하다. 서로 인정해 주고 이해해 줌으로써 자신감을 갖게 하고 원만한 인격으로 다른 사람과 건전한 관계를 형성해 갈 수 있도록 해야 한다. **주님께서 우리와 늘 함께 하듯이 주님을 믿는 우리들도 서로 함께 하는 삶이 필요하다.** 그래서 서로를 받쳐 주고 지지해 주는 삶이 스트레스를 이기고 행복하게 사는 방법일 것이다. 오늘도 나로 하여금 복잡하게 하고 걱정하게 만드는 것들을 주님께 맡기는 훈련을 의식적으로 힘쓰도록 노력해 보자.

스트레스에 대처하는 우리의 자세

– 하나님의 뜻을 아는 자에게는 스트레스가 없다

우리는 환경의 영향을 받을 수밖에 없는 존재다. 항상 특정한 환경에 노출되어 있기 때문이다. 주위의 여러 사람들을 보면 정년퇴직을 하고나서 정정하시던 분이 갑자기 늙어버리는 것을 보게 된다. 직장에서 열심히 일하다가 어느 날부터 하는 일없이 집에서만 소일하게 되면서 새로운 환경에 제대로 적응을 못하고 심한 스트레스를 받기 때문이다. 이를 볼 때 신체적 노화와 각종 병의 발생이 마음에서부터 오는 것임을 알 수 있다.

심리적 안정 상태가 깨어져 불안이 증가되고 정서적인 균형에 균열이 생기게 되어 마침내 생리적 변화가 오고 신체적으로도 견디지 못하는 것이다. 처음에는 우리 몸이 스트레스에 방어하려고 애를 쓰다가 여기에 잘 적응하지 못하면 면역 체계의 이상이 생기고 심각한 정신적 · 신체적 장애를 일으키게 된다. 건강할수록 새로운 스트레스에 대해 잘 극복해내지만 나이가 들고 힘이 점점 쇠약해지면서 자신감도 상실하고 새롭게 다가오는 스트레스를 견디기 힘들어진다. 전문가들은 스트레스가 찾아올 때 이를 이겨 나갈 수 있는 지혜를 몇 가지 말하고 있다.

스트레스를 지혜롭게 대처하는 방법

먼저 자기가 하고 있는 일에 긍지와 자신감을 가질 필요가 있다. 자기가 하는 일이 국가와 사회에 어떻게 기여하고 있는지 의미를 찾아내고 그 일에서 보람을 찾도록 해야 한다. 그러면 새롭게 닥쳐오는 일의 내용을 적극적으로 이해하려고 하고 싫은 일이나 어려운 일도 두려워하지 않게 된다. 무슨 일이든지 억지로 하게 되고 하기 싫은 일을 마지못해 해야 한다면 스트레스는 일의 양에 비례하여 늘어날 것이다.

■ 기도. 스트레스에 대처하는 가장 효과적인 방법은 하나님께 드리는 기도이다.

둘째로 불평불만을 마음에 두지 말고 발산하도록 노력해야 한다. 내성적인 사람일수록 언짢은 일을 마음에 두고 있다가 그 일을 확대 해석하여 더 큰 일로 만들어 가는 경우가 많다. 이럴수록 그 일을 무시하는 방향으로 털어버리는 것이 필요하다. 그리고 감사하다는 말을 진심으로 할 수 있는 생각의 습관을 가지도록 노력해야 한다. 적은 일에도 감사할 줄 아는 사람은 풍성한 삶을 살 수 있다. 우리가 세상 살면서 혼자서는 살아갈 수 없고, 살아가면서 끊임없이 다른 사람의 도움과 어울림을 통해 살고 있다. 이를 무시한다면 그 사람의 마음에는 감사가 사라질 것이다.

다른 사람과 대화할 때는 상대의 인품과 생각을 이해하려고 노력하고 그의 이야기에 귀를 기울이는 태도가 필요하다. 어떤 특정한 사람에 대해 편견을 가지고 바라보기 시작하면 그 사람의 모든 이야기를 곡해하여 오해하게 되고 감정의 골은 깊어질 수 있기 때문이다.

그리고 싫은 이야기를 듣거나 비난을 받아도 이성을 잃지 않고 감정적으로 대하지 않도록 노력하는 것이 필요하다. 예전에 한국과학기술원에서 근무할 때 유전공학연구센터를 설립하여 초대 소장을 역임했던 H 박사에게 어느 날 여러 사람이 비난하기를, "당신이 유전공학을 전공하지도 않았으면서 어떻게 센터를 꾸려갈 수 있겠느냐"고 말할 때에 냉정을 잃지 않고 "날 때부터 유전공학을 배운 사람이 있느냐? 지금부터라도 열심히 배워 가면 잘 되지 않겠느냐"고 웃음으로 받아넘기는 모습을 보았다. 과학자로서의 자존심을 밟는 면박 앞에서도 태연히 넘긴 그 분이 존경스러웠다. 결국 그 분의 노력으로 지금은 생명공학연구소로 발전하여 수백 명의 과학자들이 연구하고 있다.

이 분은 스트레스를 처리하는 법을 알고 있었던 것 같다. 스트레스를 쌓게 만드는 것 중의 하나가 우리로 하여금 화를 내게 하는 것이다. 화가 날 때는 심호흡을 하거나 열까지 세어 노여움을 푸는 것이 지혜로운 방법이다. 우리말에 화병이라는 말이 있는데 이것이 화를 다스리지 못해 생기는 병이다. 화가 나면 여러 호르몬의 분비가 늘어나고 몸의 각 부분이 갑작스런 자극으로 균형을 잃게 되어 병이 생기게 된다. 잠언에 "노하기를 더디 하는 것이 사람의 슬기요 허물을 용서하는 것이 자기의 영광이니라."(잠 19:11)고 기록되어 있다. 또한 스트레스를 이기기 위해서는 취미를 살리고 좋은 벗을 사귀며 훌륭한 모임에 적극적으로 참여해야 할 것이다. 그리고 대인 관계에서 비굴해지지 않도록 노력하고 운동을 통해 몸을 단련하여 건강한 정신을 갖도록 해야 한다.

근심을 주께 맡기라

그런데 그리스도인은 스트레스를 쉽게 극복해 나감을 볼 수 있다. 교회에서 형제자매들과 함께 교제하고 나눔 가운데 서로를 격려하고 서로를 위해 기도함으로써 혼자서 해결 못한 문제들의 짐을 서로 나눈다. **화가 날 때에도 감정과 생각을 주님과 대화하듯 기도를 통해 화를 다스리고 해소하기도 한다.** 작은 일이라도 주님께서 은혜로 베풀어 주심으로 알고 감사하는 태도를 습관으로 가지고 있으니 불평이 쌓이지 않는다. 그리고 의도했던 일이 잘 되지 않아 남들이 보기에는 심각한 좌절을 겪고 있는 것 같을지라도 모든 일이 하나님의 뜻과 계획 가운데 있음을 신뢰하고 믿음으로 잘 극복해 나간다.

우리의 삶에 다가오는 스트레스에 대해 당황할 것이 아니라 오히려 나의 능력 배양과 인격 성숙의 기회로 보고 지혜롭게 대처하여 적극 활용하면 더욱 빛나는 삶으로 엮어질 수 있을 것이다. "마음의 즐거움은 얼굴을 빛나게 하여도 마음의 근심은 심령을 상하게 하느니라"(잠 15:13)라는 말씀이 가리키는 것처럼 근심거리는 주님께 맡기고 그리스도인으로 누릴 수 있는 신령한 마음의 평안과 즐거움을 소유하도록 해보자.

잠을 안 자는 학생이 공부도 못한다(?)

– 편안한 잠의 축복을 누리려면 주님을 온전히 의뢰하라

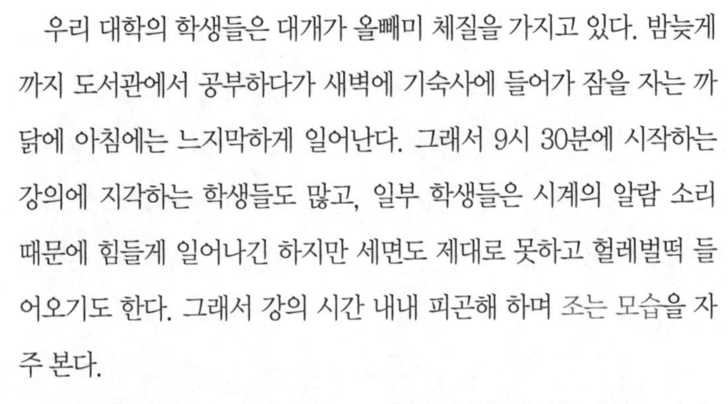

우리 대학의 학생들은 대개가 올빼미 체질을 가지고 있다. 밤늦게까지 도서관에서 공부하다가 새벽에 기숙사에 들어가 잠을 자는 까닭에 아침에는 느지막하게 일어난다. 그래서 9시 30분에 시작하는 강의에 지각하는 학생들도 많고, 일부 학생들은 시계의 알람 소리 때문에 힘들게 일어나긴 하지만 세면도 제대로 못하고 헐레벌떡 들어오기도 한다. 그래서 강의 시간 내내 피곤해 하며 조는 모습을 자주 본다.

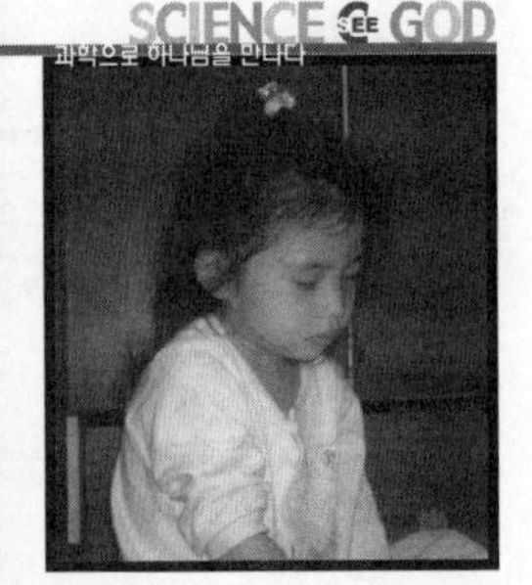

■ 조는 모습

내 연구실에 있는 대학원생들도 비슷한 생활 패턴을 가지고 있다. 새벽 1–2시까지 연구실에서 실험을 하거나 관련 논문을 읽다가 자러 가기 때문에 아침에는 10시쯤 되어야 연구실로 나온다. 그러니 대부분 아침 식사를 거르고 우유나 커피 한 잔으로 시작하는 경우가 많다. 오전에는 신체뿐만 아니라 정신적으로도 완전히 깨어나지 않아 공부와 연구의 능률이 오르지 않아서 본격적인 실험을 하지 못하다가 점심을 먹고 난 오후가 되면 정신이 또렷해져 열심히 실험하고 연구하곤 한다.

한번은 늘 오전 10시가 넘어서야 연구실로 나오는 학생에게 "우리 내기를 하자. 네가 나보다 내일 아침에 일찍 연구실로 오면 아이스크림을 사 주겠다"고 제안을 했다. 다음 날 아침 9시쯤 출근을 했더니 그 학생은 8시 50분경에 미리 실험실에 나와 출근하는 나를 향해 회심의 미소를 지어보였다. 그동안 늦게 일어나는 것이 습관화되어 있는 학생이 하루아침에 일찍 일어나기란 쉽지 않을 것이라고 생각은 하면서도 한편으로는 은근히 그 학생이 나와의 내기에 이기기를 바라는 마음에서 일부러 조금 늦게 출근을 한 것이었다. 일찍 나온 학생이 기특해서 약속한 아이스크림을 사 주면서 격려를 했는데, 이후로도 그 학생은 계속해서 일찍 나오고 있다. 그래서 "네가 얼마 동안이나 나보다 일찍 나올 수 있을지 모르겠구나" 하니까 "정 힘들면 그 전날 아예 잠을 안자고 교수님이 나오실 때까지 연구실에 있을 수도 있습니다"라고 응수를 하는 게 아닌가.

사람의 몸은 밤과 낮의 주기와 리듬에 따라 창조되었다

우리가 매일 열심히 일을 하고 밤에 잠을 잘 수 있다는 것이 얼마나 감사한지 다시 한 번 생각해 본다. 생물학적으로 보면 잠은 우리에게 꼭 필요한 행동이다. 우리가 깨어 활동하는 동안 에너지 소비가 많은데 잠을 통해 신체 활동을 줄여 에너지 소비를 적게 함으로써 이를 보존한다. 그리고 깨어 있는 동안 긴장되었던 근육을 이완시키고, 심장이나 위장 등의 내부 장기들도 잠자는 동안 휴식을 취할 수 있게 한다. 잠은 신체뿐만 아니라 마음도 쉬게 한다. 잠자는 동안 고통스럽고 혼란스러운 기억들은 잠시 중단되거나 꿈을 통해 발

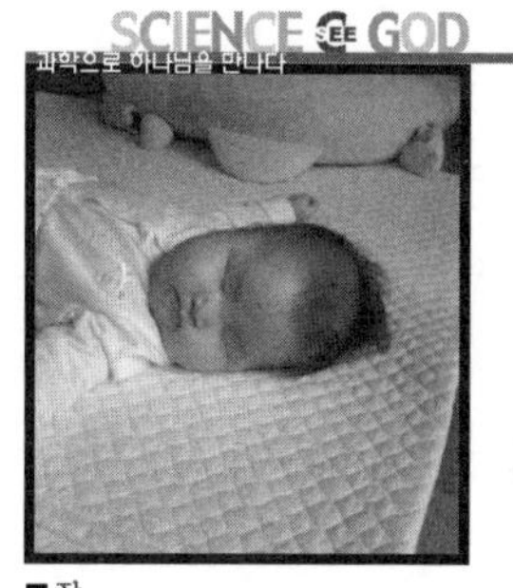

■ 잠

산되기도 한다. 그리고 성장기의 아이들에게 꼭 필요한 성장호르몬도 잠자는 시간에 가장 많이 분비된다.

우리의 몸에서 뇌는 생명 유지를 위한 모든 생물학적 기능을 총괄하는 곳으로서 뇌가 적절한 활동의 균형을 유지하기 위해서는 휴식이 필요하다. 이러한 휴식은 대부분 수면 시간에 이루어진다. 수면에는 두 가지 상태가 있는데, 급속한 안구 운동이 일어나는 수면을 REM(Rapid Eye Movement) 수면이라 하고 그렇지 않은 수면을 비REM수면이라고 한다.

자리에 누워 잠을 자기 시작하면 비REM 수면 상태가 먼저 나타난다. 비REM 수면은 뇌파의 종류에 따라 4단계로 구분되는데, 1단계에서 4단계로 진행될수록 점차 깊은 잠에 빠지게 된다. 잠을 청하게 될 때 뇌파는 알파(alpha)파가 나타나다가 잠이 들기 시작하는 1단계에 이르면 뇌파가 점차 느려져 세타(theta)파가 나오게 된다. 그러다가 수면의 3-4단계에 이르면 뇌파가 더욱 느려지고 폭이 큰 델타(delta)파가 나오게 된다. 그리고 잠들고 나서 한 시간 반 정도 지나서 뇌파를 살펴보면 전체적으로는 1단계의 수면파와 비슷한데 톱니 모양의 파가 덧붙여 나타난다. 분명히 잠들었는데도 뇌파의 모양은 깨어 있을 때와 유사하고, 신속한 안구운동이 관찰되므로 REM 수면이라고 한다. 또한 비REM 수면에 비해 REM 수면에서 꿈을 잘 기억하기 때문에 REM 수면을 꿈 수면이라고도 부른다. 이 시기 동안은 심장도 빨라지고 숨도 가쁘게 쉬고 혈압도 오른다. REM 수면은 5-30분 정도 지속되다가 다시 델타파 수면으로 이어진다. 하룻밤 동안 잠을 자면서 델타파 수면과 REM 수면이 교대로 나타나는데 5-7번 정도 REM 수면을 경험하게 된다고 한다.

어린이의 경우는 REM 수면이 전체 수면의 약 50퍼센트를 차지하지만 어른의 경우는 약 20퍼센트 정도가 된다. REM 수면은 우리가 깨어 있을 때 경험한 것 가운데 자전거를 타는 일이나 타이핑과 같은 반복적인 기술을 배웠을 때 이것이 기억으로 전환되는 것을 강화해 주는 역할을 한다. 그리고 비REM 수면은 우리가 깨어 활동할 동안 경험했던 다양한 일들을 빠르게 다시 반복하면서 뇌로 하여금 기억으로 저장할 수 있도록 하는 중요한 역할을 한다. 그래서 적절한 수면을 취하면서 공부하는 학생이 잠을 쫓으며 억지로 공부하는 학생보다 학습 능력이 뛰어난 것이다.

사람이 낮에 깨고 밤에 자는 것은 낮과 밤이라는 자연의 주기와 리듬에 우리 몸이 맞추어져 있기 때문인데 이 리듬이 깨질 때 가장 먼저 나타나는 증상이 불면증이다. 불면증은 육체적 고통이 있을 경우뿐만 아니라 심리적 · 환경적 문제로 인해서도 경험하게 된다. 불면증으로 잠이 부족하게 되면 우리의 뇌는 생화학적 · 전기적 균형을 잃고 다음날 생활에서 부딪치는 여러 가지 자극에도 효과적으로 대응하지 못하게 된다. 그래서 사람이 잠을 못 자게 하면 미칠 지경으로까지 되면서 환각이나 망상도 일어날 수 있다. 그러므로 잠을 못 자게 하는 수면 박탈이 모진 고문의 수단으로 이용되는 것도 이러한 이유에서이다. 동물 실험에서도 수면을 박탈시키면 음식 섭취는 증가하지만 체중은 오히려 감소하고 체온이 떨어지며 궁극적으로는 죽음까지도 유발할 수 있음이 관찰되었다. 이렇듯 잠은 사람에게 가장 기본적인 휴식의 시간을 제공하면서 체력을 축적하는 기간이기도 하며, 나아가 정신적으로도 회복되어지는 중요한 활동임을 알 수 있다.

편안한 잠은 편안한 삶을 유도한다

시편 127장 2절에 보면 "너희가 일찍이 일어나고 늦게 누우며 수고의 떡을 먹음이 헛되도다 그러므로 여호와께서 그 사랑하시는 자에게는 잠을 주시는 도다" 우리가 아무리 일찍 일어나고 늦게 누우며 수고의 땀을 흘릴지라도 우리가 원하는 것을 다 얻을 수는 없다. 우리에게 주어진 모든 것들이 하나님께서 허락하시지 않으면 얻을 수 없다는 말이다. 나의 힘으로만 인생을 살려고 하는 것만큼 괴로운 일은 없을 것이며, 이런 삶은 우리를 육체적으로, 또 정신적으로 고단하게 하고 편안한 잠을 앗아가 버릴 것이다.

하나님은 우리가 필요로 하는 모든 것들을 공급하시며, 우리가 걱정하는 모든 일들을 해결해 주시는 분임을 우리가 신뢰하기를 원하신다. 이런 믿음이 있을 때 우리는 주님을 의뢰하게 되고 마음의 평강을 누릴 수 있다. 우리가 마음의 평강을 가지게 될 때 불면의 고통은 우리를 찾아오지 않을 것이다. 그래서 하나님께서는 사랑하시는 자에게 불안 대신에 편안한 잠을 주신다고 말씀하셨다. 매일의 삶 속에 주님을 온전히 의뢰함으로 편안한 잠의 축복을 누리며 밝고 활기차게 하루를 시작해 보자.

100m 달리기 선수는 왜 마라톤을 못할까?

– 이 땅을 살지만 하늘의 영광을 보고 달린다

■ 달리기

요즘 아파트 주위 공원을 보면 달리기를 하는 사람들이 부쩍 늘어나고 있다. 주로 중년의 남성들이 뛰지만 가끔 가족과 함께 뛰는 여성들과 아이들도 눈에 띈다. 공원 한 바퀴를 도는데 약 5Km 정도 되는데, 이 거리를 매일 뛰는 중년의 남자분이 있다. 그 분은 꾸준히 뛴 결과 뱃살이 많이 줄었다고 좋아하면서 차츰 달리기 거리를 늘려서 자신이 생기면 하프 마라톤에 출전해 보겠다고 포부를 밝혔다. 땀을 훔쳐가며 달리는 모습을 보면 참으로 건강하고 씩씩해 보인다.

100m 달리기와 마라톤은 쓰는 근육이 다르다

우리 몸에서 달리기를 수행하는 조직은 골격근인데 골격근은 뼈에 붙어 있는 근육을 말한다. 골격근은 운동신경의 명령에 따라 수축과 이완을 해서 힘을 내고 자세를 유지하면서 달리도록 한다. 골격근에는 크게 두 종류가 있는데, 하나는 적색 근섬유이고 다른 하

골격근 : (骨格筋)【명사】『생』 골격을 움직이는 근육《모두 가로무늬근으로, 중추 신경의 지배를 받아 몸의 운동을 맡음》.

근섬유 : (筋纖維)【명사】『생』 힘줄을 구성하는 수축성의 섬유 모양의 세포. 살올실.

나는 백색 근섬유이다. 적색 근섬유에는 세포 내에서 발전소 역할을 하는 미토콘드리아가 많이 있고 산소를 이용하여 대사를 수행하는 효소들이 많이 존재하고 있어 근육 운동에 필요한 에너지를 생산해 낸다. 그래서 적색 근섬유는 오랫동안 달리기를 할 수 있도록 한다. 반면에 백색 근섬유는 적색 근섬유에 비해 미토콘드리아의 수도 적고 에너지를 생산할 때에는 주로 산소를 이용하지 않는 대사를 수행하기 때문에 에너지 생성이 낮다. 그래서 쉽게 피로를 느끼게 된다. 하지만 백색 근섬유는 수축을 빨리 할 수 있고 그 힘이 강력하기 때문에 단거리 경주나 점프에 유리하다. 우리 몸에는 이러한 백색 근섬유와 적색 근섬유가 적절히 분포하여 상황에 맞게 오래 달릴 수 있게도 하고 짧은 거리를 힘차게 달릴 수 있게도 한다.

몇 해 전 여름에 연구실의 학생들과 함께 소백산으로 MT를 간 적이 있었다. 등산을 하던 중 어린 산토끼가 우리가 가던 길로 뛰어 나와 학생들이 가던 길을 멈추고 산토끼를 잡느라 법석을 떨었다. 이리 저리 용케 피해 도망하던 산토끼는 얼마 가지 않아 지쳐서 한 학생의 손에 잡히고 말았다. 이 산토끼의 근육에는 백색 근섬유가 많아서 처음에는 재빠르게 뛰어갈 수 있었지만 오랫동안 그 힘을 유지할 수 없었기 때문에 결국엔 잡히고 만 것이다.

존 에클레스(John Eccles)는 두 가지 종류의 골격근이 어떻게 형성되는지를 실험했는데, 적색 근섬유에 신호를 보내는 운동신경을 떼어다가 백색 근섬유에 붙이는 수술을 한 후 신호를 받도록 했다. 그랬더니 그 운동신경의 신호를 받던 백색 근섬유는 점차 적색 근섬유의 성질을 나타내기 시작했다. 다시 말해서 천천히 오래 달리게 하는 적색 근섬유가 될 것인지 아니면 짧은 시간 동안 빠르고 힘 있는 운동을 하게 하는 백색 근섬유가 될 것인지는 운동신경의 종류에 따라 달라짐을 알 수 있다. 우리가 달리기를 할 때 달리는 운동의 성격에 맞추어 적절한 근육이 작동을 하고, 이런 근육들의 작용을 총괄하여 조절하는 것이 신경이라는 것이다. 운동을 꾸준히 하고 반복하여 연습하면 그 운동에 필요한 신경 경로가 발달된다. 즉, 감각 기관에서 대뇌를 거쳐 근육까지 명령의 전달이 막히지 않고 빠르게 이루어지게 된다.

이와 같이 재빠르고 세련된 동작을 할 수 있는 능력을 조정 능력이라고 하는데 조정 능력이 향상되면 몸이 민첩해지고 몸의 중심을 잘 유지하게 된다. 구기나 체조 같은 운동에서 보면 초보자와 숙련자 사이에 동작의 차이를 쉽게 볼 수 있다. 초보자는 상황의 변화에 주의를 집중해야 하므로 동작이 느리고 어색해지는 반면에 꾸준히 반복 연습을 한 사람은 무의식적으로 정확한 동작을 하게 된다. 이것은 꾸준하고 지속적인 연습에 의해 근육과 관절의 기능이 향상되고 신경계가 발달되기 때문이다. 이와 같이 운동이 자동화 단계까지 이르게 되면 고난도의 운동이라도 세밀한 동작이 거의 반사적으로 일어나는 것이다.

우리는 하늘의 상급을 향해 달리는 자들이다

성경에 보면 주님을 믿고 따르는 자들도 경주하는 자로 표현되어 있다. 고전 9장 24-25절을 보면 "운동장에서 달음질하는 자들이 다 달아날지라도 오직 상 얻는 자는 하나인 줄을 너희가 알지 못하느냐 너희도 얻도록 이와 같이 달음질하라 이기기를 다투는 자마다 모든 일에 절제 하나니 저희는 썩을 면류관을 얻고자 하되 우리는 썩지 아니할 것을 얻고자 하노라"라고 적혀 있다. 세상 사람들이 삶의 경쟁에서 이기기 위해 열심히 달리는 이유는 세상에서 주어질 면류관을 얻기 위함이다. 그러나 세상의 영화는 썩어질 것이며, 우리가 이 땅에서 삶을 마감하면 그 영화도 함께 없어질 것이라고 말하고 있다. 이 땅에 아방궁을 지어 놓고 기름진 음식으로 호강하더라도 그것은 이 땅에 있을 동안뿐이다.

그리스도인들은 이 땅에 살지만 하늘 나라의 영광을 바라보고 달음질하는 사람들이다. 하늘의 영광은 썩지 아니하고 영원한 것이다. 그리고 성경은 우리가 영원한 하늘의 상급을 얻기 위해서 이 땅에서 절제하는 삶을 살아야 한다고 가르치고 있다. 즉 주님의 제자로서 덕을 끼치지 못하는 일은 당장에 나를 즐겁게 하는 것일지라도 하지 않는 것이 유익이다. 믿음의 사람 모세도 잠시 죄악의 낙을 누리는 것보다 하늘의 상을 바라보고 이스라엘 백성들과 고난 받는 것을 선택하였다. 그렇듯이 지혜로운 사람은 잠깐의 즐거움보다 영원한 기쁨을 택하는 법이다. 그래서 눈 앞에 있는 불의한 이익을 탐내지 않는 것이다. 우리는 멀리 내다보고 달리는 사람이다. 다시 말해 하늘 나라를 바라보고 달리는 사람이다.

그리스도인의 생활이 달리는 삶으로 표현된 것은 꾸준히 달려야 함을 의미한다. 운동을 하지 않으면 신경 자극이 약화되고 이로 인해 근육이 위축되어 점점 힘을 잃고 만다. 신앙의 삶은 하루 이틀 하고 마는 것이 아니라 주님의 가르침을 따라 평생을 지속적으로 달리는 삶이다. 매일 주님의 말씀을 따라 열심히 달리다 보면 점점 영적으로 강건하여져서 나의 욕망이나 세상의 유혹에 쉽게 넘어지지 않고 주님과 동행하는 걸음이 될 것이다. 그리고 나에게 주어진 시간을 주님과 함께 동행하면서 신앙의 달리기를 계속할 때 건강한 신앙의 삶이 유지되고 궁극적으로는 우리에게 영원한 하늘의 상급이 주어지게 될 것이다.

금순이도 모르는 파마머리의 과학

– 하나님은 나를 머리카락 숫자 만큼이나 세밀하게 아신다

요즘 TV 드라마에 미용실을 소재로 한 "굳세어라 금순아"라는 드라마가 한창 인기이다. 아내 덕에 나도 간간이 보기도 한다. 나도 시간이 되면 미용실에 가서 염색을 해보고 싶지만, 쉽사리 용기가 나질 않는다. 사실 강의실에 들어가 보면 학생들의 머리가 다양한 색깔을 하고 있어 머리만 보면 마치 다국적 인종들이 모여 있는 듯한 분위기이다. 금발을 하고 있거나 머리털의 일부분만 은발인 경우도 있고, 아예 빨강머리를 하고 있는 경우도 있다. 머리 염색이 유행처럼 번져서 이제는 정말 너도 나도 이것저것 개성대로 해 보는 시대이다.

한 대학에서 실시한 통계에 의하면 80-90퍼센트의 학생들이 염색을 해본 경험이 있거나 지금 하고 있다고 한다. 자신의 개성을 표현하기 위해서 혹은 시대의 유행을 쫓아가기 위해 염색을 하기도 하고, 일상생활에 변화를 주기 위해 하기도 하고, 친구의 권유에 의해 하기

■ 헤어 컬러링

도 한다. 예전에는 나이가 들면서 머리털에 새치가 늘어가다가 점점 많아질 때 검은 색으로 물을 들이는 경우가 대부분이었는데 요즈음에는 젊은이들이 다양한 색으로 헤어 컬러링을 해서 멋을 부린다.

파마머리는 어떻게 만들까

현재 시중에서 사용되고 있는 머리 염색약에는 파라-페닐 앤 다이아민이나 파라-톨루엔 다이아민 등이 들어 있다. 파라-페닐 앤 다이아민은 합성 머리 염색제로서 머리 염색 작용은 우수하나 접촉 피부염을 일으킬 수 있기 때문에 많은 나라에서 사용을 금지하고 있다. 최근 유럽에서는 이를 대신해 파라-톨루엔 다이아민을 사용하지만 이것도 알레르기성 접촉 피부염을 일으키는 것으로 알려져 있다. 반면에 식물성 염색약에는 헤나 나무에서 추출한 것을 오랫동안 사용하고 있는데, 화학 염색처럼 검은 머리가 전체적으로 염색되는 것이 아니라 새치머리는 오렌지에서 갈색으로 염색되고 검은 머리는 은은한 색조를 띠게 한다.

헤나 나무 : [henna] 열대성 관목인 로소니아 이너미스(Lawsonia inermis L.)의 잎을 따서 말린 다음 가루로 만든 염색제.

케라틴 : (keratin) [명사] 손톱 · 발톱 · 머리털 및 뿔 따위의 성분이 되는 경단백질(硬蛋白質). 각소(角素).

이렇게 젊은이들이 다양하게 물들이는 머리카락은 알파 케라틴이라는 단백질 사슬로 이루어져 있는데 세 가닥의 사슬이 꼬여 미세 원섬유를 만들고, 미세 원섬유 11개가 모여 마크로 원섬유를 형성하고 있다. 그리고 주위를 각피가 둘러싸고 있으면서 질긴 밧줄 모양을 하고 있는데 건강한 머리카락 한 올로 150g의 무게를 들어 올릴 수 있을 정도로 단단하다.

머리카락의 알파 케라틴을 구성하고 있는 아미노산은 주로 물과 친하지 않는 소수성 아미노산, 즉 발린, 메타이오닌, 알라닌 등으로 형성되어 있기 때문에 우리가 샤워를 하며 머리를 감더라도 녹아 없어지지 않는다. 그리고 세 가닥의 미세 원섬유를 이룰 때 알파 케라틴 단백질은 아미노산 중에서 -SH 작용기를 가지고 있는 시스테인이 산화되어 이황화 다리결합을 이룸으로 단백질 사슬끼리 연결되어 있다. 미장원에서 파마를 하여 머리털이 곱슬곱슬하도록 멋을 내기 위해서는 머리카락에 환원제를 처리하여 이황화 다리결합을 풀고 적절히 말은 다음, 다시 산화제를 처리하여 새로운 위치에서 다리결합이 이루어지도록 해야 한다. 그러면 새롭게 비틀린 상태에서 다리결합이 이루어져 멋진 웨이브의 파마머리가 되는 것이다.

머리카락 하나까지 세고 계시는 하나님

사람의 머리털 수는 보통 약 145,000개 정도가 있다고 한다. 그리고 매일 80개 정도의 머리카락이 빠지고 새로 나는데, 한 달에 1cm 정도 자라고 2-6년을 주기로 전부 털갈이를 하게 된다. 사람들은 누구나 머리털 하나에는 그렇게 관심을 갖지 않고 귀하게 여기지도 않는다. 단지 머리털이 없어져 대머리이거나 탈모 증상이 있는 사람에게는 한 개의 머리털도 소중할 따름이다.

그런데 성경에서도 이 머리카락에 대해 이야기하고 있다. 마태복음 10장 30-31절에 "너희에게는 머리털까지 다 세신 바 되었나니 두려워하지 말라 너희는 많은 참새보다 귀하니라"고 주님이 말씀하셨다. **나 자신은 머리털 수를 알지 못하지만 하나님께서는 나의 머리털 개수까지도 아실만큼 나를 너무나 세밀히 아시며, 나에 대한 관심과 사랑을 가지고 계신다는 것이다.** 스스로 생각해 볼 때 하나님의 사랑의 대상이 될 만한 아무런 자격이나 조건을 갖추지 못했음에도 불구하고 지극한 사랑을 부어 주신다. 우리가 끊임없이 아버지 하나님을 실망시키고 실수를 되풀이함에도 불구하고 하나님께서는 언제나 용서하시고 새로운 기회를 주신다. 이러한 주님의 사랑을 깨닫고 그 사랑 안에 있을 때는 우리에게 행복이 되지만 사랑을 벗어나 내 마음대로 살고자 할 때에는 파멸이 되고 만다.

머리카락은 우리의 자랑거리가 아니다

성경의 기록을 보면, 다윗 시대에는 머리털이 많고 치렁치렁한 것이 아름다움의 상징으로 여겨졌던 것 같다. 다윗에게는 많은 자녀들이 있었지만 그 중에 압살롬이란 아들은 이스라엘 사람들 가운데 비교할 만한 사람이 없을 정도로 멋진 외모와 풍채를 가졌다고 기록되어 있다. 그리고 그는 머리털이 많아 일 년에 한 차례씩 머리를 다듬었는데, 그 무게만 하더라도 200세겔, 즉 2kg 정도 되었다고 한다. 압살롬은 자신의 누이동생 다말을 욕보인 이복형 암논을 죽이고 외가로 도망가서 3년간이나 있다가 다윗의 용서로 돌아왔다. 그러나 2년 동안 아버지 다윗을 만나지 못하다가 급기야는 아버지에 대해 반역을 꾀하고 만다. 그는 스스로를 왕의 재목으로 생각하고 주위에 몰려드는 사람들을 거느리며 기회를 보고 있었으나 형을 죽인 자신을 아버지가 후계로 삼지 않을 것 같으므로 반란을 일으키게 된 것이다.

하지만 그는 전쟁에서 패했고 노새를 타고 도망하다가 상수리나무에 그의 치렁치렁한 머리털이 걸려 허공에 매달려 꼼짝 못하는 사이, 뒤쫓아 온 다윗의 심복 요압 장군의 손에 죽임을 당하고 말았다. 그 머리카락은 그의 자랑거리였고 아름다움과 힘의 상징이었으나 결국 그를 죽게 만들었다. 때로는 우리가 복이라고 생각하던 것이 화가 될 때가 있다. 내가 가진 재물, 재주, 지위, 건강이 나를 교만하게 하고 하나님으로부터 멀어지게 한다면 궁극적으로는 우리에게 수치와 패망을 가져다주는 것이 되고 말 것이다. 내가 비록 연약하고 힘이 없고 미련하다 할지라도 주님 앞에 겸손하며 나의 약함과

우둔함으로 인해 주님을 전심으로 찾고 의지한다면 이는 오히려 축복이 될 것이다.

삼손은 모태에 있을 때 하나님께 바쳐진 나실인이 되었고 포도주나 독주 등 부정한 음식을 먹지 않고 죽는 날까지 머리털에 삭도를 대지 않아야 했다. 하나님은 그에게 사자를 찢어 죽일 만큼의 용맹스러운 힘과 지혜를 주셨는데, 이에 대해 감사하며 경건한 부담과 책임감을 가져야 함에도 불구하고 소홀히 여겼다. 블레셋으로부터 이스라엘 민족을 구원하라고 하신 하나님의 뜻을 충성스럽게 이루어 나가야 했지만, 정욕에 눈이 먼 삼손은 하나님을 믿지 않는 이방 여인 들릴라의 유혹에 넘어가 머리털을 깎이게 되어 힘이 빠져 두 눈이 뽑혀 옥중에서 짐승대신 맷돌을 돌리는 비참한 처지로 전락하고 말았다.

이스라엘 민족을 구원해야 할 사람이 오히려 대적의 손에 잡혀 멸시와 조롱을 받는 노예가 되어버린 것이다. 삼손은 날 때부터 깎지 않고 길렀던 긴 머리털을 휘날릴 때에 하나님의 신이 함께 하셨고, 나귀의 턱뼈를 휘둘러 일천 명의 원수들을 죽이기도 한 역발산기개세의 장수였지만 하나님께서 주신 은혜를 소중하게 여기지 않다가 화를 자초하고 말았다. 머리털이 밀리고 눈이 뽑혀 앞을 보지 못하는 삼손은 하나님 앞에 낮아지면서 자신의 교만과 부주의함에 대해 회개하였고, 다시 머리털이 자라며 길어질 즈음 하나님께서는 삼손의 기도를 들어 주셨다. 삼손의 힘이 빠진 것을 알고 더 이상 두려울 것이 없었던 블레셋 사람들은 다곤의 신전에 모여 축제를 벌이며 즐거워할 때 다시 한 번 힘을 주신 하나님의 도우심으로 삼손은 신전의 기둥을 무너뜨려 단번에 삼천 명의 원수들을 죽이면서 함께 장렬한 최후를 맞았다.

나실인 : [Nazirite]이스라엘 사람 가운데 야훼 종교의 순수성을 보존하기 위해 특히 하느님에 대한 헌신을 서약한 자.

역발산기개세 : (力拔山氣蓋世)[—빨싼—][명사] 힘이 산이라도 빼어 던질 만하고, 기(氣)는 세상을 덮을 만큼 웅대함. [‘사기’의 ‘항우본기(項羽本紀)’에 나오는 말로, 초패왕(楚王) 항우(項羽)의 빼어난 힘과 기개(氣槪)를 표현한 말.]

머리털 자체가 삼손에게 힘과 용기를 주는 것은 아니었지만 머리털은 하나님 앞에 구별된 삶의 표시였고, 하나님께 대한 순종의 상징이었다. 그래서 삼손의 머리털이 다시 길어질 때까지 그의 회개의 눈물을 보신 하나님께서 그에게 마지막으로 기회를 주신 것이다. 매일 세수를 하고 거울을 보며 머리털을 빗고 만질 때마다 나의 머리털 수까지 세시며 세밀한 관심을 가지시고 나를 깊이 아시는 하나님, 그리고 오늘도 나를 위해 최선의 길을 예비하시며 그 길로 인도하시는 주님의 놀라운 사랑에 대해 감사하며 날마다 주님 앞에 경건하고 거룩한 삶을 살도록 하자.

비만이 내 인생을 멍들게 한다

– 배운 말씀대로 실천하는 신앙이 건강하다

나의 연구실에 있는 학생들과 연구원들은 대개 새벽 2-3시까지 공부와 실험에 몰두한다. 그래서 밤 10시가 지나면 배가 출출하기 때문에 자주 간식을 찾는다. 밤늦게까지 연구실에 남아 열심히 노력하는 그들이 대견하기도 하고 격려도 하는 의미에서 가끔 야식을 주문해서 같이 먹기도 한다. 각자 자기들 일에 집중하다가 음식이 오면 연구실이 왁자지껄해진다. 음식을 먹으면서 학생들은 가끔 나를 놀린다. 자기들 때문에 내 배가 계속 나와서 어떡하느냐고 …. 그럴 때마다 평소 운동을 하기 때문에 걱정할 정도는 아니라고 둘러대기는 한다.

맛있는 음식을 먹을 때 왜 기분이 좋을까?

우리 몸의 에너지 균형은 섭취된 에너지보다 소비하는 에너지가 적을 때 점차 비만으로 가게 된다. 왜 우리가 음식을 먹을까 하는 문

세로토닌 : [serotonin] 혈액이 응고할 때 혈소판(血小板)으로부터 혈청(血淸) 속으로 방출되는 혈관수축작용을 하는 물질. 뇌에서는 신경전달물질로 작용함.

시상하부 : [視床下部, hypothalamus] 시상의 아래쪽에서 뇌하수체로 이어지는 부분.

트립토판 : tryptophane] 헤테로고리를 가진 α-아미노산.

도파민 : [dopamine] 히드록시티라민으로서 생리활성(生理活性) 아민 · 카테콜아민의 일종

제는 단순히 허기를 면하기 위해서만은 아니다. 음식의 모습을 보고, 냄새를 맡고, 맛을 보며, 음미하고 느낄 때 즐거움을 가지기 때문이다. 우리가 맛있는 음식을 기대할 때 우리의 뇌에서는 세로토닌(serotonin) 신경이 흥분을 하게 된다. 세로토닌은 뇌의 시상하부에서 작용하여 우리로 하여금 기분을 좋게 한다. 우리가 먹는 음식 가운데 단백질은 소화되어 아미노산으로 분해 흡수되고 흡수된 아미노산 중에는 트립토판(tryptophan)이 있다. 트립토판은 혈액을 따라 뇌로 가서 세로토닌으로 전환된다. 뇌에는 트립토판을 세로토닌으로 전환시키는 효소가 있기 때문이다. 따라서 음식을 먹은 후에 기분이 좋아지는 것을 경험적으로 알기 때문에, 다시 말해서 음식을 먹는 일은 우리를 즐겁게 하기 때문에 우리는 음식을 찾게 되는 것이다.

물론 우리가 허기질 때 음식에 대한 강한 욕구가 생긴다. 이때 작용하는 신경 전달 물질이 도파민(dopamine)이다. 음식을 먹을 때 도파민이 분비되어 음식을 맛보는 우리의 감각이 즐겁도록 한다. 도파민의 합성을 억제한 쥐의 경우, 음식을 좋아하기는 하지만 음식을 찾는 욕구가 없다. 다시 말해서 도파민은 우리로 하여금 음식을 찾고자 하는 욕망과 동기를 부여하는데 중요한 역할을 하고, 세로토닌은 음식을 먹을 때 우리를 즐겁게 하는 역할을 한다. 뇌에서 이런 신경 전달 물질들이 작용하기 때문에 우리는 먹는 것을 즐거워한다. 그리고 뇌에서는 식욕을 조절하는 여러 물질들이 함께 작용을 한다.

우리 몸에 있는 지방세포에서는 음식 섭취를 통해 충분한 영양이 공급되었다고 판단될 때, 렙틴(leptin)이 만들어져 뇌세포에게 우리 몸의 지방이 충분하다는 신호를 보냄으로써 더 이상 먹지 않게 만든다. 최근 연구 결과에 의하면 렙틴이 살을 뺀 다음 날씬한 체중을 유지하는데 효과가 있다고 한다. 살을 뺀 사람에게 소량의 렙틴을 주사하면

뇌가 우리 몸의 지방이 부족하다는 사실을 인식하지 못해 먹는 욕구를 감소시키기 때문이다. 렙틴의 유전자가 망가진 ob/ob 생쥐는 정상적인 생쥐에 비해 많이 먹을 뿐만 아니라 대단히 비대해진다. 이를 볼 때 렙틴의 양이 식욕과 밀접한 관계가 있음을 알 수 있다.

그리고 렙틴의 양이 증가하면 뇌에서 MSH와 CART라고 하는 펩타이드 호르몬의 생성을 증가시키고 이들 호르몬은 시상하부의 포만중추를 자극하여 음식을 그만 먹게 한다. 한편 뇌하수체에서는 ACTH와 TSH라는 호르몬을 분비케 하여 우리 몸의 대사를 촉진시킴으로써 에너지를 발산하게 한다. 반면에 배가 고플 때에는 렙틴의 양이 떨어짐으로 뇌에서 NPY와 AgRP, MCH, 그리고 오렉신(orexin)이라는 호르몬들의 생성을 촉진하여 시상하부의 식욕중추를 자극하여 우리로 하여금 먹고 싶은 욕구를 느끼게 하고, 또한 뇌하수체에서는 ACTH와 TSH 호르몬의 분비를 억제하여 우리 몸의 대사활동을 감소시켜 에너지 소비를 억제한다. 그리고 뇌에는 멜라노코르틴 4 수용체가 있는데 MSH 호르몬은 이 수용체를 자극하여 식욕을 줄이는 반면, AgRP 호르몬은 수용체의 기능을 저해하여 식욕을 증가시킨다. 그래서 멜라노코르틴 4 수용체를 자극하는 약을 개발하여 식욕을 감소시킴으로써 비만 치료약으로 개발하려는 연구가 제약회사들을 중심으로 진행되고 있다.

■ 비만

전 세계적으로 10억 명의 사람이 과체중이거나 비만이라고 한다. 비만이 너무 심해서 치명적인 사람은 위나 창자를 잘라 축소시키는 수술까지 받는다. 살아가면서 우리의 몸이 너무 비대해지는 것은 바람직하지 않다. 어린이가 성장하면서 키와 몸무게의 균형적인 발달이 필요하다. 어린이가 성장할 때 골고루 자라는 것은 어른이 되어가는 필수적인 조건이지만, 다 자란 뒤에도 너무 비대해지면 거동이 불편해지고 심장이 나빠지며 만성적인 질병으로 인해 정상적인 활동을 할 수 없게 된다. 균형잡힌 식사와 고른 영양의 섭취도 중요하지만 활발한 활동과 운동으로 적절한 체중을 유지하는 것도 삶의 질을 높이는 데 중요하다.

영적 비만

신앙의 삶도 마찬가지이다. 우리는 열심히 하나님의 말씀을 통해 영적 영양분을 섭취하고, 아침마다 하나님의 말씀을 묵상하고 주님의 뜻을 깨달아야 한다. 그리고 말씀을 풀어 설명하는 훌륭한 메시지들을 듣고, 성경을 연구하고 깨닫는 일에 열심을 내야 한다. 또 신앙에 필요한 좋은 서적을 구입하여 부지런히 읽어야 한다. 하지만 이렇게 **말씀을 공부하고 듣고 깨닫는 일에만 열심이면 자칫 영적 비만에 걸릴 우려가 높다. 그래서 말씀의 진리를 깨달은 대로 열심히 실천하는 능동적인 신앙생활이 중요하다.**

하나님의 말씀을 열심히 듣고 공부한다 해도 성경의 원리가 나의 삶에 반영이 되지 않는다면 영적인 뚱뚱보가 되어 신앙의 삶에 활력을 잃어버릴 것이다. 영적 뚱뚱보는 자기 속에 채워진 말씀의 지식으로 다른 사람을 판단하고 정죄하는 데 쓰일 수도 있고, 자신이 깨달은 신앙 지식이 많다는 사실로 인해 영적 교만에 빠질 우려도 있다. 그리하여 실천이 따르지 않으면서 성경적 원리를 인용하며 말만 그럴듯하게 포장하여 말하기 때문에 이중적인 삶의 모습을 보여 줄 위험이 있다. **깨달은 대로 힘써 행하고 움직여야 건강한 법이다.** 야고보서 4장 17절에 보면 "이러므로 사람이 선을 행할 줄 알고도 행치 아니하면 죄니라"고 했다.

선이 무엇인지 아는 것은 중요한 일이다. 하지만 알고도 그대로 행하지 않는다면 이는 죄라고 못 박고 있다. 우리가 가진 시간을 깨달은 말씀의 원리대로 선하게 사용해야 한다. 우리가 가진 물질로 주위 형제자매들을 섬기는데 활용해야 하며, 우리가 가진 재능을 나의 욕심을 채우는 일보다는 주님의 영광을 드러내는 일에 선하게 사용해야 한다. 또한 하나님의 선하시고 기뻐하시고 온전하신 뜻이 무엇인지 분별하는 일에 최선을 다해야 한다. 신앙적으로 많이 아는 것으로 그쳐버린 영적 뚱뚱보보다는 성경의 원리대로 자신의 삶을 나누는 일을 통해 균형 잡힌 신앙의 몸매를 가진 건강하고 날렵한 신앙인이 많아지기를 기도해 본다.

우리 몸의 완벽 정화 시설-신장

- 죄의 찌꺼기를 자백하면 정결케 하신다

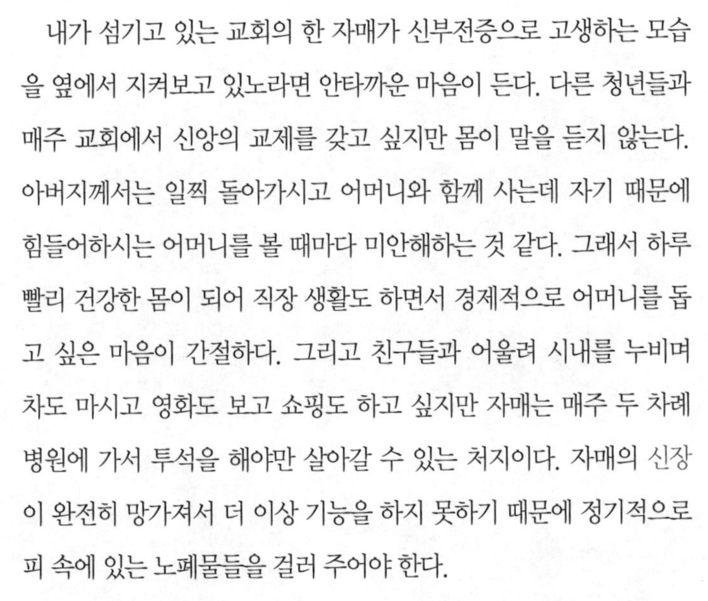

내가 섬기고 있는 교회의 한 자매가 신부전증으로 고생하는 모습을 옆에서 지켜보고 있노라면 안타까운 마음이 든다. 다른 청년들과 매주 교회에서 신앙의 교제를 갖고 싶지만 몸이 말을 듣지 않는다. 아버지께서는 일찍 돌아가시고 어머니와 함께 사는데 자기 때문에 힘들어하시는 어머니를 볼 때마다 미안해하는 것 같다. 그래서 하루 빨리 건강한 몸이 되어 직장 생활도 하면서 경제적으로 어머니를 돕고 싶은 마음이 간절하다. 그리고 친구들과 어울려 시내를 누비며 차도 마시고 영화도 보고 쇼핑도 하고 싶지만 자매는 매주 두 차례 병원에 가서 투석을 해야만 살아갈 수 있는 처지이다. 자매의 신장이 완전히 망가져서 더 이상 기능을 하지 못하기 때문에 정기적으로 피 속에 있는 노폐물들을 걸러 주어야 한다.

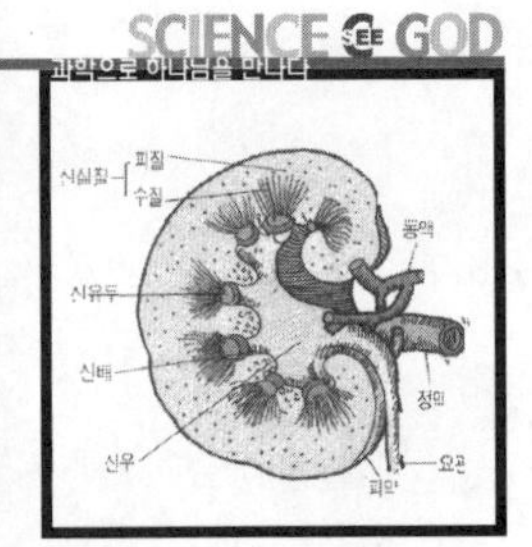

■ 신장

병원에 있는 투석 장치는 인공 신장의 역할을 하는데 환자의 혈액이 투석기를 따라 순환하도록 하면서 선택적 투과막으로 되어 있는 투석관을 통해 혈액 내에 있는 노폐물이 빠져나가도록 한다. 투석기를 거쳐 깨끗하게 정화된 피는 다시 환자의 몸속으로 돌려주게 된다. 자매는 피를 투석하는 일이 너무 힘들어 현재 신장 이식 수술을 신청해 놓고 기다리는 중이다. 하지만 신장을 쉽게 얻을 수 있는 것이 아니기 때문에 대기자 명단에 이름을 올려놓고 한없이 기다려야만 한다.

신장의 투석 작용

신장은 우리 몸에서 주먹 크기 만한 것으로 좌우에 두 개가 있다. 신장은 80Km에 달하는 가느다란 관과 복잡한 모세 혈관망으로 채워져 있다. 우리 몸에는 약 5리터 가량의 피가 계속적으로 몸을 순환하면서 신장을 통해 찌꺼기를 걸러내어야 하는데, 하루에 총 1,100-2,000리터의 혈액이 신장의 모세혈관을 지나간다. 이렇게 혈액이 신장을 지나가며 순환할 때 혈액 속의 혈구세포나 큰 단백질 등은 남아 있고, 약 180리터의 용액이 신장의 가느다란 관으로 여과되어진다. 그런데 이 여과된 용액 속에는 우리 몸이 필요로 하는 염분과 영양분 등이 많이 있어 다시 재흡수를 하게 된다. 특히 물은 99퍼센트 이상이 다시 흡수를 하여 우리 몸이 재활용하도록 한다.

이런 재흡수 과정은 뇌하수체에서 분비되는 ADH라는 호르몬에 의해 조절되는데 혈액 내 수분 함량이 떨어지면 ADH 호르몬의 분비가 늘어나 신장의 세뇨관으로부터 물과 영양분 그리고 무기 염류의 재흡수를 촉진해서 혈액의 부피가 늘어나게 되고 동반해서 혈압도 상승하게 된다. 그리고 혈압이 높아지고 혈액 내 수분의 함량이 높으면 ADH 호르몬의 분비가 줄어들어 수분 및 염분이 우리 몸으로 재흡수 되는 것이 줄어들고 오줌의 양이 많아지도록 조절을 함으로써 혈액의 부피를 조절한다. 그래서 신장의 세뇨관에서는 생명 유지에 필요한 물과 대부분의 영양분을 우리 몸으로 돌려보내고, 세포가 단백질이나 핵산을 대사할 때 생기는 요소를 농축시키면서 남아 있는 다른 찌꺼기들과 함께 오줌으로 배설하게 만든다.

이렇게 오줌으로 배설되는 양이 하루에 1.5리터 정도 된다. 만약 혈액에서 신장으로 여과된 180리터의 용액을 재흡수라는 과정을 거치지 않고 그대로 배설해 버린다면 필수 영양분을 계속해서 잃게 되고 빠르게 탈수되어 죽게 될 것이다. 그리고 신장에서 혈액을 여과하는 작용이 제대로 이루어지지 않는다면 우리의 혈액 속에는 독성 물질로 가득 차 생명이 위태하게 되어진다. 이렇듯 신장은 우리가 에너지를 만들어 살아가기 위해 수행하는 대사작용을 통해 어쩔 수 없이 생기는 찌꺼기를 지속적으로 제거해 주는 중요한 기관이다.

죄의 찌꺼기를 깨끗케 하는 자백의 삶

우리 그리스도인에게도 신장이 하는 일처럼 찌꺼기 제거 작업이 지속적으로 일어나야 된다. 그리스도인은 깊은 산속에 홀로 숨어 고행하면서 수도하는 사람이 아니라 복잡한 이 세상에 발을 디디고 살아가며, 세속적이고 유혹이 많은 환경 속에서 부대끼며 생활하기 때문에 어쩔 수 없이 때가 묻게 된다. 세상으로부터 오는 유혹에 넘어가기도 하고 마음의 욕심에 끌려 하지 말아야 할 일을 하기도 한다.

그럴 때마다 우리의 영은 어두워지고 정신도 혼란스러워지며 삶이 힘들어질 때가 많다. 우리의 마음은 성령님의 소욕과 나의 욕심이 부딪히는 전쟁터와 같다. 우리가 살아가면서 작은 일에서부터 큰 일에 이르기까지 끊임없이 선택을 하게 되는데, 그 때마다 주님이 원하시는 일임을 알면서도 그 길을 택하지 않고 나의 욕심대로 선택하여 걸어갈 때 나중에 후회하는 일을 자주 경험하곤 한다. 주님께서 싫어하시는 일을 우리가 행할 때 주님과의 관계가 깨어지고 이 관계가 다시 회복될 때까지 어두운 터널을 지나는 것처럼 답답함을 느끼게 된다.

요한일서 1장 9절의 "만일 우리가 우리 죄를 자백하면 저는 미쁘시고 의로우사 우리 죄를 사하시며 모든 불의에서 우리를 깨끗케 하실 것이요"라는 말씀 때문에 우리는 용기를 갖게 된다. **나에게 죄와 불의함이 있을 때 이를 인정하고 주님께 고백하면 주님께서 용서하시고 죄의 찌꺼기를 깨끗하게 여과시켜 주시겠다는 약속이기 때문이다.** 우리는 하나님처럼 완전하지 않기 때문에 계속해서 실수하고 넘어지지만 용기를 내어 주님께 죄의 문제를 들고 나갈 때마다 언제든지 해결해 주시는 분임을 신뢰해야 한다. 만약 죄의 찌꺼기를 없애버리는 자백의 삶이 우리에게 없다면 죄의 독소가 계속해서 쌓여 우리의 영혼이 질식되어 갈 것이다. 그러면 성령님의 속삭임에 대해 귀가 어두워져서 죄에 대해 민감하지 못하고 죄의 길을 점점 당연하게 여기게 될 것이다.

우리 삶 속에 생기는 노폐물과 독소를 끊임없이 여과하고 제거하여 정결하게 살아가기를 원한다. 그리고 우리 그리스도인들이 영혼과 정신을 병들게 하는 사회의 다양한 독소를 정화시키는 역할에 앞장서서 우리 주위의 모습이 좀 더 밝고 아름답게 변해가도록 만들어 가자.

웃음은 만병통치약이다

– 모든 염려를 주께 맡기고 항상 기뻐하라

■ 모나리자

점심시간 학교 식당에 들어가면서 게시판에 붙어 있는 행복에 관한 짧은 글을 보았다. 행복하기 위해서는 많이 웃어야 한다고 적힌 포스터였다. 주위를 살펴보면 조그만 일에도 잘 웃는 사람이 있고 그렇지 않은 사람도 있다. 사람마다 웃는 소리의 크기와 패턴이 달라 웃는 모습과 소리를 통해 누군지 알아낼 수도 있다. 각 사람에게 고유한 웃음의 패턴은 체질이라기보다 개개인의 성격 차이로 볼 수 있다.

일전에 프랑스 파리의 루브르 박물관을 방문하였을 때 레오나르도 다빈치가 그린 모나리자를 볼 수 있었다. 유명한 그림이라서 그런지 많은 사람들이 빼곡히 그림 앞에 서 있었다. 나는 약간의 거리를 두고 여러 각도에서 그림을 감상해 보았다. 희한하게도 다양한 각도에서 바라 본 모나리자는 내가 어느 쪽에 서 있든지 마치 나를 향하여 알 듯 모를 듯한 미소를 보내고 있었다. 보면 볼수록 신기한 것이, 모나리자의 이러한 은은한 미소가 사람들의 마음을 사로잡나 보다 하는 생각이 들었다. 이렇게 얼굴에 잔잔히 피어오른 미소가 아름다움을 주기도 하지만 크게 소리 내어 호탕하게 웃는 모습도 보기에 좋다. 소리 내어 크게 웃을 때는 신체의 많은 근육이 움직이고 심장이나 뇌에 영향을 주게 된다.

■ 웃는 모습

웃음이라는 묘약

미국 스탠포드 대학의 윌리엄 프라이 박사는 웃음의 효과에 대해 자신의 연구 결과에 비추어 다음과 같이 말하고 있다. “사람이 마음의 기쁨을 가지고 한 번 크게 웃을 때 평상시 움직이지 않던 근육 중 230개 이상이 움직인다. 이로 인해 혈액 순환이 활발해져 산소와 영양분이 피부 곳곳에 전달되어 피부노화 방지에 효과가 있다. 사람이 1분 동안 마음껏 웃으면 10분 동안 에어로빅이나 조깅 또는 자전거를 탈 때 일어나는 것과 동일한 물리적 · 화학적으로 긍정적인 변화가 몸 안에 일어나게 된다.” 우리가 크게 웃으면 심적으로 편안함을 느끼는 가운데 육체적으로도 많은 근육들로 하여금 운동하게 만드는 효과가 있다. 따라서 크게 웃는 것은 훌륭한 유산소 운동이 되는 셈이다.

손으로 피부와 근육을 두드려 안마하거나 만지는 것을 외부 마사지라고 한다면 웃는 것은 내장을 마사지하는 셈이다. 그러나 안타깝게도 웃음을 연구한 과학자들이 조사한 결과 여섯 살짜리 어린이는 하루에 300-400번이나 웃지만 성인은 평균 17번밖에 웃지 않는다고 한다. 웃음은 인체의 신경계와 면역계 등 다양한 생리 기능에 영향을 끼친다. 자율신경은 교감신경과 부교감신경으로 나뉘어지는데, 놀라거나 두려워하거나 초조해하며 스트레스를 받을 때 활성화

교감신경 : 교감신경(交感神經) 『생』 고등 동물의 척추 양쪽에 있는 한 쌍의 줄기와 그에 딸린 여러 갈래로 이루어진 신경《호흡 · 소화 · 혈액 순환 등을 조절함》

부교감신경 : 부교감신경(副交感神經) 『생』 호흡 · 순환 · 소화 등을 지배하는 자율 신경의 하나《교감 신경과 길항적(拮抗的)으로 작용함》.

되는 것이 교감신경이고, 근육이 이완되고 편안할 때 작동하는 것이 부교감신경이다. 기분 좋게 웃으면 부교감신경이 자극을 받게 된다. 부교감신경이 활성화되면 심장을 천천히 뛰도록 하고 소화를 돕고 몸을 편안하게 한다. 그러므로 웃으면 몸과 정신이 편안해지는 것이다. 특히 배꼽을 빼는 웃음, 즉 포복절도할 웃음은 긴장을 이완시켜 주고 혈압을 낮추며 혈액 순환과 질병 저항력 향상에 탁월한 효과를 보이고 있다.

유쾌하게 웃으면 세균이 침입했을 때 이를 방어하는 T 임파구 및 새로운 면역세포의 생산이 증가하고, 면역 기능을 떨어뜨리는 스트레스 호르몬이 감소하여 면역 체계가 강화된다. 그래서 웃음은 많은 사람으로 하여금 행복을 느끼게 하고, 에너지가 넘치며 전염성 질병에 강해지도록 만든다. 그리고 웃음은 뇌를 자극하여 특정 화학 물질을 생산함으로써 불균형한 신경 전달 물질을 정상적으로 회복시켜 준다. 그리고 웃음은 뇌의 대사에 직접 관여하여 슬픈 생각이 전달되는 경로를 차단시켜 주기 때문에 정신적으로 고통스러운 일이 발생했을 때에도 웃게 되면 의식이 전환되어 순간적으로 기분이 풀어지는 효과가 있다.

청소년들은 성적에 대한 중압과 쉴 틈 없이 책에 파묻혀 살아야 하는 억압, 어른이 되면 직장이나 사회적인 위치에서의 책임, 가정에서의 책임 등으로 인해 스트레스를 받기가 쉽고 이로 인해 밝게 웃을 일이 적어진다. 반면에 어린아이들은 어른들이 보기에는 별로 웃기지도 않은 일이지만 금방 까르르 웃는 천진난만한 모습을 자주 보게 된다. 우리는 어른이 되면서 많은 웃음을 잃어버리며 살고 있다. 하지만 어른이라도 의식적으로 웃기를 연습하면 어린아이처럼 300번 이상 웃을 수 있다. 중압감으로 인해 무거운 분위기 속에서도 웃기를 시도하면 긴장을 이완시키고 무력감에서 벗어날 수 있다. 따라서 웃음은 스트레스를 치료하는 가장 쉽고도 효과적인 치료 약인 셈이다. 웃음을 참지 말고 호탕하게 웃어 보자. 하루의 시작도 감사함으로 하고 웃으면서 일을 진행하면 창조적인 생각을 할 수 있고, 자신 있는 태도로 맡겨진 일을 감당할 수 있을 것이다.

항상 기뻐하라

행동심리학자인 윌리엄 제임스는 이렇게 말했다. "사람이 행복하기 때문에 웃는 것이 아니다. 웃기 때문에 행복한 것이다." **행복은 돈이 많고 적음에 달려 있지 않고 작은 일에도 의미를 찾으며 즐거움을 느끼고 마음껏 웃을 때 얻어지는 것이다.** 성경에도 데살로니가전서 5장 16-18절에 "항상 기뻐하라 쉬지 말고 기도하라 범사에 감사하라 이는 그리스도 예수 안에서 너희를 향하신 하나님의 뜻이니라"고 했다. 늘 기뻐하라고 명령하신 것이 쉬지 않고 기도하라는 것보다 먼저 말씀하셨다. 이는 우리가 모든 염려를 주께 맡겨 버리고 주안에서 즐겁게 살기를 원하시기 때문이다.

웃는 얼굴에게 침 뱉지 못한다는 속담처럼 웃음은 사람과의 관계에서 긴장을 이완시키고 건설적으로 만들어 준다. **웃음은 삶에 활력을 불어 넣고 지친 자에게 위로가 된다.** 오늘 우리도 마음껏 웃어 보자. 웃고 싶지 않아도 웃는 연습을 하자. 우리 주위를 웃음으로 전염시키는 사람이 되도록 하자.

TV에도 나오는 헬리코박터와 마샬 박사

– 사탄의 가면과 변신에 속지 말라

약 한 달 전부터 속이 더부룩하고 아침에 일어날 때면 배가 쓰려 물을 마시거나 음식을 조금 먹어줘야 진정이 되는 증상이 나타났다. 연구실에서 밤 늦게까지 이것 저것 논문과 씨름하다가 피곤한 몸으로 집에 들어와 잠자리에 들 때에는 세상 모르게 깊은 잠을 자게 되지만, 아침에 일어나면서 상쾌한 기분으로 일어나야 하는데 그렇지 못하고 괴로운 날들을 보냈었다.

그래서 병원에 가서 위 내시경 검사를 한 결과, 위궤양이 발견되었다. 심하지는 않았지만 궤양 조직의 일부를 떼어 조직 배양을 해서 위암의 여부를 진단했다. 다행스럽게도 위암의 조짐은 없었고 떼어낸 조직의 일부를 가지고 헬리코박터 파일로리균의 감염 여부를 조사하였는데 양성 반응이 나왔다.

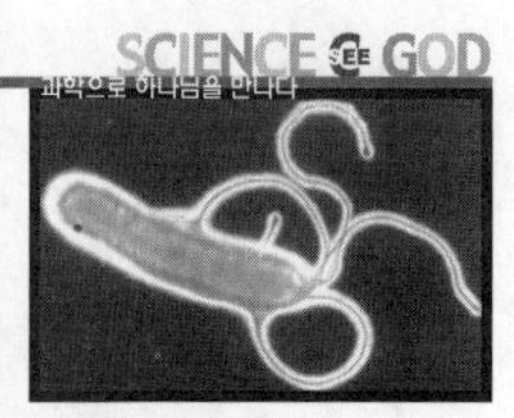

■ 헬리코박터 파일로리균

TV에도 자주 나오는 헬리코박터

헬리코박터는 1979년 호주의 병리학자 로빈 워렌이 발견했고 1982년에는 호주의 미생물학자 배리 마샬 박사가 헬리코박터의 배양에 성공했다. 마샬 박사는 현재 국내 TV에서 음료 CF에도 출연하고 있다. 헬리코박터균은 2–7μm 길이의 나선형 몸통과 3–4개의 편모를 가지고 있어 위벽의 점액 단백질인 '뮤신층'을 자유롭게 지나다니며 구멍을 내기도 한다. 헬리코박터는 그람 음성 세균으로서 위에 감염하여 다양한 위장 질환을 일으키는 감염성 박테리아이다. 낮은 농도의 산소에서도 잘 자라는 미호기성(微好氣性) 세균이며, 체내에서는 위의 상피세포에서만 발견되고 위점막의 점액층과 상피세포 사이에서 세균 집단인 콜로니(clolny: 落)를 형성한다.

위장 내에는 위산이 분비되므로 산성이 강하여 세균이 살지 못하는 것으로 알려졌으나 위 점막을 덮고 있는 점액층에 헬리코박터가 살고 있다는 것이 위 내시경 생검 조직에서 발견되었다. 이렇게 강한 산성의 환경 속에서도 살아 갈 수 있는 이유가 헬리코박터는 유리즈(urease)라는 요소 분해효소를 만들고 위 점막에 있는 극미량의 요소를 분해하여 알칼리성의 암모니아를 만들기 때문에 자기 주위를 중화시킬 수 있다. 이렇게 해서 위벽세포에서 분비되는 위산으로 인해 산도가 2 정도 되는 강한 산성에서도 살아남을 수 있게 된다.

이 세균은 현재 세계에서 가장 많은 사람들이 감염되어 있고, 가장 널리 분포하고 있는 것으로 알려져 있다. 만성적인 활동성 위염의 원인균일 뿐만 아니라 소화성 궤양, 위선암, 위림프종 등 여러 소화기 질환과 연관되어 있다. 최근에는 세계보건기구(WHO)에서 이 균을 위암의 발암인자로 규정했으며, 실제로 우리 나라 통계에 의하면 십이지장궤양 환자의 94퍼센트, 위궤양 환자의 약 84퍼센트, 만성 위염환자의 약 50퍼센트에서 이 세균의 감염이 보고 되고 있다. 우리나라에서는 대체적으로 성인의 경우 70-80퍼센트로 감염률이 높게 나타나고 나이가 들수록 증가한다.

헬리코박터 파일로리균은 사람의 위에서만 살 수 있는데 현재까지의 가능한 전염 경로는 입을 통하여 전염되는 것으로 알려져 있으며, 사람의 배설물에 의해서도 옮겨질 수가 있다고 한다. 그리고 헬리코박터 파일로리에 한 번 감염되면 평생 또는 수십 년 동안 보균자로 살아가게 된다. 그래서 이 균을 없애기 위해서는 다양한 항생제를 일 주일 정도 복용해야만 한다.

사탄의 교묘한 가면

이처럼 헬리코박터 파일로리가 성인의 80퍼센트에 가까운 사람들의 위를 감염시킬 정도로 광범위하게 우리를 공격하듯이 사탄도 우리를 집요하게 공격하여 우리로 하여금 힘없는 크리스천으로 살아가게 만든다. 사탄은 영적인 피조물 중에 으뜸인 영광스런 존재였지만 그 영광에 우쭐하여 자신을 하나님처럼 높아지고자 하는 교만으로 인해 자기 위치를 지키지 아니하고 타락하여 귀신의 왕이 된 존재이다. 사탄은 모든 사람을 자신의 영향력 아래 두어 지배하는 것을 최대의 목표로 삼고 있다. 그래서 사탄은 죄가 없던 에덴동산에 들어가 최초의 인간을 유혹하고 하나님의 명령에 불순종하게 하여 에덴으로부터 쫓겨나게 만든 장본인이다.

또한 사탄은 그의 지배하에 있던 자들을 다시 하나님의 자녀로 구원하기 위해 이 땅에 오신 예수님께서 공생애를 앞두시고 40일 간 금식기도를 마치셨을 때도 감언이설로 유혹하여 하나님께서 세우신 구원 계획을 좌절시키려고 하기도 했다. 베드로전서 5장 8-9절에 보면 "근신하라 깨어라 너희 대적 마귀가 우는 사자같이 두루 다니며 삼킬 자를 찾나니 너희는 믿음을 굳게 하여 저를 대적하라 이는 세상에 있는 너희 형제들도 동일한 고난을 당하는 줄 앎이니라"고 했다. **사탄은 어찌하든지 우리로 하여금 하나님을 믿는 신앙에서 떨어져 자신의 말을 듣도록 만들고자 한다. 그래서 두루 다니며 공격을 하여 쉽게 삼킬 수 있는 자를 찾고 있다.**

■ 파우스트의 한 장면

파우스트의 전설이 생각난다. 파우스트는 바이마르 근교 로다의 농가에서 태어나 비텐베르크에서 신학을 공부하였으나, 어느 날 신을 버리고 악마 메피스토텔레스를 불러내어 자신의 영혼을 악마에게 주는 대가로 24년 간 현세의 쾌락을 마음껏 누린다는 계약을 혈서로 맺었다. 악마는 검은 개로 둔갑하여 그를 섬기면서 음악으로 관능의 기쁨을 일깨워 준다. 그리고 여행을 떠나 로마 교황과 이슬람교의 술탄을 방문하여 그들의 위선을 폭로하기도 하고, 독일 황제와 안하르트 백작의 궁정에서는 여러 가지 불가사의한 일들을 보여주기도 한다. 그리스 전설의 미녀 헬레나와 결혼하여 자식 하나를 얻지만 드디어 계약 기간이 끝나는 날 밤, 파우스트는 회한의 눈물을 흘리며 비참하게 죽어간다는 이야기이다.

사탄은 한 인간을 자신의 수중에 넣기 위해 세상의 부귀와 영화를 동원하여 유혹한다는 것을 알 수 있다. 이에 대해 우리는 믿음을 굳게 하여 적극적으로 사탄에 대적하라고 성경은 가르친다. 그런데 사탄은 힘을 바탕으로 우리를 무조건 쓰러지게 하려고 하지도 않는다. 때로는 그리스도로 위장하고 광명의 천사로 위장하여 나타나기도 한다. **마치 헬리코박터균이 산도가 강한 위벽에 살기 위해서 스스로 효소를 만들어 자기 주위의 위산을 중화시켜 살아가듯이 우리가 살아가는 다양한 삶의 모습 속에서 적절히 변신을 하여 우리로 하여금**

유혹에 빠지게 한다.

사탄은 구제와 자비라는 선한 모습으로 우리에게 다가오기도 하고, 때로는 종교의 이름으로 많은 사람들을 구원에 이르지 못하게 한다. 또 때로는 인본주의라는 모습으로 인간의 존엄성을 위해 싸우는 것처럼 위장하지만 결국 하나님으로부터 멀어지게 만든다. 때로는 정의라는 이름으로 자신을 위장하여 사회의 부조리와 부패에 맞서는 것처럼 보여 자신을 따르게 한다. 그리고 주님의 몸인 교회 가운데에도 들어와 성도들 간에 마음을 분열시키고 신앙의 삶에 대해 회의를 느끼게 하여 이름뿐인 크리스천으로 주저앉게 만든다. 그렇기 때문에 영적으로 깨어 있지 않으면 마귀의 술수에 넘어가고 말 것이다.

우리는 거짓을 분별하며 말씀을 통해 하나님께서 어떻게 우리에게 지시하시는가를 바라보고 주님의 뜻에 충실해야 한다. 그리고 예수 그리스도의 십자가와 부활신앙에 굳게 서서 흔들리지 않아야 하고, 우리의 믿음이 그리스도의 장성한 분량에 이르기까지 성숙해야 한다. 이를 위하여 기도하며 사탄과의 싸움에서 이미 승리하신 주님의 힘으로 오늘도 담대하게 살아가기를 소원한다.

레이건 대통령도 앓았던 알츠하이머형 치매

– 내 영혼이 하나님만은 결코 잊지 않게 하라

■ 로널드 레이건 전 미 대통령

미국의 영화배우였던 로널드 레이건은 캘리포니아 주지사를 거쳐 미국 역사상 가장 고령의 나이인 69세에 대통령으로 당선되어 1981년부터 1989년까지 8년 동안 미국의 제 40대 대통령으로 봉사했고, 퇴임할 때 가장 인기 있는 대통령이었다. 두 번의 대통령 임기를 마치고 퇴임한 후 82세가 되던 1994년 11월 5일, 그는 쇠약해진 몸으로 담화문을 발표했다.

"내가 알츠하이머병에 걸렸다는 사실을 여러분들에게 알림으로써 이 병에 대한 보다 많은 관심이 유발되기를 진심으로 바랍니다. 이렇게 함으로써 이 병으로 고생하는 환자와 그 가족들에 대한 이해를 높일 수 있을 것입니다." 그리고 "마지막으로 나에게 이 나라의 대통령으로서 일할 수 있었던 큰 영광을 준 여러분들께 감사드립니다. 언제일지 모르나 하나님께서 당신의 집으로 나를 부를 때, 나는 조국에 대한 깊은 사랑과 조국의 장래에 대한 영원한 희망을 가지고 떠날 것입니다. 이제 나는 내 인생의 황혼기로의 여행을 시작합니다"라고 발표를 하고서 투병의 자리로 돌아갔다.

그로부터 10년 후인 2004년 6월 5일, 합병증인 폐렴으로 그의 생을 마감하며 미국 캘리포니아 주 시미밸리의 '로널드 레이건 대통령 기념 도서관' 내의 작은 잔디밭에 묻혔다. 알츠하이머병은 치매의 일종인데 우리 나라에서는 예로부터 나이가 많아 사리 판단을 못하면 노망이라고 생각해 왔다. 치매는 전반적으로 인지 기능의 저하를 가져오고 정서 및 성격의 장애를 일으켜 사회 생활뿐만 아니라 일상적인 생활도 힘들어지게 한다. 치매는 크게 나누어 알츠하이머형 치매와 혈관성 치매, 그리고 여러 요인에 의해 치매가 발생하는 기타의 경우로 나누어진다.

정신적 황폐-알츠하이머형 치매

알츠하이머형 치매는 전체 치매의 50퍼센트 정도를 차지하며 유전적인 요인에 의해 일찍 발병하는 경우도 있는데, 대체적으로는 노인층에서 많이 발생한다. 환자의 뇌를 살펴보면 신경세포가 서서히 죽어서 대뇌 피질이 위축됨과 아울러 뇌실의 확장이 나타난다. 현미경으로 뇌 신경세포를 관찰하면 신경 안에 섬유 단백질의 엉킴 현상이 나타나고, 신경세포 밖에는 아밀로이드 단백질이 침착되어 발생하는 섬유총과 아밀로이드성 혈관증이 나타난다. 아밀로이드 단백질을 자르는 효소 가운데 알파, 베타, 감마 시크리테이즈(secretase)가 있는데, 정상적으로는 알파 효소가 작용한 다음 감마 효소가 작용하는 반면, 알츠하이머병 환자의 경우 베타 효소가 먼저 자르고 이어서 감마 효소가 작용함으로써 독성을 지닌 Aβ펩타이드가 생성되어 세포를 점차 죽이는 것이다.

그와 반면에 혈관성 치매는 전체 환자의 약 20-30퍼센트를 차지하는데 고혈압, 당뇨, 동맥경화, 심장 질환, 고지혈증 등 뇌졸중의 위험 인자를 지닌 환자들이 적절한 치료를 하지 않고 지내는 경우 뇌혈관 치매 현상이 나타나기 쉽다. 즉 뇌로 혈액이 원활하게 공급되지 않아 뇌의 일부분이 산소와 영양분의 고갈로 사멸되므로 발생한다. 그 외에 뇌가 충격을 받거나 종양이 발생한다든지 혹은 일산화탄소나 알코올에 중독되어 뇌세포가 영향을 받는 경우에도 치매 증상으로 발전되는 경우가 있다.

치매에 걸리면 점차 기억력이 나빠지게 되고, 과거의 일은 기억하고 있으나 최근에 보고 배운 것들은 쉽게 잊어버린다. 건망증은 약간의 힌트만 주면 금방 기억해 내지만 치매는 기억의 상실로 나타난다. 그래서 집주소나 전화번호 등을 잊어 버리거나 시간과 장소, 사람 등에 대해 잘 기억을 하지 못해 자신의 집도 찾아 오지 못하게 되기도 한다. 증상이 악화되면 자신의 가족도 알아 보지 못하고 나중에는 자신이 누구인지도 인식하지 못한다.

또한 성격도 변하게 되는데 얌전한 사람이 난폭해지거나 수치심이 사라져 옷을 함부로 벗는 행동도 한다. 언어장애가 일어나 발음이 불분명해지고 경우에 맞지 않는 엉뚱한 단어를 꺼내서 주위 사람들로 하여금 당황하게 만든다. 그리고 자신의 의견과 다른 얘기를 들을 때 자기에 대해 공격하는 것으로 생각하여 화를 내기도 한다. 때로는 물건을 자주 잃어버리면서 도난 당한 것으로 생각하여 집의 식구가 돈을 훔쳤다고 착각하여 야단치기도 한다. 다른 사람을 의심하는 증상이 심해지고 이어서 환각, 환시 등을 경험하고 불면의 고통을 당한다. 이렇듯 치매에 걸리면 살아오면서 경험하고 배웠던 소중한 기억들을 모두 잃어버리고 그 동안 이루었던 좋은 인간 관계뿐만 아니라

고지혈증 : (高脂血症)[—쯩]【명사】『의』 혈액 중에 콜레스테롤이나 트리글리세리드 등의 지방질이 정상보다 높은 증세. 고지방 혈증.

본인의 정체성도 잃어 버리는 정신적 황폐를 경험하게 된다.

모든 것을 잊어도 하나님은 잊지 말라

신앙의 삶에서도 치매를 경험한다. 영적 기억상실증에 걸린 사람들이 우리의 주위에 많이 있다. 내가 이 땅에서 이 시대를 살아가도록 하신 분이 하나님임을 알아야 하는데, 이를 기억하지 못하고 내가 잘나서 살아가는 줄로 착각하는 사람들이 있다. 또 내가 가정과 직장 그리고 이 사회의 한 구성원으로서 인정 받고 정상적인 삶을 영위하는 것이 전적으로 하나님의 은혜 때문임을 알지 못하고 나의 능력과 노력으로만 이룩한 것으로 생각하는 사람들이 있다. 뿐만 아니라 우주 만물이 모두 저절로 우연히 생겨났다고 믿으며, 하나님께서 천지 만물을 창조하시고 지금도 우주를 통치하고 계심을 잊어버리고 인정하지 않는 사람들이 참으로 많다. 우리를 사랑하셔서 우리의 삶에 개입하시고 최선의 길로 인도하시길 원하시는 하나님을 잊어버리고 하나님으로부터 멀리 떠나 내 마음대로 살길 원하는 사람들이 있다. 허물 많은 우리가 죄로 인해 영원히 멸망당하는 것을 차마 보지 못해 하나님께서 인간의 몸을 입고 이 땅에 오신 예수님에 대해 기억하지 못하고, 눈 앞의 삶에 당장 필요한 돈이나 개인적 명예를 인생의 우상으로 삼고 살아가는 사람들도 있다.

하지만 **하나님은 내 영혼의 기억이 허망한 것에 가리워 하나님을 인식하지 못하고 내 기분대로 살아가길 원치 않는다. 온 정신을 집중해서 하나님을 또렷하게 기억하며 살기를 원하신다.** 영적 치매에 걸려 하나님을 알지도 못하고 영화롭게도 하지 않는 삶을 원치 않으시는 것이다. 오늘 이 순간에도 주님께서 베풀어 주신 수 많은 은혜를 기억하며 감사하는 삶이 되길 소망한다.

호르몬의 조화가 왜 중요할까?

- 튼튼한 신앙인은 시험을 이겨내면서 만들어진다

얼마 전 교회 장로님께서 갑자기 입원을 하셨다. 너무나 복통이 심해 병원 응급실로 갔다가 췌장에 염증이 생겼음을 발견하고 급하게 수술을 받았다. 얼마 전부터 소화가 잘 안 되고 저녁 식사량이 많으면 속이 거북해서 잠을 잘 이루지 못했다고 한다. 그런데 알고 보니 췌장에 담석이 생겨 염증이 생기고 부풀어 올라 대단히 위험한 상황이 되었었다고 한다.

췌장, 그 중요한 기능

췌장은 소화작용에 중요한 역할을 하는데, 그 이유는 췌장으로부터 중요한 소화 효소가 분비되기 때문이다. 췌장은 15cm 정도 크기의 기관인데, 위의 뒤쪽에 위치하고 있으면서 관으로 십이지장에 연결이 되어 있다. 췌장에서 분비되는 췌장액은 하루 평균 700mg 정도 되며, 산도가 8.5 정도인 알칼리성 용액이다. 우리가 음식을 먹으

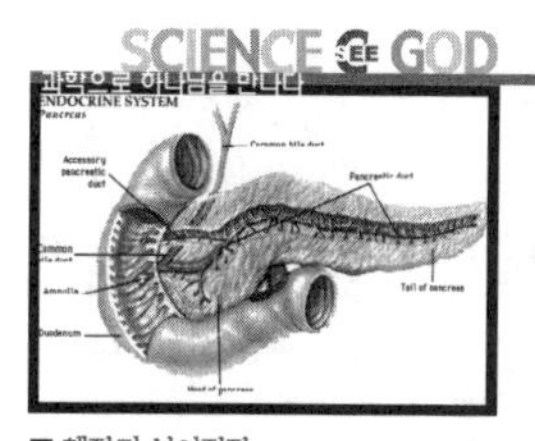

■ 췌장과 십이지장

면 위에서 분비되는 위산이 섞이면서 음식물이 산성화되어 십이지장으로 내려온다. 이때 췌장에서 분비되는 알칼리성 용액으로 인해 중화가 되고 췌장에서 분비된 소화 효소들은 산성이 강한 상태에서는 작용을 못하다가 산도가 약화되면서 활기를 띠고 음식을 분해하는 것이다.

과학으로 하나님을 만나다 SCIENCE SEE GOD

아밀라아제 : 아밀라아제 [amylase] 다당류를 가수분해하는 효소.

트립신 : [trypsin]이자액에서 분비되는 단백질 분해효소.

리파아제 : [lipase] 지방을 지방산과 글리세롤로 가수분해하는 효소

췌장에서 분비되는 소화 효소로는 아밀라아제(amylase), 트립신(trypsin), 리파아제(lipase) 등 약 20여 종류에 이르며, 음식물을 구성하는 탄수화물, 단백질, 지방 등을 분해하는 데 필요한 효소들이다. 이들 소화 효소들이 만들어지는 장소인 췌장에서는 활성이 없는 상태로 있다가 십이지장으로 분비되어 작은 창자로 가면서 활성을 띠게 된다. 그래서 작은 창자에서 효소작용을 하고 췌장에서는 작용하지 않는데, 그 이유는 췌장에서 효소의 활성을 막는 물질을 분비하여 췌장이 상하는 일이 일어나지 않게 하기 때문이다.

그렇지만 췌장에서는 작용하지 말아야 될 효소들이 췌장에서 활성을 가지고 작용하게 되면 염증이 발생하게 된다. 췌장에서는 소화 효소가 분비될 뿐만 아니라 혈당의 농도를 조절하는 중요한 호르몬도 분비하는데, 인슐린과 글루카곤이라는 호르몬을 분비한다. 췌장 내에 랑게르한스섬으로 불리는 조직이 있는데, 이곳에서는 글루카곤이라는 호르몬과 인슐린이 분비된다. 그런데 이 혈당이 항상 일정하게 유지되어야 하는 이유는 우리 몸의 모든 조직과 세포가 포도당을 일차적인 에너지원으로 사용하기 때문이다. 그래서 혈액을 통해 공급되는 포도당이 100ml당 90mg 정도 유지되어야 하는데, 이를 조절하는 호르몬이 바로 췌장에서 분비되는 두 종류의 호르몬이다.

과학으로 하나님을 만나다 SCIENCE SEE GOD

인슐린 : 인슐린(insulin)【명사】『화』 췌장으로부터 분비되는 호르몬의 하나. 체내의 글리코겐을 증가시키며, 혈당(血糖)을 감소시키므로 당뇨병의 치료에 씀.

글루카곤 : [glucagon] 인슐린에 수반하여 척추동물의 이자에 있는 랑게르한스섬의 α세포에서 분비되는 호르몬

랑게르한스섬 : [Langerhans islets] 이자 내에 섬[島] 모양으로 산재하는 내분비선 조직

글리코겐 : (glycogen)【명사】『화 · 생』 동물의 간장 · 근육 등에 함유되어 있는 함수 탄소의 하나《동물의 에너지 대사(代謝)에 중요한 물질》. 당원질(糖原質).

혈당이 정상보다 떨어지면 글루카곤이 분비되어 간에서 글리코겐이라는 포도당 중합체를 분해하여 혈액으로 나오게 한다. 그러나 음

식을 먹은 후에 혈당의 양이 많아지면 인슐린이 작용하여 혈액 내 남는 포도당을 간이나 근육에서 글리코겐으로 합성하게 하여 포도당을 저장하고, 또한 우리 몸의 세포들로 하여금 포도당을 효과적으로 흡수하게 하여 혈당의 농도를 떨어뜨리게 된다. 그래서 글루카곤과 인슐린이 서로 반대의 작용을 하면서 혈액 내 포도당의 농도를 일정하게 유지시켜 주는 역할을 한다.

그런데 호르몬의 이러한 균형이 깨어질 때 병이 발생하고, 그 중의 하나가 당뇨병이다. 인슐린을 합성 분비하는 췌장의 세포가 자가면역반응으로 인해 우리 몸에서 생산되는 항체의 공격을 받아 죽게 되면 인슐린의 생산이 멈추게 되므로 혈당이 높아질 때 이를 감소시키지 못하므로 소변으로 배출시켜 버리는 것이다. 이런 경우에는 인슐린 주사를 정기적으로 맞음으로 부족한 호르몬을 보충해 주어 혈당을 조절하게 된다. 그리고 인슐린이 분비되어 정상적인 농도를 유지하더라도 우리 몸의 세포가 인슐린에 대해 반응을 하지 못할 경우에도 당뇨병이 생기게 된다. 이 경우는 유전성으로 인슐린에 반응하여 신호를 생성하는 수용체의 유전자에 이상이 생겨 나타나기도 하며, 또는 인슐린 수용체로부터 세포 안으로 신호 전달이 일어날 때 많은 단백질 인자들이 관여하는데 이중에 하나라도 기능을 제대로 하지 못하면 당뇨병이 된다.

이런 제 2형 당뇨병의 경우 전체 당뇨병 환자의 약 90퍼센트를 차지하고 있고, 비만과 연관이 되어 있을 것으로 보인다. 그래서 유전적인 요인으로 당뇨병이 오는 경우, 당분 섭취는 조절하고 반면에 식이섬유를 많이 섭취할 뿐만 아니라 지방과 염분은 적게 섭취하는 등 식이요법이 필요하다. 이렇게 인슐린 호르몬 시스템의 기능이 저하되어 나타나는 당뇨병이 있는 반면에 인슐린이 과다 분비되는 경우에는 혈당량이 정상보다 너무 아래로 떨어지게 되어 저혈당증을 유발하게 된다. 저혈당증은 대개 식사 후 2~4시간 사이에 일어나는데, 심한 허기를 느끼고 무기력증, 발한, 불안함 등을 수반한다. 이것이 심해지면 뇌로 공급되는 포도당의 양이 충분하지 못하므로 뇌세포가 작용을 못해 혼수상태에 빠지거나 죽을 수도 있다.

췌장에서 분비되는 인슐린과 글루카곤은 우리 몸의 항상성을 유지하는데 대단히 중요한 역할을 수행하고 있다. 하나의 호르몬은 혈당을 떨어뜨리고 다른 호르몬은 혈당을 올리는 작용을 하지만 결국은 우리 몸에서 적절한 혈당을 유지하여 건강하고 정상적인 활동을 가능케 한다. 두 호르몬의 조화로운 균형을 통해 건강을 유지하는 것이다.

우리의 신앙을 건강하게 만드는 것

마찬가지로 우리의 신앙생활에도 당장에는 힘들고 고달파도 결국은 우리의 신앙을 건강하게 만드는 것이 있다. 야고보서 1장 2-4절을 보면 "내 형제들아 너희가 여러 가지 시험을 만나거든 온전히 기쁘게 여기라 이는 너희 믿음의 시련이 인내를 만들어내는 줄 너희가 앎이라 인내를 온전히 이루라 이는 너희로 온전하고 구비하여 조금도 부족함이 없게 하려 함이라"고 했다. **우리에게 시험이 올 때 적절하게 대처하는 것이 필요하다. 시험을 두려워해서 소극적으로 피할 필요도 없고 별 것 아니라고 생각하여 나중에 큰 코 다치는 일이 없도록 적절한 균형 감각이 필요하다.**

시험은 우리를 단련시키고 더 강한 믿음의 사람으로 만들기 위한 훈련으로 생각하고 기뻐하라는 것이다. 물론 우리의 의지가 약하고 성품의 약점이 있어 사탄과 세상의 유혹에 넘어가는 것을 경계해야 한다. 유혹에 빠지게 하는 것은 우리의 신앙을 무력화시키고 좌절케 함으로써 능력 있는 삶을 살지 못하게 하려는 것이다. 그래서 주님이 주신 비전을 이루어가지 못하게 하는 사탄의 공작이라고 할 수 있다. 하지만 우리를 단련시키고 성숙하게 만드는 시험은 결국 나의 삶에서 주님의 모습이 드러나도록 돕는 것이다.

내가 중고등학생이었을 때 가장 괴로운 것이 매달 시험치는 것이었고, 대학에 다닐 때에는 중간고사, 기말고사, 퀴즈, 레포트 작성 등이 줄을 이어 졸업을 할 때까지 계속되는 부담이었다. 시험을 준비할 때에는 하고 싶은 일, 놀고 싶은 일, 모두 뒤로 미루어야 하고 잠도 줄여야 했다. 물론 즐거운 일은 아니었지만 시험 때문에 공부를 해야 했고, 그렇게 했던 공부가 쌓여서 지식이 되고, 오늘날 내가 사회에서 일할 수 있게 된 밑거름이 되었다.

신앙생활을 하다 보면 우리를 힘들게 하는 어려움이 지속적을 찾아온다. 하지만 어려움이 올 때마다 주님을 의지하는 법을 배우게 되고 주님께 시선을 맞추는 훈련을 하게 된다. 삶에 어려움과 시험이 있지 않으면 신앙은 힘을 잃고 만다. 우리의 신앙이 정금과 같이 연단되는 것은 우리가 힘들게 생각하는 시험이 있기 때문이다. 우리는 신앙의 힘으로 우리에게 다가오는 어려움을 이겨 나가고 이런 시험을 극복함으로써 더욱 견고한 신앙으로 성장하여 더 큰 시험이 오더라도 이겨낼 수 있는 능력의 사람으로 변해 가야 한다. 열심히 기도하고, 말씀을 공부하고, 봉사하고, 나의 삶을 베풀고 나누는 적극적인 신앙의 모습도 필요하다. 이와 아울러 **시시때때로 찾아 오는 시험에 대해 아파하고 힘들어 하지만 이를 극복해 나가는 과정에서 서로 조화를 이루어 점차 아름답고 튼튼한 신앙으로 변하게 되는 것이다.**

두 가지 호르몬의 상반되는 작용을 통해 우리 몸의 생리적 균형을 유지해 주듯이 신앙의 삶에서도 믿음으로 행하는 삶과 힘든 시험을 이겨내는 인내의 삶을 통해 건강한 신앙인으로 자라게 한다. 우리의 삶 속에서 어떤 어려운 시련이 닥칠지라도 두려워하지 않고 오히려 담대하고 지혜롭게 이겨나가며, 이를 통해 더욱 적극적인 믿음으로 단련되어 신앙의 거목들이 되기를 소원해 본다.

사람의 뇌 그 이상의 컴퓨터를 만들 수 있을까?

– 사람이 저절로 만들어지지 않았다는 분명한 증거: 두뇌

뉴욕을 가보면 대부분의 대도시들이 그렇듯이 자정이 넘어도 여전히 차들이 움직이고 많은 상점이 열려 있다. 또 사람들이 들락날락거리고 사무실에서는 전화와 팩스 소리가 요란하다. 비록 낮 시간만큼은 아니지만 밤은 깊어도 도시는 쉼 없이 움직이고 있다.

컴퓨터와 비교할 수 없는 뇌의 기능

마찬가지로 사람의 두뇌도 쉬지 않고 작용하고 있다. 우리가 자고 있는 동안에도 뇌의 신경망은 필요한 기능을 완벽하게 수행하고 있기 때문에 호흡도 하고 혈액 순환도 이루어진다. 사람의 두뇌는 약 천억 개의 신경세포로 구성되어 있다. 하나 하나의 신경세포는 마치 컴퓨터의 칩과 같은 역할을 한다. 그러나 컴퓨터와는 비교도 되지 않을 만큼 복잡하고 교묘한 기능을 수행하고 있다. 신경세포 하나를 살펴보면 유전 정보가 들어 있는 핵이 있고, 생화학적인 대사와 합

수상돌기 : (樹狀突起) 『생』 신경 세포에 있는 돌기의 하나. 외부로부터 흥분(興奮)을 받아들이는 작용을 함. 원형질돌기(原形質突起). ↔축색 돌기(軸索突起).

축색(axon) : (軸索突起) 『생』 신경 세포의 두 가지 돌기(突起) 중에, 흥분을 원심적(遠心的)으로 전도하는 구실을 하는 것. 신경 돌기. ↔수상 돌기. [참고]신경 섬유.

시냅스(synapse) : [synapse] 한 뉴런의 축색돌기 말단과 다음 뉴런의 수상돌기 사이의 연접 부위.

성을 수행하는 여러 기관들이 존재하는 세포체가 있다.

그리고 일반 세포와는 달리 세포체에 수많은 가지들 즉 수상돌기(dendrites)가 달려 있으며 이중에 한 가지는 다른 가지에 비해 길이가 긴 축색(axon)이라고 불리는 가지가 있다. 축색은 마치 전기를 흐르게 하는 전선과 같은 역할을 하면서 다른 세포로 정보를 전달한다. 세포체에 달린 많은 가지들은 다른 신경세포들로부터 정보를 수용하는 기능을 가지는데, 이 정보들이 세포체에 모이면 세포체에서 정보들을 종합한다. 종합된 최종 신호는 축색을 따라 흐르며 다른 신경세포나 내분비 세포 또는 근육 세포 등으로 신호를 보낸다. 축색의 길이는 대개 수십 혹은 수백 ㎛(주: 마이크로미터=미터의 백만분의 일)인데, 운동신경의 경우는 1미터가 넘는 것도 있어 자기 세포체 길이의 10만 배에 해당하는 먼 거리에 정보를 전달하기도 한다.

이렇게 긴 가지를 가지고 있는 것은 위에서 언급했듯이 멀리 떨어져 있는 목적지에 정확한 정보를 전하기 위함이며, 아무렇게나 연결되는 것이 아니라 원하는 세포와만 연결되어 독특한 신경망을 형성한다. 축색은 길게 뻗어나가 다른 신경세포체에 있는 수상돌기들과 연결을 이루는데, 이를 시냅스(synapse)라 하며 하나의 축색이 여러 개의 끝으로 나뉘어져 약 1,000여 개의 시냅스를 이룬다. 이 시냅스는 두 신경세포의 가지 끝이 완전히 융합된 것이 아니라 20nm(주: 나노미터 = 미터의 일억 분의 일)의 아주 작은 간격으로 떨어져 있는데, 전기적 신호가 축색을 따라 흘러 말단에 오면 축색의 말단에서 신경 전달 물질이 분비되고 분비된 신경 전달 물질은 시냅스의 좁은 간격을 헤엄쳐 건너서 신경세포 가지의 세포막에 있는 수용체에 결합하여 정보를 전달한다. 마치 연락병이 대기하고 있다가 명령이 떨어지면 비밀문서를 휴대하고 다른 부대로 가서 정확하게 작전 명령을 전달하듯이, 축색의 말

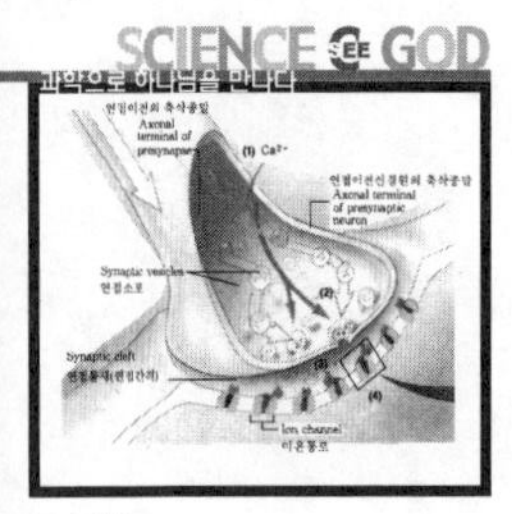

■ 스냅스

단에는 지질막으로 둘러싸인 분비포 안에 신경 전달 물질이 대기하고 있다가 전기적 신호가 도착하면 신경 전달 물질이 세포 밖으로 분비되어 시냅스의 간격을 가로질러 다음 세포에 신호를 전달하게 된다.

이러한 신경 전달 물질의 분비가 세밀하게 조절되어야 정상적인 정신 작용을 할 수 있다. 신경 전달 물질이 너무 많이 혹은 적게 합성되고 분비되면 심각한 정신병에 걸릴 수 있다. 우울증이나 정신분열증도 시냅스에 분비되는 신경 전달 물질의 균형이 깨어져 발생하게 된다. 우리의 뇌에서는 하나의 신경세포가 자신이 가지고 있는 수많은 가지들에 형성되어 있는 시냅스를 통해 수천 혹은 수만의 정보를 받아들이게 된다. 그리고 이를 종합하여 전기적 신호로 바꾼 다음 축색을 따라 보냄으로써 많은 다른 신경세포들을 자극하는 또 다른 시냅스를 이루고 있다.

이러한 시냅스는 우리의 뇌에 적어도 10^{14}개 이상 존재하며 이들이 서로 다양하게 연결될 수 있는 경우의 수는 상상하기 힘들 정도로 크다. 이는 아무리 큰 컴퓨터라 할지라도 뇌에 존재하는 시냅스 회로망의 복잡함과는 비교가 될 수 없다. 조그만 방에 수천억 개의 전선이 뒤엉켜 있음에도 불구하고 누전이 일어나지 않고 간섭을 받지 않는다는 것은 기적일 것이다. 그런데 이보다 더 복잡한 신경회로망이 뇌 속에 존재하지만 정확하게 신호를 주고받으며 움직인다. 이렇게 복잡한 회로가 저절로 생겨날 수 있다는 것은 상상하기 힘들고, 또 이렇게 복잡 미묘한 회로망이 정보처리를 정확하면서도 적절하게 하고 있는 것을 볼 때 하나님의 솜씨에 감탄하지 않을 수 없다.

정교한 신경회로망

그런데 신경회로망의 구성원인 신경세포가 죽어가고 신경망 체계에 구멍이 나면, 자발적 움직임이 서툴게 되고 몸의 균형을 잡을 수 없는 파킨스병이나 점차 기억을 상실하여 심지어 자기의 자녀조차도 알아보지 못하는 알츠하이머병과 같은 퇴행성 정신질환을 앓게 된다. 그리고 두뇌에는 신경망뿐만 아니라 산소와 영양분을 공급하는 복잡한 혈관 조직이 있는데, 그 구조가 몸의 다른 조직과는 다르다. 말초 조직에서는 혈액 속의 여러 영양분과 산소 등이 혈관으로부터 조직으로 이동하며 조직의 대사 노폐물은 다시 혈액으로 들어가는 작업이 쉽게 일어나지만, 뇌에서는 혈액 속의 물질들이 뇌 조직으로 쉽게 들어갈 수 없도록 구조가 되어 있고 뇌에서는 필요한 것들만 선택적으로 받아들인다. 왜냐 하면 혈액에 있는 각종 물질들이 신경 작용에 영향을 미칠 수 있기 때문이다. 특히 아미노산 가운데 신경 전달 물질로 작용될 수 있는 것들이 있기 때문에 이들이 그냥 뇌로 침투하면 신경 정보의 흐름이 교란을 받아 엄청난 재앙을 일으킬 수 있다.

아미노산 : (amino酸)【명사】『화』 단백질의 가수 분해에 의하여 생기는 유기 화합물의 총칭《아미노기 및 카르복시기를 지니며, 글리신 · 아스파라긴 · 리신 등이 있음》.

신경망은 신경세포들 간에 신경 전달 물질을 주고받으며 정보를 교환하는데, 이것이 시간적 · 공간적으로 잘 조절된 상태에서 일어나야 한다. 그런데 혈액에 있는 아미노산들이 마구 흘러 들어오면 이들이 신경세포를 자극하여 혼란이 일어나게 된다. 이러한 정교한 구조와 조직으로 만들어지지 않았다면 식사만 하고 나면 혈액 내 아미노산의 농도가 높아지게 되고 이로 인해 모두들 미친 사람처럼 행동할 것이고 사회는 수습할 수 없는 난국에 빠질 것이다. 따라서 하나님의 세밀한 설계가 아니었다면 정돈된 사고와 논리 전개는 찾아볼 수 없을 것이며, 사회는 거대한 정신병동이 되었을 것이다.

그리고 신경조직에는 신경세포뿐만 아니라 신경 조직을 지탱하여 주며 신경세포에 여러 대사 물질을 공급하고 조절하는 교질세포(glial cells)들이 있다. 이들 가운데는 신경세포의 정보 전달을 담당하는 축색의 바깥을 여러 겹의 지질막으로 둘러싸서 절연체 역할을 하여 전기적 신호의 누수를 방지하고 신호가 축색 말단까지 효과적으로 전달되게 하는 세포도 있다. 마치 전선을 고무 피복으로 입혀 누전을 방지하듯이 이러한 역할을 담당하는 세포가 신경 조직에는 존재하는 것이다.

그리고 우리 몸의 신경망은 중추신경으로부터 몸의 구석구석에 이르기까지 말초신경과 연결되어 있어 통일된 조절 작용을 받도록 되어 있으며, 신경 정보에 따라 몸 전체가 조화로운 움직임과 작용을 하게 된다. 중추신경은 뇌와 척수로 구성되어 있는데, 뇌는 사령부의 역할을 맡아 몸의 모든 정보를 받아 분석 및 종합 처리를 하여 적절하게 대처하도록 명령을 내리고 몸의 평형을 유지하도록 한다. 그리고 척수는 마치 뇌에 대해 훌륭한 비서실 역할을 한다. 즉 뇌로 올라오는 많은 정보를 상황에 따라 선별하여 보내고, 일상적인 정보는 스스로 처리하며 긴박한 상황이 갑자기 닥쳐올 때도 이를 맡아 우선 처리하고, 보다 높은 수준에서 처리를 필요로 하는 것들은 뇌로 보낸다.

그리고 이러한 중추 신경계의 작용에 따라 말초신경이 명령을 받고 말초신경은 몸의 각종 기관을 조절한다. 우리 몸의 모든 조직이 중요하고 이들의 기능에 손상을 입으면 죽을 수밖에 없지만, 이중에서도 신경 조직은 가장 중요하다고 할 수 있다. 신경계가 있으므로 우리는 김이 모락모락 나는 찐빵의 냄새를 맡을 수 있고 그 맛을 감지 할 수 있다. 그리고 부드러운 모피 옷의 감촉도 느낄 수 있고, 내

교질세포(glial cells) : 신경세포 사이에서 접착제와 같은 역할을 한다고 여겨 이름이 붙여짐.

중추신경 : 중추 (中樞) [명사] 1. 사물의 중심이 되는 중요한 부분이나 자리. 심수(心髓). ¶ 중추 기관./ 중추적인 역할./사회의 중추를 이루다. 2. 한가운데. 3. 〈신경 중추〉의 준말

가 가장 사랑하는 어머니의 모습과 음성을 식별할 수 있으며, 내가 좋아하는 노래를 따라 부를 수 있는 것이다.

그리고 신경계의 작용이 있기 때문에 사람마다 독특한 성격을 가지며 서로 다른 사고 체계를 가진다. 우리가 미래에 대해 꿈을 꾸고, 계획하고, 일하고, 놀고, 배우고, 기이한 일에 대해 경이롭게 생각하며, 새로운 것을 궁구하는 모든 정신 작용이 신경계의 뒷받침이 있어야 한다. **이렇게 복잡하고 정교한 신경 조직이 우연히 생겨났다고 믿는 것은 억지다. 그렇게 복잡한 구조 가운데 작은 부분만 고장이 나도 정상적인 사람으로서 생활할 수 없을 정도로 치명적이다.**

저절로 만들어질 수 없는 너무나 완벽한 신경망

■ 반도체 칩이 모래에서 저절로 진화하여 회로가 될 수 없듯 뇌가 저절로 진화했다고 보는 것은 억측이다.

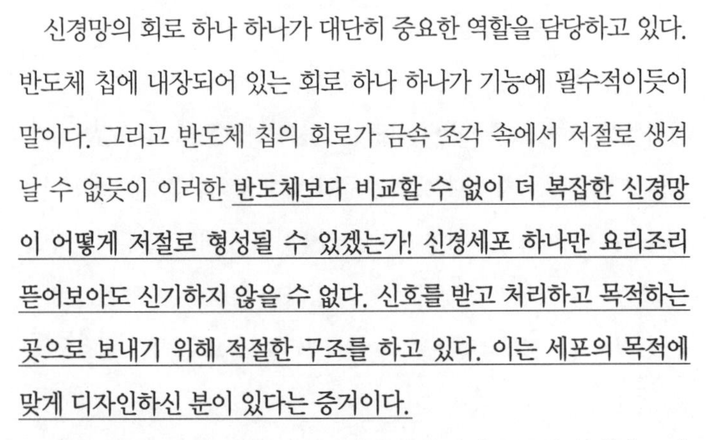

신경망의 회로 하나 하나가 대단히 중요한 역할을 담당하고 있다. 반도체 칩에 내장되어 있는 회로 하나 하나가 기능에 필수적이듯이 말이다. 그리고 반도체 칩의 회로가 금속 조각 속에서 저절로 생겨날 수 없듯이 이러한 **반도체보다 비교할 수 없이 더 복잡한 신경망이 어떻게 저절로 형성될 수 있겠는가! 신경세포 하나만 요리조리 뜯어보아도 신기하지 않을 수 없다. 신호를 받고 처리하고 목적하는 곳으로 보내기 위해 적절한 구조를 하고 있다. 이는 세포의 목적에 맞게 디자인하신 분이 있다는 증거이다.**

건물이 신축될 때 앞으로 쓰여질 용도에 따라 구조를 설계하고 건축한다. 아무런 생각 없이 마구잡이로 일단 지어놓고 나중에 알아서 사용하자는 사람은 없을 것이다. 호텔이면 호텔의 용도에 맞게, 백화점이면 상품의 진열과 판매가 용이하도록 지을 것이고, 공장 건물은 어떤 물건을 제조하는가에 따라 기계들의 적절한 배치를 고려하여 건축할 것이다. 세월이 가니까 돌과 흙이 모여 건물이 저절로 만들어졌다라고 할 수 없을 것이고, 또 건물을 짓다보니 공장이 되고 아파트가 되고 학교가 되었다라고 말할 수 없을 것이다. 다시 말해서 설계자가 있고 건축자가 있다는 말이다.

우리 몸의 세포들도 그 조직의 기능에 따라 적절한 모양을 가지며 효과적인 작용을 위해 독특한 구조를 하고 있다. 각양각색의 세포들이 모여 각자가 고유한 임무를 수행함으로서 통일된 개체의 특성을 나타내게 된다. 그럼에도 불구하고 산소, 수소, 질소, 탄소 등이 오랜 세월을 통해서 저절로 모여 유기물과 세포로 만들어지고 신경세포의 독특한 구조로 형성되고 수천억의 신경회로가 저절로 되었다고 말하는 것이 얼마나 무리인가를 조금만 생각해봐도 알 수 있다. **수많은 종류의 세포를 각각의 기능에 맞게 설계하시고 창조하신 하나님의 손길을 인정하지 않을 수 없다.** 나로 하여금 정상적인 정신 작용과 삶을 누릴 수 있게 하시고 특별히 하나님의 존재를 깨닫게 하시며 믿게 하신 창조주 하나님께 감사와 영광을 드린다.

너희가 눈물의 기능을 아느냐?

– 마음을 표현하는 데 인색하지 말라

■ 영화 〈벤허〉

찰톤 헤스톤의 눈물

서기 26년, 로마 제국 시대에 로마의 속국 유대 나라 예루살렘에서 살고 있던 벤허(Judah Ben-Hur)는 이스라엘의 제일가는 유대인 귀족이었다. 로마의 장군이 된 벤허의 옛친구 멧살라(Messala)는 이스라엘 주둔 사령관으로 오게 되면서 벤허에게 로마 정부에 항거하는 반란자들을 색출하는 데 도움을 달라고 요청한다. 아무리 친구의 부탁이지만 자신의 동족을 팔아 넘길 수 없는 벤허는 친구의 제안을 거절하고 이로 인해 우정에 금이 가기 시작한다. 벤허에 대해 앙심을 품은 멧살라는 유대인 반란에 대해서는 무자비하게 응징한다는 사실을 보여 주기 위해 단란한 벤허의 가정을 완전히 파괴해 버리고 만다.

어느 날 이스라엘에 새로운 총독이 부임해 오는데, 신임 총독의 부임 축하 행진을 옥상에서 구경하던 벤허의 여동생, 틸자(Tirzah)의 실수로 기왓장이 떨어져 총독이 낙마하는 사건이 벌어진다. 기와를 붙인 석회가 부스러져 일어난 우발적인 사건임을 알지만 멧살라는 이를 총독 암살사건으로 몰아간다. 그래서 벤허의 어머니 미리암(Miriam), 누이 동생 틸자, 연인 에스더(Esther)를 감옥에 가두고 모든 재산을 몰수한 채 벤허를 로마 해군 전투함의 노 젓는 노예로 보내버린다.

■ 노예로 팔려간 벤허

노예로 팔려가는 벤허가 지치고 목 말라 쓰러질 때 이를 불쌍히 여겨 우물물을 떠다 주는 마을 사람들의 물바가지마저 발로 차 버리는 로마 호송군의 횡포에 울부짖는 벤허의 모습이 지금도 눈에 선하다. 한 순간에 가족과 재산을 잃어 버리고 비참한 노예의 신분으로 허기와 갈증에 시달리게 된 벤허는 물 한 모금마저 마음대로 마시지 못하는 상황에서 멧살라에 대한 증오와 현재의 억울한 처지에 대해 치를 떨며 눈물을 흘리는 그 모습을 영화 "벤허"에서 주인공 찰톤 헤스톤은 너무나 잘 표현해냈다.

■ 찰톤 헤스톤

이렇듯 비통하여 우는 울음이 있는 반면에 너무 기뻐서 흘리는 눈물도 있다. 어릴 때 길을 잃어 가족과 떨어지게 된 형제가 오랫동안 소식을 알지 못하여 애를 태우다가 30여 년이 지난 다음 TV 방송을 통해 알게 되고, 마침내 상봉하여 서로 끌어안고 흐느끼는 울음은 그 동안의 안타까움을 모두 날려 버리는 기쁨의 눈물일 것이다. 기쁠 때나 슬플 때, 혹은 아파서 울 때 우리는 눈물을 흘리며 우리의 감정을 표현한다.

눈물은 왜 나는 걸까?

그런데 눈물의 성분을 조사해 보면 98퍼센트가 물이고 나머지는 대부분 소금이다. 그리고 항바이러스, 항균 역할을 하는 미량의 락토페린(lactoferrin)이라는 단백질과 세균을 용해하는 효소 단백질인 라이소자임(lysozyme)이 섞여 있다. 눈물은 감정의 변화에 따라 흐르기도 하

라이소자임 : (lysozyme)【명사】『화』 침 · 눈물 · 흰자위 등에 널리 존재하며, 일종의 감염 방어의 역할을 하는 항균성 물질.

■ 눈물

지만 평상시에도 조금씩 나오면서 눈 표면을 적셔 주고 코팅해 주는 역할도 한다. 평소에 눈에서는 약 6-7µl 정도의 눈물이 안구를 적셔 주고 있어 눈이 마르지 않도록 보호하고 있다.

눈물은 주눈물샘, 부 눈물샘, 결막, 눈꺼풀의 마이봄선 등에서 분당 1.2µl 정도가 분비된다. 그리고 우리의 눈꺼풀은 5초에 한 번 꼴로 깜박여서 눈물을 고르게 펴 준다. 이 눈물은 눈 표면이 말라서 상처 나는 것을 막아 주고, 영양이나 산소를 공급하면서 항균 작용과 이물질 제거 등에 중요한 작용을 한다. 그리고 우리 눈이 맑게 보이게 하는 역할도 담당한다. 평소에는 눈물이 아주 미량으로 나오기 때문에 우리가 잘 느끼지 못하지만 이것이 흘러나오지 않으면 안구건조증으로 몹시 괴롭게 된다. 평상시 흐르는 눈물이 부족하면 노화세포나 먼지, 찌꺼기 등과 함께 끈적끈적한 눈곱이 자주 끼게 된다. 이렇게 기본적으로 눈물이 흘러나와 눈의 건강과 작용을 돕고 있다.

한편으로 눈에 상처나 질병 등의 자극이 있거나 슬프거나 기쁨의 감정에 북받쳐 반사적으로 흐르는 눈물도 있다. 이 때에는 주로 주 눈물샘에서 눈물이 분비되는데, 눈물의 기본 성분과는 크게 차이가 나지 않으나 전해질이 약간 많고 단백질은 조금 적다. 만약 눈물이 없다면 눈 표면의 세포가 말라 죽고, 세균이나 먼지 등의 외부 공격에 속수무책으로 당하고 말 것이다. 따라서 평상시 흐르는 기본적인 눈물은 우리에게 매우 중요하며, 또한 자극에 의해 반사적으로 나온 눈물도 눈에 이물질이 들어갔을 때 이물질을 희석하고 배출하는 작용을 하므로 중요하다.

그리고 우리의 감정을 표현하는 데 눈물은 소중한 역할을 한다. 양파와 같은 매운 것들을 만질 때 흘리는 눈물과는 달리 슬픈 이야기나 소설 등을 읽으며 흘리는 눈물은 우리의 감정이 밖으로 드러나는 창문의 역할을 한다. 사랑하는 어머니가 세상을 떠났다는 소식을 듣고서 대성통곡을 하고 나면 멍해지고 나른해지는 느낌을 받는다. 이런 기분을 아리스토텔레스는 카타르시스라고 했다. 마음속에 있던 감정들을 밖으로 분출하여 정화되고 깨끗해지는 현상이다. 그래서 눈물을 흘리고 나면 마음의 복잡한 생각들이 정리되고 새로운 생각들을 담을 준비가 되는 것이다.

카타르시스: (그 catharsis)【명사】 1. 『문』 비극의 감상으로 평상시 마음속에 억압되어 있던 감정을 해소하고 마음을 정화하는 일. 2. 『심』 자기가 직면한 고뇌 따위를 외부에 표출함으로써 정신의 안정이나 균형을 찾는 일《정신 요법으로 많이 이용됨》.

그리고 눈물은 사람들 사이에 많은 교감을 나누게 된다. 특히 여자의 눈물에 남자들은 약하다고 하지 않는가! 미국의 통계를 살펴보면 일반적으로 여자들의 경우 한 달에 평균 5회 정도 눈물을 흘리는 반면 남자들은 1-2회 정도로 나타났다. 이는 남자들이 눈물을 보이면 남자답지 못하다라는 통념에 지배를 받아 우는 것을 억제하다 보니 나타나는 현상이라고 본다.

애통하는 자는 복이 있나니

예수님께서도 이 땅에서 생활하실 때 눈물을 흘리신 경우가 있었다. 예루살렘에서 약 3Km 떨어진 베다니란 동네에 마리아와 마르다. 그리고 오라버니 나사로가 살고 있었는데 이들은 예수님을 존경하며 따랐다. 주님도 이들을 사랑하여 베다니를 지날 때는 이 집에 머무르곤 하였다. 그때마다 마르다는 주님을 위해 음식을 정성스럽게 만들어 대접하였다. 뿐만 아니라 마리아는 자신이 소중하게 간직하며 삼백 데나리온의 값어치가 되는 향유 옥합을 깨어 예수님께 붓고 자신의 머리털로 주님의 발을 씻김으로써 주님에 대해 지극한 존경을 표했다. 어느 날 주님이 사랑하시고 친밀하게 지내던 이 집안의 오라버니 나사로가 병들어 죽게 되었다. 이 소식을 듣고 주님께서 베다니로 오셔서 마리아를 부르자, 마리아는 달려 나와 주님이 조금만 일찍 오셨더라면 오라버니가 죽지 않았을 것이라고 통곡하자 함께한 유대인들도 따라 우는 것을 보고 주님은 눈물을 흘리셨다. 그리곤 무덤으로 가셔서 죽은 지 나흘이나 되어 이미 썩는 냄새가 나는 나사로를 향해 나오라고 명하실 때 수족을 베로 동인 채 나사로가 무덤에서 걸어 나오는 것을 볼 수 있었다.

주님께서 나사로의 죽음 앞에서 눈물을 흘리신 것은 나사로가 병으로 고통당하며 죽기까지 육체적으로 뿐만 아니라 정신적으로 당면했을 두려움과 고통의 과정들을 생각하신 것이다. 그리고 오라버니 나사로가 병들어 죽음으로써 겪었을 마리아와 마르다의 근심과 아울러 이들 가족과 삶을 함께 나누던 이웃들의 슬픔을 생각하신 것이다. 예수님께서는 자신이 사랑하던 자들의 슬픔에 동참하신 것이다. 나사로 가족뿐만 아니라 나사로의 죽음을 안타깝게 여기며 슬퍼하는 베다니 사람들에 대해 주님께서는 눈물을 흘리심으로 자신의 사랑을 극적으로 나타내신 것이다. 사랑한다는 말보다 그들 앞에서 흘리는 눈물이야말로 주님의 심정을 더욱 웅변적으로 말해 주고 있는 것이다.

우리도 불우한 환경으로 속절없이 약자가 되어 고통을 당하는 이웃들을 향하여 울어 줄 수 있어야 한다. 갑작스런 비극으로 슬픔에 잠긴 가족이나 친구를 위해 함께 애통해하는 마음을 가져야 한다. 주님께서 우리에게 허락하신 믿음의 식구들과 기쁨과 슬픔을 함께 나눌 때 우리가 속한 공동체는 사랑으로 더욱 결속될 것이다. 우리의 마음을 표현하는 데 인색하지 않기를 원한다. 곤경에 처한 친구나 이웃을 돌아보고 그들을 붙잡고 함께 울어 줄 수 있는 마음의 여유가 있을 때 우리 사회는 좀 더 따스한 곳이 될 것이다.

눈으로 보는 데는 56가지 세포가 필요하다

- 승리하는 삶을 위해서는 영적인 안목이 필요하다

아들이 중학교 1학년일 때 친구의 집에 놀러 갔었다. 그곳에서 아들은 친구와 그의 남동생 희만이와 더불어 잔디밭에서 축구를 하며 놀았는데, 서로 공을 뺏고 차다가 세게 찬 공에 희만이가 맞았다. 공에 맞은 아이는 아파서 집에 들어 왔는데 그 다음날부터 공에 맞은 쪽의 눈이 잘 보이지 않는다고 했다. 그래서 급하게 병원을 찾았지만 더 큰 병원으로 가보라 해서 급기야는 서울에 있는 대학병원까지 가서 정밀 진단을 받아 본 결과, 망막에 구멍이 생겼다는 것이다. 지금으로서는 특별한 치료 수단이 없어서 하나님의 치유하시는 능력으로 구멍이 난 망막이 원래대로 재생되기를 기도하고 있다.

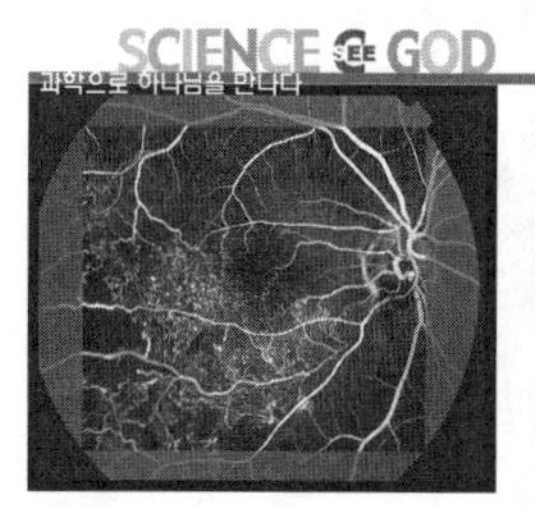

■ 망막

망막을 구성하는 56가지의 세포

망막에는 빛을 인식하는 광수용체 세포들과 아울러 다양한 세포들이 존재하고 있어 시각을 조절하고 있다. 광수용체 세포에는 막대

모양의 간상세포와 아이스크림 콘처럼 생긴 추상세포가 있는데, 사람의 망막에는 1억2천5백만 개의 광수용체 세포들이 존재하고 간상세포가 추상세포보다 20배나 더 많다. 간상세포는 추상세포보다 100배나 빛에 대해 민감해서 어두운 밤에도 사물을 식별하도록 돕는다.

간상세포의 세포막에는 빛을 인식할 수 있는 로돕신(rhodopsin)이라는 분자가 있는데, 빛의 광자가 로돕신 한 분자를 활성화시키면 로돕신의 구조가 변하고 이 변화를 감지하는 분자가 G 단백질이다. G 단백질이 활성화되면 cGMP라는 이차 신호 물질을 분해하는 효소를 활성화시켜 cGMP의 양을 감소시킨다. 그러면 cGMP가 작용하여 통로를 열어 주는 이온 통로가 더 이상 작용을 하지 못해서 세포막의 과분극을 유도하게 되고, 이러한 세포막 전위의 변화가 신경 신호로 만들어지는 것이다.

그리고 이런 신호 전달 과정은 작은 신호가 크게 증폭이 될 수 있도록 설계되어 있다. 단 한 개의 광자가 로돕신을 활성화시키면 500개의 G 단백질이 활성화되고, 500개의 G 단백질에 의해 500개의 cGMP 분해 효소가 활성을 갖게 된다. 그러면 1초에 50만 개의 cGMP가 분해되기 때문에 500개 이상의 이온 통로가 닫히는 것이다. 이렇듯 세포에서 일어나는 신호 전달 과정은 대단히 효율적인 체계로 이루어져 있다.

그리고 간상세포가 약한 빛이라도 증폭하여 감지토록 하는 반면, 추상세포는 색깔을 구별하고 망막에 맺혀진 사물의 상을 깨끗하고 명확하게 만들어 주는 역할을 한다. 추상세포는 빛이 밝을 때 작용할 수 있기 때문에 밤에는 활동을 제대로 못한다. 그래서 밤에는 우리가 색깔을 잘 구별하지 못하고 사물을 정확하게 보지 못하는 것이

간상세포 : (桿狀細胞)【명사】 눈의 망막에 있는 막대기 모양의 세포《명암을 식별하는 작용을 함》. 간상체(桿狀體). 간체(桿體).

로돕신 : [rhodopsin]동물의 망막에 있는 간상세포 내에 함유된 붉은색을 띤 감광색소.

G 단백질 : 세개의 서로다른 (알파,베타,감마)의 폴리펩타이드로 구성된 단백질로서 GTP, GDP와 결합하는 이유로 G 단백질이라 불립니다

다. 추상세포에는 3종류의 파장을 인식하는 세포들로 구성되어 있는데 430nm 파장의 푸른색 빛에 대해 가장 예민하게 반응하는 세포와 530nm 파장의 녹색빛에 대해 반응하는 세포, 그리고 560nm 파장의 붉은색을 감지하는 세포로 이루어져 있다.

망막을 자극하는 다양한 색깔에 대해 3종류의 추상세포가 적절히 조합을 이루어 반응함으로써 엄청나게 다양한 색조를 우리는 구별할 수 있다. 만약 3종류의 추상세포가 똑같은 정도로 반응하면 우리는 흰색으로 느낄 것이다. 추상세포가 다양한 파장의 빛을 감지할 수 있는 이유는 추상세포의 세포막에 파란색, 녹색 그리고 빨간색을 감지하는 옵신(opsin)이라는 색소 단백질이 각각 존재하여 각 파장의 빛에 반응할 수 있기 때문이다. 그런데 빨간색이나 녹색을 감지하는 옵신 단백질의 유전자에 이상이 발생하여 제대로 발현되지 않으면 빨간색과 녹색을 구별하지 못하는 적녹 색맹이 된다. 통계적으로 보면 적녹 색맹의 경우 남자가 약 2퍼센트 그리고 여자는 1퍼센트 정도의 비율로 존재한다.

망막에는 빛의 신호를 일차적으로 감지하는 광수용체 세포가 있을 뿐만 아니라 광수용체 세포의 신호를 받는 양극세포가 있다. 양극세포로부터 시신경세포가 신경 신호를 받는데 망막에는 약 백만 개의 시신경세포가 있다. 빛의 신호가 광수용체로부터 양극세포로 흘러갈 때 이를 다양하게 조합하여 조절하는 역할을 수평세포가 하고 있고, 양극세포에서 시신경 세포로 신호가 흘러갈 때에는 아마크린 세포가 신호를 조합하며 다양한 조절 작용을 한다.

최근의 연구 결과에 의하면 망막에 있는 이들 세포들도 더욱 세분하게 나뉘어지며, 현재 밝혀지기로는 총 56 종류의 세포가 망막에 존재하고 있다. 망막이라는 얇은 막 같은 구조에도 수많은 세포들이 존재하고 있고 이들 세포들이 각기 제 역할을 충실히 감당함으로써 우리가 빛을 감지하고 사물의 상을 인식하며 구별할 수 있는 것이다. 참으로 복잡하고도 질서 있는 모습에 대해 감탄하지 않을 수 없다.

영적인 안목으로 주위의 필요에 민감하라

우리는 육신의 눈에 망막이 있어 빛 신호를 감지하듯이 영적인 것을 구별하고 깨달을 수 있는 영적인 안목도 가져야 한다. 하나님의 말씀인 성경을 대할 때 우리에게 필요한 삶의 진리와 우리에게 주시는 약속의 말씀을 붙들 수 있는 영적 안목이 필요하다. **끊임없이 변화하는 상황과 예측할 수 없는 일들이 우리에게 다가오는 현실 앞에서 영원히 변하지 않는 지혜의 말씀을 깨닫고 이를 통해 승리하는 삶을 살기 위해서는 영적 안목이 필요하다.**

또한 우리에게는 예민한 영적 안목을 가짐으로 다른 사람의 필요를 채워줄 수 있는 삶이 요구된다. 초대 예루살렘 교회의 지도자인 베드로와 요한은 정한 시간에 성전에 올라가 하나님께 기도 드리는 거룩한 습관을 가졌다. 평소처럼 정한 시간에 기도하기 위해 성전에 올라갈 때에 나면서부터 앉은뱅이 된 자를 만나게 된다. 앉은뱅이는 사람들의 도움으로 날마다 성전 미문으로 옮겨져 구걸을 하며 살아가던 사람이었는데, 베드로와 요한에게도 도와달라고 손을 내밀었다. 이때 베드로와 요한은 앉은뱅이의 필요에 대해 주목하였다. 사도행전 3장 4절에 "베드로가 요한으로 더불어 주목하여 가로되 우리를 보라 하니"라고 쓰여 있는데, 베드로와 요한은 앉은뱅이를 무심히 바라본 것이 아니라 주목하여 바라보았다. 두 사도에게는 구걸하는 앉은뱅이에게 진정으로 필요한 것에 대해 영적인 안목이 있었다. 그래서 하루 이틀 살아가는 데 필요한 돈을 던져 주기보다는 나사렛

■ 베드로와 요한이 성전 미문에 앉은 앉은뱅이를 치유하는 장면

예수 그리스도를 전하여 영혼의 생명을 얻게 하고, 그로 하여금 일을 하지 못하고 구걸하며 살게 만든 원인을 해결해 주었다. 앉은뱅이에게 절실히 필요한 것은 영적인 구원과 육신의 온전함이었다. 이러한 앉은뱅이의 필요에 대해 민감하게 반응한 두 사도의 모습을 보게 된다.

우리의 주위에도 우리가 도움을 주어야 할 많은 분들이 있다. 친구간의 사소한 일로 인해 마음의 상처를 받고 괴로워하는 사람도 있다. 이들을 볼 때 같이 아파하며 따뜻하게 대해 줄 수 있는 영적인 안목이 필요하다. 육신의 병이 들어 삶에 대해 자신이 없고 힘들어하는 이웃에게 치유하시는 능력의 주님을 전하는 안목이 있어야 한다. 어려운 시험 앞에서 두려워 떠는 자에게는 용기를 북돋워 주는 안목이 필요하다. 갑자기 밀어 닥친 불행스러운 사건 앞에 어쩔 줄 몰라하는 형제에게 위로의 말을 줄 수 있는 안목이 필요하다.

망막의 오묘한 구조와 다양한 세포들의 적절한 기능으로 인해 우리는 우리의 시야에서 전개되는 모든 것들을 세밀하고 분명하게 보고 느낄 수 있듯이 영적인 안목도 날이 갈수록 깊어져서 나의 영적인 필요뿐만 아니라 이웃의 필요에도 민감하게 반응하여 도움을 줄 수 있는 멋진 그리스도인이 되기를 소망해 본다. 그리고 무엇보다도 망막에 상처를 입어 한 쪽 눈의 실명으로 고생하는 희만이가 하나님의 특별하신 은혜로 시력이 회복되는 은혜가 임하기를 간절히 기도한다.

장수하는 사람들의 7가지 생활습관

– 감사하는 마음이 건강과 장수를 가져온다

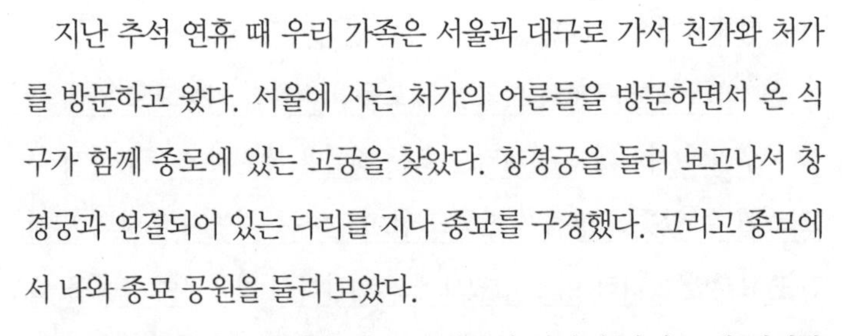

지난 추석 연휴 때 우리 가족은 서울과 대구로 가서 친가와 처가를 방문하고 왔다. 서울에 사는 처가의 어른들을 방문하면서 온 식구가 함께 종로에 있는 고궁을 찾았다. 창경궁을 둘러 보고나서 창경궁과 연결되어 있는 다리를 지나 종묘를 구경했다. 그리고 종묘에서 나와 종묘 공원을 둘러 보았다.

■ 노인, 고령화사회로 가고 있는 우리 사회

종묘 공원에서의 특이한 점은 노인들이 상당히 많이 모여 계신다는 점이다. 노인들은 벤치에 앉아 담소를 나누시며 시간을 보내고 계셨다. 특히 종묘 입구에는 수백 명의 노인들이 모여 장기도 두시고 윷놀이도 하셨고, 어떤 분은 손수 그린 그림과 붓글씨를 팔기도 했다. 이제 우리 나라도 점차 고령화 사회로 접어들고 있음을 여실히 느낄 수 있었다.

우리 사회는 고령화 사회로 가고 있다

사람들의 수명이 늘어나고 있는 반면에 출산율은 줄어들고 있어 상대적으로 나이 많은 사람들의 비율이 높아지고 있다. 이 상태로 진행되면 2019년에는 총 인구 중에 14퍼센트가 노인이 되며, 2026년에는 20퍼센트가 노인으로 구성되는 초고령화 사회가 될 것으로 전망하고 있다.

사람들이 오래 살 수 있게 된 가장 큰 원인은 수돗물이라고 한다. 정화된 수돗물의 사용이 갖가지 수인성 전염병으로부터 해방될 수 있어서 수명 연장에 지대한 공헌을 하였다. 그 다음으로는 의료 기술의 발전을 들 수 있는데, 예전에는 치명적인 질병이었지만 이제는 그 병을 치료할 수 있는 방법들이 많이 개발되었기 때문이다.

수인성 전염병 : [水因性傳染病, waterborne infection] 물(특히 음료수)에 의해 유행을 일으키는 전염병

고령화 사회에 접어들면서 노인들이 은퇴 후에도 어떻게 하면 생산적인 경제 활동을 지속할 수 있도록 산업 구조를 개편할 것인가 하는 문제가 요즘 많이 제기되고 있다. 그리고 한편으로는 어떻게 하면 건강하게 오래 살 수 있는가 하는 문제에 대해서도 사람들의 관심이 높다. 부산대학교 의과대학에 재직하다가 은퇴한 김돈규 교수는 자신의 강연에서 노인들의 건강 유지에 필요한 여러 가지 지침을 7가지로 말하고 있다.

장수하는 사람들의 7가지 생활습관

먼저 역기와 아령 운동 등을 꾸준히 해서 근력과 골밀도를 강화시켜야 한다. 미국 터프츠 대학 연구팀의 연구 결과에 의하면 50-60대 폐경기 여성들이 일 주일에 2번씩 일 년 간 역기나 아령 운동을 한 결과, 골밀도가 높아지고 체력이 30대 후반 여성 수준으로 좋아졌다고 한다. 그리고 일 주일에 3번, 30분씩 빠른 걸음으로 걸으면 생리학적 나이를 약 10년 정도 되돌릴 수 있는 것으로 캐나다 운동노화센터의 연구에서 밝혀졌다.

■ 담배. 노화의 주원인 중 하나이다.

두 번째로 담배를 피는 사람은 당장 끊을 것을 권유하고 있다. 〈브리티시 메디컬 저널〉에 따르면 30세 이전에 담배를 끊으면 담배를 피우지 않은 사람과 수명이 비슷해지고 50세에 끊으면 15년 안에 사망할 위험이 흡연자보다 50퍼센트나 낮아진다. 일단 담배를 끊기만 해도 건강에 큰 도움이 된다는 것이다.

세 번째로 건강 유지에 필요한 식습관으로는 저지방 영양식을 하되 진녹색 야채, 고구마, 요쿠르트, 콩, 연어, 참치 등 한류성 어류를 많이 섭취하기를 권장하고 있다. 미네랄이 첨가된 종합비타민을 복용하면서 특히 칼슘 농도 유지와 관절염 예방에 도움이 되는 비타민 D, 면역 반응을 촉진하고 알츠하이머병의 위험을 줄이는 비타민E를 꾸준히 복용하라고 권하고 있다.

네 번째로 생활 습관에서는 외국어를 공부한다든지, 어려운 책을 읽는 등 정신 활동으로 뇌를 자극하면 나이가 들어도 정신적인 기민성을 유지할 수 있고, 잠은 하루에 7시간 정도 자는 것이 적당하다고 한다. 미국인 100만 명을 6년 간 조사한 결과 하루 8시간 자는 사람과 4시간 자는 사람은 7시간 자는 사람보다 사망률이 각각 13퍼센트와 17퍼센트로 높게 나타났다. 또한 악기를 연주하거나 좋아하는 음악을 듣기만 해도 건강에 큰 도움이 된다고 한다.

콜레스테롤 : (cholesterol)【명사】『생』 동물의 뇌 · 신경 조직 · 장기(臟器) · 혈액 등에 함유되어 있는 지방 비슷한 물질《혈액 중 이 양이 부족하면 빈혈이 되고, 너무 많으면 고혈압이나 심장 질환을 일으킴》. 콜레스테린(cholesterin).

다섯 번째로 사람들과 잘 어울리며 살아갈 것을 권하는데, 토마스 글레스 교수가 사회 활동에 참여하고 있는 65세 이상의 남녀 3천 명을 13년 간 추적 조사한 결과, 사회 활동 참여가 혈중 콜레스테롤이나 혈압을 떨어뜨리기 위한 치료 못지 않게 수명을 연장시키는 효과가 있는 것으로 밝혀졌다.

여섯 번째로 정신적인 측면에서는 늘 긍정적으로 희망을 가지고 살아야 한다. 미국 뉴잉글랜드 주의 100세 노인들을 조사한 결과, 장수 노인들의 공통점은 어려운 일에 마음을 쏟지 않고 실패에 집착하지 않는다는 것이다. 또한 남을 돕는 생활을 하면 정신적인 면과 아울러 육체적으로도 건강해지는데, 사회노인병학자인 니나 채펄 박사는 노년에 사회 봉사 활동을 하는 사람은 그렇지 않은 사람보다 훨씬 건강하다는 연구 결과를 발표하기도 했다.

마지막으로 애완동물을 키우는 노인은 그렇지 않은 노인보다 우울한 기분을 덜 느끼는 것으로 미국노인병학회 연구 결과에 나타났다고 하는데, 이것도 다른 대상에게 애정을 주고 보살펴 주는 삶이 건강하다는 의미라고 생각된다. 아울러 종교를 갖고 꾸준히 신앙생활을 하는 사람은 그렇지 않은 사람보다 평균 수명이 약 7년이나 긴 것으로 나타났다고 한다.

영생의 복을 누려라

이런 여러 가지 측면을 살펴볼 때 크리스천들은 생활 습관이나 정서적인 면에서 건전하기 때문에 건강하게 오래 살 수 있는 조건들을 갖추었다고 볼 수 있다. 성경에서는 우리가 이 땅에서 오래 사는 복을 받기 위해서 또 다른 비결을 말해 주고 있다.

시편 34편 12-14절에 보면 "생명을 사모하고 장수하여 복 받기를 원하는 사람이 누구뇨 네 혀를 악에서 금하며 네 입술을 궤사한 말에서 금할지어다 악을 버리고 선을 행하며 화평을 찾아 따를지어다"라고 했다. 다시 말해서 우리의 언어 생활에 대해 저적하는 것이다.

거짓이나 교묘한 말로 다른 사람을 괴롭게 하지 말고, 진실하게 말하고, 말한 대로 살아야 함을 가르치고 있다. 언행이 일치하지 않으면 처음에는 속을지 모르나 나중에는 구역질이 나도록 추해지는 법이다. 지친 자에게 힘을 북돋워 주며 마음의 상처를 가진 자에게 사랑한다고 격려할 때 입술의 아름다운 열매를 맺게 되며 이 땅에서도 장수할 수 있음을 가르치고 있다.

그리고 잠언 28장 16절에서는 "무지한 치리자는 포학을 크게 행하거니와 탐욕을 미워하는 자는 장수하리라"고 했다. 욕심을 버리는 자가 장수한다는 말이다. 마음의 탐욕을 다스리지 못하면 스트레스를 받게 된다.

돈에 대한 욕심이 가득하면 돈이 손에 쥐어지지 않을 때 스트레스를 받고, 타인으로부터 인정 받고자 하는 욕심이 강할 때 자신에게 칭찬의 소리가 들리지 않으면 마음에 불만이 싹트게 된다. 마음에 스트레스가 쌓이고 불만이 가득하게 되면 육신의 병이 찾아오는 법이다. 욕심을 다스릴 수 있는 자가 되어야 하며, 하나님께서 허락하신 분복에 대해 감사하는 마음이 건강하고 장수하게 만든다.

그리고 에베소서 6장 1-3절을 보면 "자녀들아 너희 부모를 주 안에서 순종하라 이것이 옳으니라 네 아버지와 어머니를 공경하라 이것이 약속 있는 첫 계명이니 이는 네가 잘 되고 땅에서 장수하리라" 했다. 우리를 낳아 주시고 길러 주신 부모님을 잘 모시고 공경하라고 한다. 그 상급은 땅에서 장수의 복을 누리는 것이라고 말한다. 부모님을 잘 모시는 것은 사람으로서 당연한 일이지만 주님께서는 이를 장수의 복으로 갚아 주신다.

우리 그리스도인들은 이 땅에서 성경이 가르치는 대로 순종할 때 건강하고 오래 살 수 있는 복을 받을 뿐만 아니라 천국에서도 영원히 사는 복을 누릴 수 있다. 로마서 6장 23절에 "하나님의 은사는 그리스도 예수 우리 주 안에 있는 영생이니라"고 했다.

우리가 누려야 할 영원히 장수하는 복은 예수님 안에 있다. 예수님을 내 인생의 주인으로 고백할 때 영생의 복이 주어지는 것이다. 예수님을 모시고 있는 우리는 영생의 복을 받은 참으로 행복한 사람들이다.

3장

과학은 하나님을 거부할 수 없다

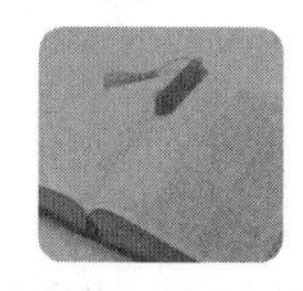

영하의 혈액으로도 살 수 있는 북극 땅다람쥐의 비밀

– 칠흑 같은 삶일지라도 감사를 잃지 마라

동면을 하면 정말로 먹지도 않고 배설도 하지 않을까?

단풍이 곱게 물드는 가을철이 되면 분주해지는 동물들이 있다. 추워서 먹이를 더 이상 구할 수 없는 겨울이 다가오기 때문에 아직 먹을 것이 많이 남아 있는 가을에 부지런히 먹이를 섭취하여 체내에 영양분을 저장하고, 차가운 겨울이 오면 땅 속이나 굴 속으로 들어가 동면하는 곰이나 다람쥐 같은 동물들이다. 겨울철이 되면 기온이 낮기 때문에 열 손실이 많아지고 이를 보충하기 위해서는 체내 영양분을 대사시켜 열을 발생해야 체온을 유지할 수 있다.

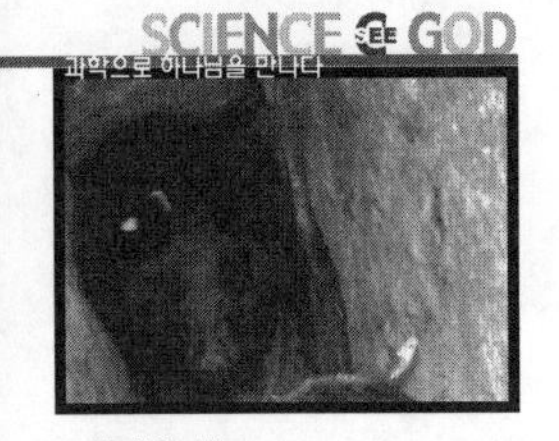

■ 동면하는 곰

그런데 겨울에는 먹을거리가 별로 없는 반면에 체온 유지를 위해 대사 작용은 더 활발히 해야 하기 때문에 동물들은 생존에 위협을 느낄 수밖에 없다. 그래서 깊은 겨울잠을 자며 땅 밑에서 웅크리고 한겨울을 나는 게 생존을 위한 최상의 선택이다. 곰의 경우 동면 기간은 3개월 동안 이루어지는데, 동면 기간에는 먹지도 않고 마시지도 않는다. 하지만 결실의 계절인 가을철에 과실과 나무 열매, 물고기, 곤충 등을 실컷 먹고 에너지를 피하지방에 비축해 두기 때문에 문제가 없다. 피하지방은 동면을 하는 동안 중추신경을 자극하는 역할을 하여 곰은 편안하게 잘 수 있다. 그리고 동면 중에는 일절 배설도 하지 않는다. 마시지도 않고 먹지도 않으니 배설하지 않을 것이라 생각할지 모르지만 체온이 35도 정도로 유지되므로 에너지 대사가 멎은 것이 결코 아니기 때문에 배설이 있어야 하는 게 당연하다. 그리고 3개월 간이나 혈액 속의 요소를 배출시키지 않으면 몸이 통통 붓기 때문에 이 문제가 해결되어야 한다.

그래서 조사해 본 결과, 곰은 동면을 하는 동안에 몸 속에 요소의 생성을 억제해 주는 물질인 크레아티닌이 생긴다. 이것이 혈액 속에서 증가하여 요소의 증가를 최소 한도로 억제시킨다. 그러므로 요소가 몸 속에 돌아서 요독증을 일으키는 일이 생기지 않으면서도 곰은 안심하고 동면을 할 수 있는 것이다. 그리고 나무나 바위로 된 자연 구덩이에서 동면을 하는데, 체온이나 대사는 거의 저하되지 않고 얕은 수면 상태로 가을에 저장한 지방을 소모하면서 지내고 임신한 암컷은 동면 중에 새끼를 낳아 봄이 될 때까지 새끼에게는 젖을 먹이며 자라게 한다.

요독증 : (尿毒症)【명사】『의』 신장이 제 기능을 못하여, 오줌으로서 배출되어야 할 성분이 피 속에 머물러 있어서 일어나는 중독 증상《급성과 만성이 있음》.

그리고 동면하는 동물 가운데 가장 신비로운 것이 추운 북극 땅에 사는 다람쥐이다. 캐나다와 시베리아 툰드라 전역에 서식을 하는데, 이 지역은 8월이면 벌써 겨울에 접어들어 한겨울에는 최저 영하 50도까지 떨어지는 혹한의 계절이 된다. 그래서 북극 땅다람쥐는 추위를 피해 땅을 파고 겨울잠에 들 채비를 한다. 워낙 얼어붙은 땅이라 기껏해야 60cm 깊이가 한계인데, 이곳에서 8개월 간이나 기나긴 잠에 빠져든다. 곰은 동면을 하는 중에도 체온이 유지되는 반면, 북극 땅다람쥐는 체온이 영하로 떨어진다. 놀라운 사실은 체온이 영하 3도까지 떨어져도 혈액이 얼어붙지 않는다는 점이다. 북극 땅다람쥐 외에 대부분의 다른 다람쥐들은 체온이 영하로 떨어지지는 않고 영상 1-2도 가까이 떨어지면서 내장의 기능을 중단한다. 심장 박동도 평소 일 분에 수백 번 뛰다가 5번 정도로 뚝 떨어진다. 체온이 영하로 떨어지면 혈액이 냉각되고 심장 박동을 거의 할 수 없어서 몸의 각 조직이 얼어 동사해 버리는 일이 생겨나기 때문이다.

이에 반해 북극 땅다람쥐는 체온이 영하 수준인데도 혈액이 얼지 않는다. 알래스카 페어뱅크스 대학의 브리언 반스 박사팀은 다년간 북극 땅다람쥐의 생리를 연구해 왔는데, 그 동안 100여 마리의 다람쥐 배에 컴퓨터 칩을 이식해 겨울잠을 자는 동안의 체온 변화를 조사했다. 처음에는 북극 땅다람쥐의 체온이 영하 3도까지 떨어져도 얼어 죽지 않는 것은 몸 속에 정교한 '부동액 시스템'을 갖췄다고 생각했다. 왜냐하면 개구리는 동면하기 전에 먹이를 많이 섭취하여 혈액 속에 포도당의 농도를 높임으로써 혈액의 어는점을 낮춰 추운 겨울을 견디기 때문이다. 마치 겨울철이 되면 자동차에 겨울용 부동액을 넣어 엔진의 냉각수가 얼지 않도록 하는 것과 같은 원리이다. 하지만 북극 땅다람쥐는 혈액에 특별한 물질의 양을 증가시키는 것이 아니었다.

반스 박사가 동면 중인 다람쥐의 혈액을 채취해 실험실에서 온도를 서서히 낮추어 보니 영하 0.6도에서 얼어버렸다. 이는 특별한 초강력 부동액이 존재하지 않았다는 증거이다. 그래서 반스 박사는 다람쥐가 자신의 체온을 매우 천천히 낮추는 시스템을 가져 어는점 이하의 온도에서도 얼지 않는 '과냉각' 상태를 유지할 수 있을 것으로 추측했다. 그리고 이러한 과냉각 상태에 도달하기까지 아마도 뇌에서 분비되는 여러 화학 물질에 의해 몸의 생리 현상이 조절되리라 믿었다. 뇌에서 분비되는 호르몬 가운데 멜라토닌이 관여하는 것으로 알려지고 있지만 그 외 다른 화학 물질도 작용할 것으로 보고 있다. 따라서 이런 사실을 잘 활용하면 사람의 경우도 동면을 하지는 않지만 오랜 시간 잠을 자게 해야 할 때 활용할 수 있을 것이다.

예를 들어 수십 년 동안 우주를 비행해야 하는 경우, 냉동 캡슐에 들어가 동면을 할 수 있다면 지루한 우주 여행을 극복할 수도 있을 것이다. 그리고 북극 땅다람쥐의 경우 뇌에 혈액이 아주 느리게 소량씩 공급되더라도 뇌세포가 상하지 않는다. 만일 사람의 뇌에서 뇌혈관이 막히거나 터져서 뇌 조직에 혈액이 공급되지 않게 되면 영양분과 산소의 공급이 원활하게 되지 않아 즉시 뇌세포가 죽게 된다. 따라서 다람쥐의 동면 상태를 잘 연구하면 뇌경색이나 뇌출혈이 일어나더라도 뇌세포의 손상을 막을 수 있는 물질을 찾을 수 있을지도 모른다.

신앙의 환난 앞에 카타콤으로 피하라

이렇듯 동물들이 추운 계절 동안 생존하면서 자손을 번식시키며 살아가는 모습을 바라보면 경이로운 마음이 들고 하나님의 설계에 감탄하게 된다. 추위를 슬기롭게 넘기는 동물들의 행동을 보면서 신앙인들도 환난과 핍박의 시기가 올 때 지혜롭게 대처해야겠다는 생각이 든다.

초대 교회 성도들도 로마 황제의 극심한 핍박 앞에서 민중 봉기를 일으켜 칼과 창으로 무장하여 맞서 싸운 게 아니라 공동묘지의 은밀한 장소인 카타콤으로 모여들었다. 지하로 땅을 파고 핍박을 피해 숨어 들었다. 비록 햇빛을 보지 못하고 습기로 눅눅한 환경이었지만

■ 카타콤

그곳에서 하나님을 경배하며 찬양하는 것을 즐거워했다. 환난의 날이 얼마나 길게 이어지고 핍박의 강도가 얼마나 거세어질지 아무도 예측할 수 없는 상황이었지만, 주님 앞에서 신앙의 순수성을 견지할 수 있음에 기뻐하고 칠흑같이 어두운 카타콤에서도 감사의 삶을 살아갈 수 있었다.

우리도 어려운 일이 닥칠 때 조용히 엎드려 기도하는 사람이 되어야 하겠다. 우리에게 닥친 환난이 속히 지나가기를 구해야 할 것이다. 예수님의 제자들이 감람산에서 주님께 세상 끝의 징조에 대해 물었다. 주님께서는 세상 끝날에 되어질 다양한 징조에 대해 말씀을 하시면서 마태복음 24장 15-16절에 이렇게 언급하셨다. "너희가 선지자 다니엘의 말한 바 멸망의 가증한 것이 거룩한 곳에 선 것을 보거든 그 때에 유대에 있는 자들은 산으로 도망할찌어다" 심각한 핍박의 때가 오면 산으로 도망하라는 말이다. 핍박의 소용돌이 속에서 위협에 굴복하거나 세상과 타협하여 신앙에 손해를 당하지 말고 믿음을 지키라는 말이다.

우리는 살아가면서 크고 작은 어려움을 당하게 된다. 그럴 때마다 핍박에 넘어지지 말고 주님을 바라보면서 신앙의 깊이를 추구하여 견고히 서있어야 한다. 엄동설한의 동물들이 땅 속에 웅크려 있는 것은 따뜻한 봄이 올 것을 믿기 때문이다. 우리의 삶 속에서도 환난은 잠시 있을 뿐이고 환난의 바람이 지나고 나면 희락의 날이 올 것이다. 오늘 하루도 나를 괴롭게 하는 일이 있더라도 그 일이 나를 부러뜨리지 못할 것은 주님이 나와 함께하시기 때문임을 믿고, 나를 힘들게 하는 일로 인해 좌절하지 말고 믿음의 전투에서 승리하는 우리가 되길 소망한다.

사람이 얼마나 높이 올라갈 수 있을까?

– 말씀에 순종하여 실천에 옮기는 것이 신앙이다

토요일 오후 가족과 함께 가까운 야산에 올랐다. 도시에서 멀지 않은 곳에 이렇게 맑은 공기를 마시며 오를 수 있는 산이 많은 우리나라는 진정으로 복 받은 나라이다. 다리 근육에 힘을 주면서 한걸음 한걸음 떼어 놓으면 숨이 차오르기도 한다. 높은 곳에 올라 멀리 내려다 보이는 들판과 점점이 박혀 있는 집들을 바라보며 눈 앞에 펼쳐지는 풍광에 감탄한다. 울창한 나무들에 의해 퍼져가는 나뭇잎 소리, 깊이 패여 가물거리는 골짜기, 올라가는 길 옆 감나무 꼭대기에 따지 않은 감들이 아직도 주렁주렁 매달려 새들의 먹이가 되곤 한다.

사람이 얼마나 높이 올라갈 수 있을까?

이렇게 우리가 산을 오르며 위로 한없이 올라간다면 얼마나 올라갈 수 있을까? 높이 올라갈 수 있는 한계는 기압과 관계가 있다. 기압은 공기의 무게로 인해 나타나는데, 1기압은 1cm² 면적에 약 1033.6g의 공기가 누르고 있는 힘을 말한다. 즉 기압 단위로 표시하자면 1033hpa(헥토파스칼)이 된다. 공기도 무게를 가지고 있는데 우리가 이 무게를 느끼지 못하는 이유는 몸의 안쪽과 바깥쪽이 공기로 채워져 바깥에서 누르는 기압만큼 몸 안의 공기도 같은 힘으로 밀어 균형을 이루기 때문이다.

헥토파스칼 : (hectopascal)【의존명사】『기상』 압력의 단위로 100파스칼의 일컬음《종전의 '밀리바' 와 같은 값. 기호는 hPa》

비행기를 탈 때 이륙하게 되면 귀가 멍멍해지는 경험을 하게 된다. 이는 고막 안쪽의 공간에 작용하는 기압은 1기압으로 그대로 있는데 반해, 바깥쪽의 공기는 비행기의 고도가 높아짐에 따라 기압이 낮아져 양쪽의 기압에 차이가 생겨 나타나는 현상이다. 땅에서 사는 우리가 느끼는 기압은 지표면에서 대기권 꼭대기까지 존재하는 공기의 무게로 인한 것인데, 위로 올라가게 되면 높이 올라 갈수록 그 높이만큼 공기의 양이 적어져 누르는 힘이 적어진다. 실험을 통해 확인한 바에 의하면 인간이 특별한 장치를 하지 않고 등반할 수 있는 최대의 높이는 12,000m 정도이다. 그 이상의 높이가 되면 지표면의 기압보다 8배 이상이나 낮아지므로 비록 공기가 여전히 많이 존재하더라도 기압이 약하기 때문에 공기를 폐 속으로 밀어 넣을 수가 없다. 그래서 더 이상은 올라갈 수가 없는 것이다.

■ 에베레스트산

이론적으로는 12,000m까지 올라갈 수 있다 하더라도 세계에서 가장 높은 8,848m의 에베레스트산까지 올라갈 수 있는 사람조차도 극히 드물다. 이처럼 높이 오른다는 것은 어렵고도 힘든 일이다. 높은 산을 오르기 위해서는 산을 부지런히 타는 훈련을 해야만 가능한 일이다.

■ 휘트니산

예순이 넘은 할머니 한 분이 등산을 시작해서 꾸준히 훈련을 하였다. 그래서 66살에 북미에서 가장 높은 4,797m의 휘트니산의 정상을 오른 분이 있다. 이 할머니의 이름은 훌다 크룩스라고 하는데, 1987년 7월 24일에는 91살의 나이로 4,955m나 되는 일본의 후지산의 정상에 섰다. 크룩스 할머니는 81세에서 90세까지 10년 동안 무려 97개의 봉우리를 올랐다. 그래서 캘리포니아주는 1991년에 휘트니산의 봉우리 하나에 크룩스봉이라고 이름을 붙여 할머니를 기념했다. 할머니는 이렇게 말했다. "사용하지 않는 근육은 쇠퇴한다. 힘을 받지 않는 뼈는 미네랄을 잃게 되어 약해지게 된다. 둔해졌다는 것은 그대의 몸이 민첩한 관리를 필요로 하고 있음을 말해 주는 것이다." 참으로 대단한 할머니라고 생각된다.

마음에 작정한 것은 반드시 실천하라

마음에 작정을 하고 이를 실천에 옮기는 사람이 결국은 위대한 일을 할 수 있다. 위대한 신앙의 삶도 결국은 하나님의 말씀대로 실천하느냐 혹은 그렇지 못하느냐에 달려 있다.

성경 속의 위대한 신앙인들을 보면 한결같이 하나님의 지시에 순종한 사람임을 알 수 있다. 아브라함은 고향에서 부모 형제들과 함께 잘 살고 있었으나 어느 날 하나님으로부터 고향을 떠나라는 명령을 받았다. 그는 아내와 조카를 데리고 하나님께서 지시하시는 땅으로 떠났다. 그에게 있어서 가족과 친척들은 그를 보호해 주는 울타리 역할을 하였지만 이제는 하나님의 말씀만 믿고 미지의 세계로 발을 디뎠다. 이는 참으로 견디기 힘든 일이었고 두려운 일이었을 것이다. 그리고 고독한 길이었을 것이다. 알지 못하는 타국에서 어떤 일을 당할지 마음의 공포를 누르며 길을 떠났다. 그가 하나님의 지시하심을 따라 실천에 옮겼기 때문에 위대한 믿음의 조상이 될 수 있었던 것이다.

반면에 에덴동산의 아담은 모든 것을 누릴 수 있는 권한을 가졌음에도 불구하고, 단 하나 하나님께서 금지하신 선악을 알게 하는 나무를 건드리고 말았다. 단 한 가지 외에는 에덴의 식물, 과일, 동물 등 아담이 마음대로 하지 못할 것은 아무것도 없었다. 다시 말해 에덴의 모든 것들을 향유할 수 있는 무한대의 권리를 누렸는데, 여기에 비하면 단 한 가지 못하게 하신 하나님의 명령은 거의 무에 가까웠다. 수학적으로도 무한대 분의 일은 영이다. 그런데 아담은 자신이 누릴 수 있는 무한대에 해당하는 자유를 제쳐두고 하나님께서 하지 말라는 것, 그것도 겨우 한 가지에 지나지 않는 선악을 알게 하는 나무의 열매를 기어코 따먹음으로써 하나님의 명령을 어겼다. 그래서 에덴에서 쫓겨나고 인간 타락의 원인 제공자가 되었다. 머리로는 이해하지만 이를 몸으로 실천하지 못하면 결국 실패한 신앙의 삶이 되고 만다.

매 주일 전국의 교회마다 하나님의 말씀이 선포되고 또한 수시로 읽고 묵상하는 성경의 말씀으로 하나님의 뜻을 깨닫는다 해도 마음의 느낌으로만 남아 있고 깨달은 말씀대로 실천하지 않는다면 우리의 신앙은 제자리에 맴돌 뿐이다. 영적인 나의 모습을 볼 때 머리만 크고 몸은 왜소해서 비정상적으로 기형적인 모습을 하고 있지 않은지 걱정이 된다. 신앙은 수레바퀴와 같아서 중심축에 그리스도가 자리잡고 우리가 주님의 말씀에 순종하는 삶은 바퀴의 테와 같다. 수레바퀴의 테가 약하거나 없으면 굴러가지 못하고 전진할 수 없다.

산을 오르고자 할 때 산의 정상만 쳐다본다고 오를 수 있는 것은 아니다. 정상을 정복할 수 있는 등반로가 몇 가지나 있고 그 길에 어떤 장애물이 있어 얼마나 험난한 코스인지 모두 파악하고 있다고 해서 정상에 서는 것이 아니다. 산 아래에서부터 한 걸음씩 정상을 향해 걸음을 옮겨 놓아야 가능한 일이다. 산을 오르는 일은 편하고 쉬운 일만은 아니다. 가슴이 터질 것 같아 헐떡이며 땀을 비지처럼 흘려야 하는 일이다. 그러나 꾸준히 오를 때 우리에게 주어지는 혜택은 놀라운 것이다.

크룩스 할머니는 대부분의 사람들이 엄두도 내지 못하고 포기할 나이였지만 매일 산을 오르며 단련하였기에 94세의 나이에도 불구하고 18세 소녀의 심장과 폐의 기능을 유지할 수 있었다. **말씀대로 사는 것은 쉬운 일이 아니지만 지속적으로 순종하는 삶을 살 때 우리는 더욱 순종을 잘 할 수 있는 능력을 가지게 된다.** 그리고 주님과 동행하면서 주님의 말씀 따라 순종하며 실천할 때 오는 기쁨은 날이 갈수록 더욱 커질 것이다. 오늘도 말씀이 주는 교훈대로 작은 것부터 실천하며 최선을 다해 신앙의 산에 오르길 결심해 본다. 주님께서 칭찬하실 정상의 자리에 이르기까지 말이다.

혀는 어떻게 미묘한 맛의 차이를 구분할까?

– 하나님의 말씀은 꿀보다 단맛이 난다

연말을 맞아 내 연구실의 학생들과 함께 구룡포에서 북쪽으로 약 10분간 올라가면 있는 석병교회 양로원을 찾았다. 할아버지와 할머니들을 즐겁게 해드리기 위해 각자가 가지고 있는 재능으로 정성껏 장기자랑을 준비했다. 그리고 조금씩 돈을 모아 선물도 준비하고 저녁거리도 준비해서 함께 식사를 하면서 어르신들과 즐거운 시간을 보냈다.

저녁 식사 시간에 석병교회의 목사님은 나와 함께 동행한 교수님을 따로 초대해 식사를 대접해 주었는데, 같은 교회의 집사님께서 운영하시는 근처 식당으로 데리고 가셨다. 집사님은 목사님께서 오셨다고 과메기와 회를 내왔는데, 나중에는 비봉치라는 물고기회를 한 접시 가져오셨다. 이 고기는 다른 물고기와 달리 기름이 살에 연하게 박혀 있어서 얼마나 고소한지 모른다. 집사님의 말에 의하면 이 물고기는 잡히면 대부분 비싼 값을 받고 일본으로 수출되기 때문에 국내에서는 맛을 볼 수 없는 귀한 고기라고 했다. 여러 물고기의 회를 맛보았지만 이처럼 고소하고 맛있는 회는 처음이었다.

미묘한 맛의 차이를 구분하는 미각

바다에는 다양한 물고기가 있고 이들로부터는 제각기 독특한 맛이 천차만별로 나는데, 이를 구별하는 사람의 감각은 경이롭기까지 하다. 우리는 기본적으로 다섯 가지의 맛을 구별할 수 있다. 혀에는 단맛, 쓴맛, 신맛, 짠맛을 구별할 수 있는 수용체 세포가 있을 뿐만 아니라 최근에는 화학 조미료의 맛을 감지하는 우마미 수용체 세포도 확인되었다. 혓바닥을 자세히 들여다보면 오톨도톨하게 되어 있는데, 여기에는 미뢰라고 불리는 직경 50-70mm의 타원형 구조들이 있다. 사람에 따라 미뢰의 분포와 수가 다르지만 혀에는 500-20,000개의 미뢰를 가지고 있고, 보통 사람의 경우는 평균 2,000-5,000개의 미뢰를 가지고 있다. 그리고 이들 미뢰는 특정한 맛에 민감하게 반응하며 하나의 미뢰에는 50-150개의 미각 세포가 존재한다. 일반적으로 여성들은 쓴맛에 민감하고 반면에 남성들은 단맛에 대해 예민하게 반응한다. 이는 여성들이 임신 중에 태아를 보호하기 위해 주로 쓴맛을 내는 독성 물질이 음식에 섞일 수 있는 위험을 최소화하기 위한 것으로 생각된다. 하지만 폐경기가 지나면 쓴맛에 대한 민감도가 감소해서 블랙 커피와 같이 아주 쓴 음료도 즐겨 마신다고 한다.

미뢰 : 【명사】『생』 혀에 분포되어 있는 세포의 모임《화학적 물질을 식별해서 미각 중추에 전해 미각을 일으킴》. 미관구(味官球).

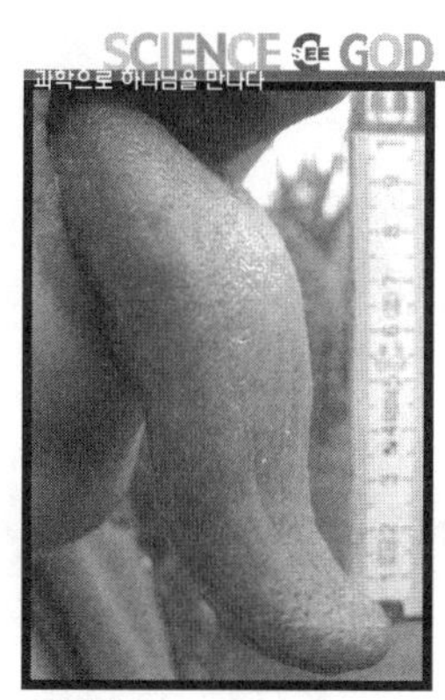

■ 혓바닥

그리고 우리가 가지고 있는 염색체 중에서 5번 염색체에 미각 관련 유전자가 위치하고 있으며, 이 유전자의 발현 차이에 따라 미뢰의 밀도가 달라지고 사람마다 맛을 느끼는 정도가 달라진다. 미각 세포는 약 2주 정도의 수명을 가지고 있으며 세포의 한 쪽 끝에 작은 섬모들을 가지고 있다. 이 섬모에 수용체 단백질들이 있어 맛을 내는 화학 물질과 결합하게 되고, 이온 통로를 통한 이온의 이동이 조절됨으로써 신경 신호를 만든다. 우리는 미뢰에 있는 미각세포의 작용으로 초콜릿이나 딸기, 불고기, 아이스크림 등 다양한 음식을 맛보면서 이들 음식이 가지는 수많은 맛의 차이를 인식하게 된다.

우리가 음식마다 가지는 다양한 맛의 미묘한 차이를 인식하는 이유는 각 음식이 갖고 있는 수많은 화학 물질이 다섯 가지의 기본적인 맛을 내는 미뢰를 자극하면서 맛을 내는 화학 물질의 농도와 가지수가 음식마다 다르기 때문에 독특한 조합으로 미뢰를 자극하게 된다. 따라서 음식마다 혀에서 자극하는 미뢰의 조합과 수가 다르므로 다양하면서 미묘한 맛을 구별하여 감지할 수 있는 것이다. 그리고 음식마다 독특한 냄새가 있기 때문에 우리로 하여금 음식의 미묘한 맛을 구별하는 데 도움을 준다. 예를 들어 양파를 먹을 때 냄새를 못 맡게 하고 먹는다면 사과를 먹는 것으로 오해할 수도 있다.

그리고 음식이 가지는 질감과 온도 또한 맛을 구별하는 데 중요한 요소로 작용한다. 뜨겁거나 매운 성분은 혀에서 통증 감각을 활성화시켜 다른 맛 감각과 어우러져 맛을 구별시켜 준다. 사람과는 달리 파리와 나비 같은 곤충은 혀가 없지만, 다리에 달려 있는 털이나 입의 특정 부위를 통해 맛을 구별한다. 파리는 다리 표면에 있는 털의 끝부분에 작은 구멍이 있고 그 밑에 감각세포가 있어 맛을 느낀다. 물고기는 미뢰가 머리 표면에 존재하고 메기는 수염에도 미뢰가 있어 맛을 구별할 수 있다. 이렇게 동물에 따라 다양하게 맛을 감지하는 기관들이 발달되어 있고 이들의 작용으로 자기에게 필요한 먹이를 구별하여 섭취한다.

■ 파리는 다리 표면에 있는 털의 끝부분에 작은 구멍으로 맛을 느낀다

하나님의 말씀의 맛을 아는 사람

우리는 매일 식사 때마다 또는 간식을 먹을 때마다 음식을 접하면서 각 음식이 가지는 독특한 맛을 음미하며 즐긴다. 우리가 이렇게 음식을 즐기며 먹듯이 우리의 영혼에게도 음식이 필요하다. 베드로전서 2장 2절에 보면 "갓난 아이들 같이 순전하고 신령한 젖을 사모하라 이는 이로 말미암아 너희로 구원에 이르도록 자라게 하려 함이라"고 했다. 우리가 예수님을 내 인생의 주인으로 고백하고 영접함으로 영적인 생명을 얻고 거듭나게 되는데 영적으로 태어나게 되면 순전하고 신령한 젖을 먹어야 한다. 갓난아이가 태어나면 엄마의 젖을 찾듯이 거듭난 사람은 영적인 본능으로 하나님의 말씀에 대해 알기를 원하고 배우려는 마음이 생긴다. 그래서 **하나님의 말씀을 영혼의 음식으로 알고, 꾸준히 말씀을 듣고 공부하고 이해하는 사람은 신앙이 정상적으로 성장하게 된다.**

우리는 매일 주님의 말씀을 묵상하며 살아야 한다. 우리가 한 끼 식사를 하고서 한 달을 살 수는 없다. 마찬가지로 주일에 설교를 한 번 들었다고 해서 일 주일을 거룩하게 지낼 수는 없다. 우리에게는 매일 신령한 젖이 필요하다. 다시 말해 주님의 말씀을 읽고 묵상하는 일이 매일 이루어져야 한다. 우리의 힘으로 살아가는 삶은 실수하기 쉽고 조롱하는 소리와 세상의 유혹 속에서 패배하기 쉽다. 그러므로 매 순간 하나님과 동행하면서 살고 하나님으로부터 공급되는 능력으로 살아야 하기 때문에 하나님께서 나에게 하시는 말씀을 깨닫고 그대로 순종하는 삶이 필요한 것이다. 시편 기자는 주의 말씀의 맛이 내게 어찌 그리 단지요 내 입에 꿀보다 더하다고 고백한다. **하나님의 말씀이 꿀보다 더 달게 여겨질 때 우리는 말씀을 사모하며 말씀을 듣고 묵상하는 일을 즐거워하게 될 것이다.** 그렇게 우리에게 있는 영적 미각세포를 예민하게 할 필요가 있다.

우리는 하나님의 말씀 속에 감추어진 신령한 의미를 분간해서 잘 깨달을 수 있어야 할 것이다. 어떤 사람은 특정한 맛에 대해서는 감각이 둔하여 느끼지 못하는 경우가 있는데, 이를 미맹이라 한다. **영혼의 음식인 하나님의 말씀에 대해서도 그 맛을 구별하지 못한다면 영적 미맹이 되어 우리 영혼의 성장이 왜곡될 수 있다.** 시편 119장 105절에 "주의 말씀은 내 발에 등이요 내 길에 빛이니이다"라고 되어 있다. 하나님의 말씀의 맛을 제대로 이해하는 사람에게는 그 깨달은 말씀이 우리가 살아가는 길에 등불이 되고 빛이 될 수 있음을 이야기하고 있다. 우리에게 맛을 구별할 수 있는 능력을 주심에 감사하며, 신령한 영적 양식인 하나님의 말씀에 대해서도 매일 나에게 지시하시는 주님의 뜻을 깨닫고 이를 실천하는 삶이 이루어짐으로 인해 영적 성장이 꾸준히 일어나 언젠가는 믿음의 거목으로 자라가기를 기도해본다.

생명 탄생이 결코 우연일 수 없는 분명한 이유

– 두 번째 태어나는 거듭남이 진정한 축복이다

얼마 전 내 연구실의 대학원생이 떡을 가져 왔다. 최근에 딸을 낳아 기뻐하던 학생인데, 태어난 지 벌써 100일이 되었다며 떡을 해서 연구실의 동료들과 함께 나눠 먹기 위해 가져왔다. 엄마와 아빠가 키가 크고 잘 생겼으니까 딸도 키가 크고 예쁘게 자랄 것이고, 공부와 연구에 열심인 아빠를 닮아 지적인 능력도 뛰어나 나중에 한국을 대표하는 미인이 될 것이라는 덕담을 서로 나누었다.

생명 발생의 비밀

한 청년과 처녀가 만나 서로 사랑하여 결혼을 하면 자연히 아기가 생길 것으로 생각하지만, 이 과정을 자세히 들여다보면 참으로 경이로움을 느낀다. 정자와 난자가 만나 하나의 완전한 개체로 발생하기까지 사람의 경우 266일 간, 혹은 38주 동안 엄마의 자궁 속에서 자라게 된다. 단 한 개의 수정란 세포에서부터 출발하여 60-70조 개

■ 정자와 난자의 만남

의 세포를 가진 온전한 개체로 될 때까지 한치의 오차도 없이 정확하게 발생해야 한다. 처음 정자가 난자를 만나게 되면 정자의 머리 부분에 있던 첨체로부터 효소들이 쏟아져 나와 난자의 젤리막을 녹인다. 그러면 젤리막에 구멍이 생기고, 그 아래 비텔린(Vitelline)막이 드러나게 된다. 비텔린막에는 정자가 결합할 수 있는 종 특이적 수용체가 존재하는데, 이 수용체에 정자의 표면에 있던 단백질이 결합을 하고 이어서 정자와 난자의 원형질막끼리 융합하게 되면 정자의 핵이 난자로 들어가 난자의 핵과 합쳐서 수정란이 되는 것이다. 이때 2-5억 개의 정자 세포 중 가장 먼저 난자에 도달한 정자가 난자와 융합할 수 있다.

가장 먼저 도달한 정자가 난자와 만나게 되면 난자의 원형질막의 전위가 탈분극이 되는 전기적 변화가 일어나고, 정자와 융합한 후에는 난자의 원형질막과 비텔린막의 간격이 벌어지며 이 간격에 수액이 차고, 난자로부터 여러 단백질들이 분비되어 비텔린막의 성질을 변화시켜 수정막을 형성하게 된다. 이렇게 난자가 최초의 정자를 만났을 때 일어나는 전기적 변화와 아울러 이어서 만들어지는 수정막 형성과 같은 생화학적인 변화가 일어남으로써 뒤늦게도착한 정자는 난자에 들어올 수 없게 된다. 그래서 염색체의 수가 2n이 되는 이배체 수정란 세포가 되는 것이다. 만약에 이런 과정이 일어나지 않는다면 난자는 여러 정자와 수정하게 되어 염색체 수가 너무 많은 비정상적인 수정란이 되기 때문에 정상적인 개체 발생을 기대할 수 없다.

수정은 나팔관이라고도 부르는 자궁 관에서 일어나는데 수정되고 나서 24시간 후부터 세포의 분할이 이루어지고 동시에 수정란은 자궁 관의 섬모 활동에 의해 서서히 자궁 쪽으로 옮겨 간다. 1주일 정도 지나면 100여 개의 세포로 이루어진 구형의 포배가 형성되고 자

과학으로 하나님을 만나다
SCIENCE SEE GOD

원형질막 : (原形質膜)【명사】『생』 생물 세포의 원형질을 둘러싸고 있는 얇은 막. 선택적 투과성을 가지고 세포의 삼투압을 유지하는 작용을 함. 세포막.

섬모활동 : 섬모 (纖毛) [명사] 1. 몹시 가는 털. 2. 생물체의 세포 표면에 있는 가는 털 모양의 돌기. 박테리아, 하등 동물, 하등 조류(下等藻類) 등에서 볼 수 있으며, 이것을 움직여 이동을 함. 물결털.

궁에 도착하면서 자궁 내벽에 착상을 시도한다. 수정란이 자궁으로 이동하는 작업이 제대로 이루어지지 않으면 자궁에서 자라지 못하고 좁은 자궁관 내에서 자라기 때문에 자궁 외 임신이 되어 산모가 위험하게 된다. 따라서 자궁에 도착하여 제대로 착상을 해야 하는데 이 과정도 정상적으로 일어나야 한다. 그렇지 않으면 유산이 되고 만다.

수정란이 포배가 되고 나면 세포의 대이동이 일어나서 외배엽, 중배엽, 내배엽으로 3개의 세포층이 형성되는 낭배가 만들어지고, 외배엽으로부터 신경판이 생기며 이것이 신경관을 거쳐 신경계로 발달하게 된다. 뿐만 아니라 외배엽은 피부와 눈의 각막이나 수정체 등으로 분화되고 중배엽은 뼈대나 근육, 순환기, 생식기 등으로 발달한다. 내배엽은 간이나 췌장 등 내부 장기로 발달하게 되면서 각 세포층이 적절한 기관 형성을 하게 된다. 개체가 발생하면서 각 기관이 이루어지고 형태를 갖추게 되는 과정에서는 각 기관이 발달하는 목표 지점에서 분비되는 화학 신호에 따라 세포가 이동하고, 또한 적절한 때에 스스로 세포가 죽어 버리는 예정된 세포의 죽음도 일어난다. 그리고 조직과 기관이 형성되면서 하나의 세포군이 가까운 다른 세포군의 발달에 영향을 주는 유도 작용이 있고, 분화된 조직과 기관들이 자기 자리에 있게 하는 패턴 형성의 과정을 가진다. 패턴 형성이 잘못되면 팔이 가슴에 붙을 수도 있다.

이러한 복잡한 일련의 발생 과정을 통해 수정이 된 후 9주가 되면 태아의 팔 다리가 움직이고 손가락을 빨기도 하고 얼굴을 찡그리기도 한다. 그리고 20주가 되면 얼굴에 눈썹이 생기고 손톱 및 발톱이 생기고, 30주가 지나면 태아의 눈이 떠지고 치아도 만들어진다. 건강한 아기로 출산되기까지 끊임없이 필요한 물질들의 합성이 일어

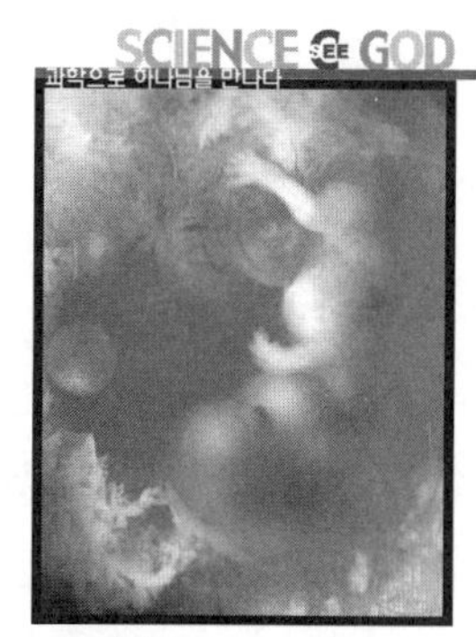

■ 9주된 태아

나야 하고 세포의 분열과 이동, 분화, 발달이 적절한 때에 알맞게 일어나야 한다. 한치의 오차가 있어서는 안 된다. 발생 과정 중에 조금의 실수만 있더라도 기형이나 장애를 가지게 된다. 발생의 단계를 들여다 보면 엄청나게 복잡할 뿐만 아니라 아직도 알지 않은 메커니즘들이 대부분이지만, 지금까지 관찰되고 연구되어진 결과만을 놓고 보더라도 각 발생 과정에서 필요한 때에 정확하고도 정밀한 반응이 일어나야 함을 알 수 있고, 이 일들이 저절로 우연하게 된다고 믿기는 너무나 어렵다.

영적 생명이 태어나기까지

하나의 완전한 생명체가 탄생하기까지 하나님께서 디자인하시고 필요한 모든 것을 손수 만들어 놓으신 특별한 손길을 인정하지 않을 수 없다. 그런데 하나님께서는 육신의 생명을 주시기 위해서 이토록 세밀한 프로그램을 만드시고 세포들 간에 유기적으로 긴밀하게 상호 작용하면서 완전한 개체로 발생토록 하셨을 뿐만 아니라 우리의 영혼에게도 생명을 주시기 위해서 위대한 계획을 수립하시고 이를 성취하셨다. 육신의 생명이 잉태되고 출산되는 것처럼 영혼도 생명을 얻기 위해서는 다시 태어나야 한다.

우리가 다시 태어나는 거듭남의 축복을 위해 하나님께서는 엄청난 희생을 하셨다. 죄로 인해 영원히 하나님과 단절되어 영적인 생명이 없는 모습으로, 하나님과 상관없이 살아야 할 우리들을 하나님의 자녀로 삼으셔서 행복한 삶을 살도록 하기 위해 특별한 계획을 하셨다. 죄의 문제를 해결하기 위해 하나님이신 예수님께서 직접 인간의 몸으로 이 땅에 오셔야만 했고, 우리가 치러야 할 죄값을 대신 치르셨다. 우리 자신이 죄로 인해 죽어야 하지만 주님께서 우리를 대신해서 십자가에 달려 비참한 죽음을 당하셨다. 그리고 이 사실을 믿는 자는 누구나 자신의 죄값을 치른 것으로 간주하신다. 그리하여 주님께서 죽음에서 다시 살아나심으로써 주님을 믿는 우리에게도 동일하게 영원한 생명의 복을 주시겠다고 약속하셨다.

우리는 두 번 태어나야 진정으로 복된 자라고 할 수 있다. 육신의 생명을 얻기 위해 어머니의 태에서 세상으로 나온 것이 첫번째이고, 두 번째는 예수님이 나의 죄값을 대신 치렀다는 사실을 인정하고 믿음으로써 얻어지는 영적 생명이다. 나에게 육신의 생명을 주셨을 뿐만 아니라 영적 생명까지 허락하신 하나님께 감사드리며, 아직까지 영적인 생명을 얻지 못하고 하나님 안에서 행복한 삶을 누리지 못하는 많은 분들이 주님을 발견하고 새로운 생명의 삶이 이루어지기를 간절히 소망해 본다.

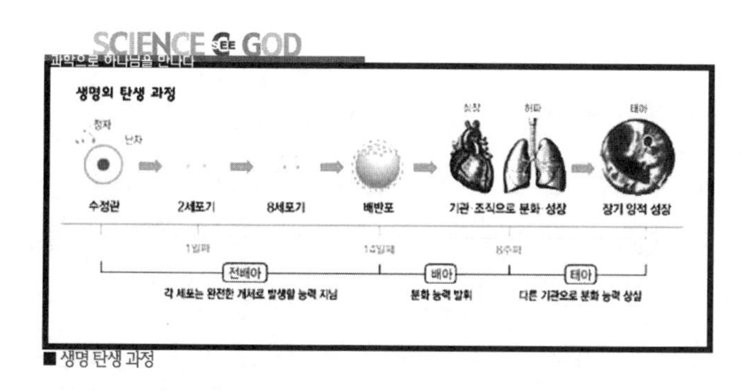

■ 생명 탄생 과정

포도주는 과연 오래될수록 맛있을까?

– 주님을 만나면 우리의 인생에도 거룩한 반응이 일어난다

우리 나라 사람들은 술을 많이 마시는 것 같다. 가정에서 식사를 하는 경우를 제외하고는 밖에서 직장 동료들이나 친구들과 함께하는 자리에는 어김없이 술이 나오는 것을 볼 수 있다. 통계청 자료에 의하면 매년 소주 소비량은 100만 킬로리터를 넘고, 맥주는 180만 킬로리터, 그리고 비싼 위스키는 1만 킬로리터가 넘는다고 한다. 사람들은 기쁠 때는 기분 좋아 한 잔, 슬플 때는 잊어 버리기 위해 한 잔 하면서 술을 마신다.

■ 포도주

포도주가 오래되었다고 맛있는 것이 아니다

술 마시는 사람들을 살펴 보면 물을 마시는 양보다 술을 훨씬 더 많이 마신다. 과연 술배와 물배가 따로 있을까? 물은 소장에서 80퍼센트, 대장에서 나머지 20퍼센트를 천천히 흡수하는 반면에 술은 위장에서부터 흡수가 시작되어 대장까지 이르는 넓은 지역에서 빠르게 흡수되므로 물보다는 술을 많이 마실 수 있는 것이다. 그리고 술은 뇌하수체에서 분비되는 항이뇨 호르몬의 분비를 억제하여 콩팥에서 소변 생성이 많아지게 함으로써 술을 마시면 소변의 횟수와 양이 많아진다. 따라서 소변을 보는 만큼 더 많이 마실 수 있다.

이 뿐만 아니라 또 다른 이유가 있는데, 우리의 뇌에는 도파민 신경이 모여 있는 보상센터(reward center)라는 것이 있다. 이 신경이 시상하부와 전두엽에 걸쳐 뻗어 있어 자극을 받으면 사람의 기분을 좋게 만들어 준다. 술이나 마약, 담배 등은 보상센터에 작용을 한다. 그래서 술을 마실 때 보상센터의 작용으로 기분이 좋아져 술을 더 먹고 싶은 충동을 느끼게 하므로, 취하면 술이 술을 불러 더 마시게 하는 것이다.

그런데 알코올은 신경세포에서 GABA 수용체를 자극하는데 이 수용체가 활성화되면 신경 전달이 억제된다. 우리의 뇌는 각 부위마다 독특한 기능을 담당하면서 신경 회로를 통해 서로 연결되어 있는데, GABA 수용체가 많이 발현되어 있는 부위에 알코올이 작용하여 그 부위의 신경 신호를 억제하면 공격적이 되거나 말이 많아져 수다스러워지기도 한다. 그러다가 술을 너무 많이 마시면 대뇌의 측두엽에 있는 해마라는 부위에 영향을 미쳐 기억이 나질 않게 한다. 해마는 기억을 입력하고 저장하는데 중요한 역할을 수행하므로 알코올로 인해 기억의 입력 과정에 문제가 발생하여 필름이 끊기는 일이 일어나기도 한다.

술이 과다해지면 여러 가지 해로운 기능이 발생되어 다양한 문제를 일으키지만 적당히 마셨을 때는 기분이 좋아지는 관계로 사람들은 술을 늘 가까이 하는 것 같다. 그래서 부작용이 적으면서 기분을 좋게 해 주는 술을 찾으려고 애를 쓴다. 오래 숙성되고 값이 비싼 술

뇌하수체 : (腦下垂體)【명사】 간뇌(間腦)의 밑에 있는 내분비샘의 하나《전엽(前葉) · 중엽 · 후엽의 세 부분으로 되었고 생식 · 발육에 밀접한 관계가 있음》.

도파민 신경 : [dopamine] 히드록시티라민으로서 생리활성(生理活性) 아민 · 카테콜아민의 일종

시상하부 : 시상하부(視床下部) 『생』 간뇌(間腦)의 일부로서, 제3뇌실(腦室)의 바깥벽 하부와 밑바닥을 둘러싸고 있는 부분. 물질 대사 · 수면 · 생식 · 체온 조절 등에 관여하는 자율 신경 작용의 중추를 이룸.

전두엽 : [前頭葉, frontal lobe] 대뇌반구의 일부로 중심구(中心溝)보다 전방에 있는 부분.

■ 오크통

을 마시면 그러리라고 생각하여 찾는 사람들이 많다. 그러나 술이 오래되었다고 해서 몸에 좋은 새로운 성분이 생기는 것은 아니다. 위스키나 꼬냑, 포도주 등을 오크통 속에서 얼마나 오래 숙성시켰느냐에 따라 독특한 성분이 우러나와 부드러운 향이 첨가될 수는 있다. 그렇다고 부작용이 없는 알코올이 되는 것은 아니다.

포도주의 경우에는 알코올 농도가 10퍼센트 안팎이므로 장기간의 보관이 불가능하다. 알코올 농도가 적어도 20퍼센트 이상은 되어야 자체적인 보존이 가능하다. 포도주는 살아 있는 생명체와 같이 수명이 있어서 발효가 갓 끝난 포도주는 맛이 거칠지만 점차 숙성되어 가면서 원숙한 맛을 유지하다가 어느 정도 지나면 노화되어 결국ㅇ는 부패한다고 한다.

그리고 이런 성숙의 기간은 포도의 품종이나 술을 발효시켜 만드는 방법에 따라 차이가 있다. 대체로 고급 화이트 와인은 2-5년, 레드 와인은 5-10년 정도가 될 때 가장 원숙한 맛을 가지지만, 대부분의 포도주는 1-2년 사이에 판매되고 소모되는 것이 일반적이다. 50년 또는 100년 묵은 포도주가 비싼 값에 팔리는 것은 맛보다는 골동품과 같은 가치가 있기 때문으로 생각된다. 따라서 포도주는 얼마나 오래 숙성시켰는가를 표시하지 않고 수확년도(Vintage)를 표시하여 어느 해 어느 지방에서 수확된 포도로 술이 만들어졌는가를 보고 맛과 향에 따른 품질을 판단하게 된다.

일전에 이스라엘의 가나 지방을 방문하였을 때 포도주를 파는 상점들이 줄지어 서 있는 것을 보았다. 상점으로 들어가는 입구에는 포도주를 조그만 잔에 따라 놓고 시음할 수 있도록 했다. 나는 술을 마시지 않기 때문에 어떤 포도주가 좋은 품질의 것인지 구별할 재간은 없었지만, 그 때 맛을 본 포도주는 쓰지도 않고 달콤한 맛이라 내

입맛에는 딱 맞았다.

주님을 만나면 우리의 인생에도 거룩한 반응이 일어난다

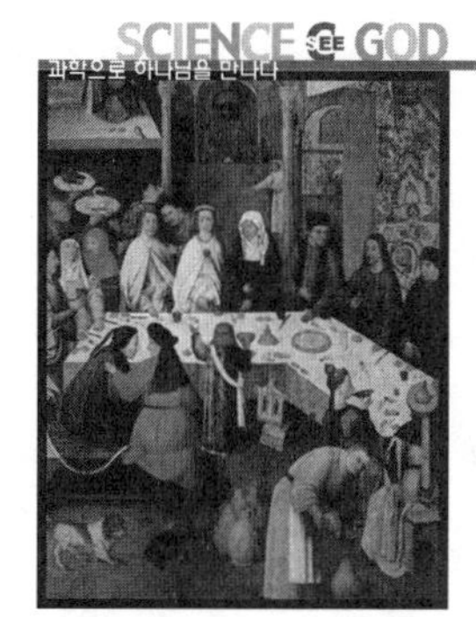

■ 가나 혼인 잔치

2000년 전에 이곳 가나 지방에 혼인 잔치가 있어서 온 동네 사람들이 모여 신랑 신부와 그 가족들을 축하하며 즐거운 시간을 가지고 있었다. 손님이 많이 온 관계로 잔치의 분위기는 한껏 고조되어 무르익었지만 준비했던 포도주가 동이 나서 혼인집 주인은 당황하여 안절부절 못하는 상황에 부닥쳤다. 이 때 잔치에 참석했던 예수님의 어머니 마리아는 주님께 이 상황을 알리고 도움을 요청해 보라고 하였다. 주님은 종들에게 물을 채우는 항아리에 물을 가득 채우라 하셨다. 그리고 항아리에 채워진 물을 다시 떠서 연회장에 갖다 주라고 명령했는데, 하인들이 물을 떠서 연회장으로 가는 도중에 물은 포도주로 변했다. 하객들은 이렇게 맛있고 향기로운 포도주는 처음 맛 본다며, 지금까지 어떻게 이런 좋은 포도주를 내놓지 않고 숨겨 놓을 수 있었느냐고 기분이 좋아 떠들었다.

주님이 만드신 포도주는 5-10년 동안 숙성시킨 것이 아니라 기간으로 따지자면 1분도 채 되지 않았을 것이다. 하지만 최상급 포도주를 만드셨다. 물을 포도주로 바꾼 것은 화학 반응이나 합성으로서는 도저히 얻을 수 없는 것이고, 오직 주님만이 하실 수 있는 창조이다. 주님으로 인해 진정한 창조가 이루어질 수 있다는 말이다.

영원의 세계와 아무런 관계가 없던 사람도 예수님을 만나게 되면 영원한 생명을 얻게 된다. 물이 포도주로 변하듯이 새로운 사람이 된다. 치사하고 야비했던 성품이 거룩한 성품으로 변한다. 세상에 대한 불평과 불만으로 잠 못 이루던 사람도 평안의 복을 누리고 감사와 찬양의 소리가 그 입에서 흘러 나오게 한다. 미래에 대한 불안으로 두려움에 떨던 사람들이 주님을 만나면 두려움 없이 담대하게 걸어가게 된다. 땅이 꺼질 듯 한숨을 쉬며 근심의 탄식을 하던 사람도 주님으로 인해 기뻐하며 즐거워하게 된다. 비록 수중에 풍족한 물질이 주어지지 않는다 하더라도 염려하지 않고 주어진 것에 자족할 줄 아는 여유를 갖게 된다. 비록 힘이 없고 미련하다 할지라도 주님만 의지하면 능력과 지혜를 주시고 필요한 모든 것을 공급해 주시리라는 믿음을 가지고 자신 있게 살아간다.

나에게 주어지는 모든 문제가 해결될 수 있는 유일한 길은 주님을 만나는 것이다. 주님이야말로 우리를 새로운 피조물로 만드실 수 있는 분이기 때문이다. 주님을 만난 사람에게는 변화가 일어난다. 근본적이며 창조적인 변화가 일어난다. 예수님은 창조주시므로 우리의 지금 형편을 자세히 아시고 우리가 지금 어떻게 살아가며 어떤 길이 최선의 길인지 다 아시고 적절하게 인도하신다. 주님을 만남으로 모든 사람이 물과 같은 인생에서 맛과 향이 최고인 최상급 포도주와 같은 삶으로 변화를 받아 진정한 행복을 누리길 소원한다.

과학자는 왜 정직해야 할까?

– 하나님께서 정직하시므로 우리도 정직해야 한다

며칠 전 교회에서 한 교우가 다가오더니 한 가지 부탁을 제의해 왔다. 자신의 자녀가 숙제를 해야 되는데 과학자가 왜 정직해야 되는지에 대해서 생각해 오라는 것이었다. 그래서 내가 과학을 공부하는 사람이니까, 과학자로서 정직해야 되는 이유에 대해 간단하게 설명해 줄 수 있겠느냐는 것이었다.

과학자가 정직해야 하는 이유

나는 과학자로서 연구하는 가운데 왜 정직해야 하는지 잠시 생각해 보았다. 과학자는 과학적인 방법으로 과학의 대상인 자연 현상을 연구하는 사람인데, 과학의 대상을 조금 더 풀어 설명하자면 우리의 오감, 다시 말해서 시각, 청각, 촉각, 미각, 후각을 통해 측정 가능한 모든 것이 될 수 있다. 우리의 다섯 가지 감각 시스템으로 측정을 하지 못하더라도 정밀한 측정 장치의 도움을 받아 그 측정 범위의 한계를 넓혀갈 수 있다.

예를 들어 박테리아는 우리 눈으로는 볼 수 없지만 광학 현미경을 이용하면 볼 수가 있다. 우리 눈으로는 최대한 집중해서 보면 100㎛ 크기까지는 구별할 수 있다. 하지만 박테리아는 크기가 1㎛ 밖에 되지 않기 때문에 우리 눈으로 직접 볼 수는 없다. 반면에 광학 현미경은 0.1㎛까지 구별할 수 있기 때문에 현미경을 통해서 보면 박테리아를 관찰할 수 있다. 그러므로 우리 눈으로 직접 볼 수 없다고 해서 박테리아는 없다고 결론을 내릴 수 없다. 현미경의 도움으로 자연계에 실제로 존재하는 실체인 박테리아를 관찰할 수 있기 때문에 박테리아는 과학의 대상이 될 수 있는 것이다.

과학자가 연구 활동을 통해 결과를 얻었을 때 그 결과에 대해서 주관적인 시각보다는 객관적인 시각으로 바라보도록 노력해야 하고 개인적인 신념이나 편견에 치우치지 않도록 해야 한다. 과학자가 자신이 수행한 실험결과를 있는 그대로 발표하는 게 중요한데 왜냐하면 발표된 결과를 바탕으로 다른 과학자가 또 다른 실험을 수행함으로써 과학적인 원리나 사실에 대해 이해를 넓혀가기 때문이다. 한 사람의 과학자가 할 수 있는 연구의 범위는 한계가 있다. 한 사람이 모든 것을 다 밝혀 낼 수가 없다. 그러므로 많은 다른 과학자들과 그 결과를 공유함으로써 연구가 확대되어 나간다.

과학은 지식을 축적하고 전달하는 역할을 담당하기 때문에 연구자는 자신의 결과를 알릴 필요가 있고, 과학은 혼자서만 즐기기 위한 것이 아니고 사회적인 활동으로서 자신의 연구 결과를 다른 과학자들과 사회에 알리기 위해 발표해야 한다. 그리고 실험을 하게 된 배경과 실험 방법을 소상히 밝힘으로써 다른 연구자가 그 실험을 반복하여 같은 결과를 얻을 수 있도록 해야 한다. 그래서 다른 연구자도 동일한 결론에 이르렀을 때 점점 객관성을 많이 확보하게 되고 그 결과는 과학적 원리나 사실로 가치를 가지게 되는 것이다.

그리고 다른 과학자들의 후속 연구에 의해 검증이 됨으로 인해 먼저 발표된 결과는 빛이 나게 되는 것이다. 그런데 먼저 발표된 결과가 거짓일 경우에는 다른 과학자들의 후속 실험에 의해 재현이 되지 않기 때문에 거짓이 드러나게 된다. 따라서 과학자의 세계에서는 발표한 논문에 고의적인 거짓이 포함된 것으로 판명될 경우 그 사람은 더 이상 과학자로서 인정을 받지 못하고 영원히 과학 분야에서 매장된다. 따라서 자신의 실험 결과를 정직하게 바라보고 최선을 다하여 보편 타당하며 논리적인 시각으로 해석하여 발표를 해야 한다. 연구 결과를 정직하게 발표함으로써 동료 연구자나 다음 세대의 연구자가 이를 활용하여 관련 연구를 하는 근거가 되고 이로 인해 과학적 지식은 그 깊이와 넓이가 커지는 것이다. 그러므로 과학자는 이성적이어야 하며 합리적이고 논리적인 사고를 해야 하고 양심에 따라 연구 결과에 대해 정직한 판단을 해야 한다.

과학자의 윤리적 덕목의 첫번째는 정직이라고 할 수 있다. 그래서 다른 과학자의 아이디어나 결과를 훔치는 일을 해서는 안 된다. 대개 놀라운 새 발견이 가져다 줄 명성과 욕심에 도취되어 다른 연구자의 결과를 도용하고 자신의 선입견에 따라 연구 결과를 잘못 해석하기도 한다. 그렇게 되면 계속해서 결과를 왜곡하기 때문에 돌이킬 수 없는 파멸을 가져올 수 있다. 과학자는 열린 마음으로 다른 과학자들의 비판을 수용하고 또한 비판적 시각에서 자신의 연구 결과를 바라볼 수 있어야만 한다.

그런데 정직성은 비단 과학자에게만 국한된다고 말할 수 없을 것이다. 우리가 살아가는 데 있어서 정직함은 서로 간의 관계를 튼튼하게 한다. 개인과 개인 간에도 정직한 관계가 필요하고 나라와 나라 간에도 정직하고 투명한 관계가 필요하다. 요즈음에는 개인의 경우뿐만 아니라 집단의 경우도 자신의 이익을 위해서는 수단과 방법을 가리지 않는 모습을 많이 본다. 문제나 의혹이 제기될 때 궁색한 변명을 늘어놓기보다는 전후 사정을 솔직하게 밝힘으로써 문제가 더욱 쉽게 해결될 수도 있으리라 본다. 정직할 때 서로에 대해 신뢰가 쌓이게 되고 밝고 아름다운 신용 사회가 만들어지지 않겠는가!

하나님께서 정직하시므로 우리도 정직해야 한다

시편 25편 8절에서는 하나님은 선하시고 정직하다고 하셨고, 시편 84편 11절에는 "여호와 하나님은 해요 방패시라 여호와께서 은혜와 영화를 주시며 정직히 행하는 자에게 좋은 것을 아끼지 아니하실 것임이니이다"라고 기록되어 있다. **하나님께서 가지고 계신 것들은 우리가 상상할 수 없을 정도로 좋은 것들이다. 이것을 우리의 것으로 풍성히 받아 누리려면 하나님께서 정직하시듯 우리도 정직해야 된다고 말씀하신다.** 하나님의 부요하심이 나의 부요함이 되도록 오늘도 우리 자신을 바라보고 하나님 앞에서 진실한 삶을 살 수 있도록 나에게 정직한 영을 달라고 기도해 보자.

노벨상 수상자는 어떻게 결정될까?

– 하나님이 부르신 부름의 상을 좇아 가라

■ 노벨상

10월이 되면 과학계에서는 올해의 노벨상 수상자가 누가 될런지 초미의 관심을 가지게 된다. 올해도 각 분야에서 탁월한 업적을 낸 과학자들에게 노벨상 선정이 이루어지고 이 소식들이 미디어를 통해 우리에게 전해질 것이다. 노벨상은 인간의 지적인 업적에 대한 공로를 인정하여 수여되는 상들 가운데 세계에서 가장 권위 있는 상으로 널리 인정받고 있다.

노벨상 수상자는 어떻게 결정될까?

■ 알프레드 노벨

노벨상은 스웨덴의 발명가이자 실업가인 알프레드 노벨이 증여한 기금에서 출발했다. 그는 다이나마이트를 개발하여 큰 돈을 벌었는데, 어느 날 신문을 펼쳐 보던 중 깜짝 놀랄 만한 기사를 접하게 되었다. 그 기사는 이렇게 적혀 있었다. "알프레드 노벨 사망하다. 죽음의 사업가, 파괴의 발명가, 다이나마이트의 왕이 죽다"라고 적혀 있었다. 이 기사는 프랑스의 한 기자가 동명이인의 죽음을 잘못 알고 작성한 오보였다. 자신의 죽음에 대한 기사에 대해 크게 충격을 받은 노벨은 후세에 죽음의 사업가, 파괴의 발명가로 불리고 싶지 않았다.

■ 노벨상 시상식

그래서 1895년 자신의 재산을 헌납하여 5개 부문에서 '지난해 인류에 가장 큰 공헌을 한 사람들'에게 매년 수여하라는 내용을 유언장에 명기했다. 이런 그의 유언에 따라 노벨 물리학상, 화학상, 생리의학상, 문학상, 평화상이 제정되었고, 최초의 노벨상 수상식은 노벨이 사망한 지 5년째인 1901년 12월 10일에 행해졌다. 그리고 노벨 경제학상으로 알려져 있는 것은 1968년 스웨덴의 중앙은행인 리크스방크에 의해 제정되어 그 이듬해인 1969년부터 수여되기 시작했다. 노벨 재단은 1896년 12월 10일 노벨이 사망한 후 그의 유언 내용을 집행하는 한편, 그가 남긴 재산을 관리하기 위해 설립되었다.

유언장에서 노벨은 상을 수여하는 기관으로 4개의 기관을 지목했는데, 스톡홀름의 스웨덴 왕립 과학 아카데미는 물리학상, 화학상, 경제학상을 수여하고, 생리의학상은 카롤린스카 의학연구소에서, 문학상은 스웨덴 아카데미에서, 그리고 우리 나라의 김대중 대통령도 받았던 노벨 평화상은 오슬로에 있는 노르웨이 노벨위원회에서 수여한다. 수상자 선정 작업은 매년 초가을부터 시작된다. 이 시기에 노벨상 수여 기관들은 각 분야당 약 1,000명씩, 총 6,000여 명에게 후보자 추천을 요청하는 안내장을 보낸다. 안내장을 발부받는 대상은 이미 노벨상을 수상한 사람들과 노벨상 수여 기관들, 그리고 물리학, 화학, 생리학 · 의학 분야에서 활동중인 학자들과 대학교 및 학술단체 직원들이다.

노벨상 추천 안내장을 받은 사람들은 해당 후보를 추천하는 이유를 서면으로 제출해야 하며 자기 자신을 추천할 수는 없다. 추천서는 그 다음해 2월 1일까지 노벨위원회에 도착해야 한다. 후보자는 분야별로 보통 100-250명 가량 되는데, 6개 노벨 위원회는 접수된 후보자들을 대상으로 각기 선정 작업에 들어간다. 이 기간 동안 각 위원회는 수천 명의 인원을 동원하여 후보자들의 연구 성과를 검토하고 필요한 경우에는 외부 인사를 초빙하여 검토 작업을 돕도록 한다. 노벨 생리의학상의 경우는 카롤린스카 연구소의 저명한 50명의 교수가 후보자들에 대해 최종적으로 투표를 실시하여 수상자를 선정한다. 이렇게 각 분야별 노벨위원회는 최종 수상 후보자를 노벨상 수여 기관으로 통보하게 되면 대개는 위원회의 추천대로 수상자가 결정되지만, 반드시 여기에 따르는 것은 아니다.

노벨상 수여 기관에서 행해지는 심사 및 표결 과정은 철저히 비밀에 부쳐지며 매년 11월 15일까지는 최종 수상자를 결정한다. 노벨 평화상은 단체에도 수여할 수 있지만 나머지 상은 개인에게만 주도록 되어 있다. 죽은 사람은 수상 후보자로 지명하지 않는 게 원칙이지만 살아 있을 때 수상자로 지명된 경우에는 수상식이 있기 전에 죽는다 하더라도 상을 받을 수 있다.

일단 수상자가 결정되고 나면 번복할 수 없고 상을 수여하는 사람들은 시상 과정에서 특정 후보를 지지하는 외교적 혹은 정치적 발언을 하지 못하도록 규정하고 있다. 노벨상은 금메달과 상장, 노벨 재단의 수입에 비례해 책정되는 일정액의 상금으로 구성되는데, 대개 분야별로 100만 달러 정도 된다. 수상자가 한 명일 때는 상금 전액이 지급되며, 두 명일 때는 상금을 반으로 나누어 지급한다. 수상자가 세 명일 경우에는 각각 1/3씩 지급하는 경우도 있고, 한 명에게 1/2을, 다른 두 명에게는 나머지 1/2을 다시 나누어 지급하는 경우도 있다. 다음해까지 시상이 보류되는 경우도 가끔 있고, 수상자가 나오지 않을 경우는 상금이 기금으로 환수된다. 따라서 한 해에 같은 분야에서 두 개의 상, 즉 전해에 보류됐던 상과 그 해의 상이 동시에 수여되는 경우도 있다.

알프레드 노벨은 다이나마이트를 발명한 발명가였지만 그가 죽으면서 제정한 노벨상이야말로 그의 가장 큰 발명이라고 사람들은 말하고 있다. 노벨상은 과학과 문학, 경제 및 세계 평화에 지대한 업적을 한 사람들에게 수여하면서 그들의 노고를 치하하며, 각 분야에서 활동하고 있는 젊은이들에게 꿈을 심어 주고 있다.

영원한 상급을 좇아가노라

우리 나라에서도 과학 분야에 노벨상 수상자가 나오도록 하기 위해 연구의 프론티어에서 맹활약하는 과학자들을 선정하여 다각도로 지원하고 홍보하면서 노력하고 있다. 포항공대의 강당과 무은재 도서관 앞에 있는 광장에는 유명한 과학자들의 흉상이 서 있다. 아인슈타인, 맥스웰, 뉴톤, 에디슨의 동상이 서 있는데, 두 개의 좌대에는 아무런 동상이 서 있지 않다. 그리고 빈 좌대의 이름표에는 '미래의 과학자' 라고 적혀 있다. 포항공대의 학생들이나 교수 중에 노벨상을 수상하는 사람이 있으면 비어 있는 좌대 위에 동상을 세울 것이라는 것을 암시하면서 부단히 노력할 것을 주문하고 있다.

개인적으로는 우리 나라의 과학자들 중에 이왕이면 크리스천 과학자들이 노벨상을 수상하기를 기도하며 기대하고 있다. 하나님의 창조하신 만물의 원리를 발견하여 하나님의 살아 계심을 간증할 수 있다면 얼마나 좋을까 생각해 본다.

노벨상은 엄격한 심사를 통해 선정되므로 이 상을 수상하는 개인에게 있어서는 참으로 영광스러운 일이 될 것이다. 이 땅에서 노벨상의 수상도 영광스러운 일이 될 수 있지만 우리 그리스도인들이 놓쳐서는 안 될 상이 있다. **우리가 사는 동안 주님을 믿고 하나님의 백성이 됨으로 얻게 되는 구원의 상은 절대로 놓쳐서는 안 된다.** 깊은 과학적 진리를 찾아낸 노벨상 수상자라도 주님을 알지 못하면 천국에 갈 수 없다. 하나님의 자녀가 된 자들만이 갈 수 있는 곳이 천국이기 때문이다. 그리고 천국 백성이 되었다 해도 이 땅에서 우리의 삶을 평가하여 주님께서는 공정하게 상을 주신다. 이 상은 그리스도인들 모두 똑같은 상을 받는 것이 아니라 각 사람이 살아 온 것에 따라 차이가 난다.

사도 바울은 빌립보서 3장에 "형제들아 나는 아직 내가 잡은 줄로 여기지 아니하고 오직 한 일 즉 뒤에 있는 것은 잊어버리고 앞에 있는 것을 잡으려고 푯대를 향하여 그리스도 예수 안에서 하나님이 위에서 부르신 부름의 상을 위하여 좇아 가노라"고 말했다. **우리 신앙인은 궁극적으로 주님께서 주실 영원한 상급을 바라보면서 달려가는 사람들이다. 이 땅에 사는 동안 힘들고 어려운 사람에게 도움이 되고, 좌절한 사람에게 위로가 되며, 연약한 사람에게 기댈 언덕이 되어 주고, 주님을 알지 못하는 자들에게 천국의 소망을 알려 주는 사람이 될 때 주님께서는 우리가 상상하지 못한 큰 상으로 갚아 주실 것이다.**

주님께서는 우리 각자를 부르시고 주님께서 원하시는 다양한 일에 우리들을 사용하기 원하신다. 주님께서 원하시는 삶을 제대로 살아 갈수록 우리에게 주어질 상은 더욱 영광스러운 것이 될 것이다. 스스로 돌아보면서 하나님께서 나를 어떤 일에 쓰기를 원하시는지 생각해 보자. 성령님께서 마음에 생각을 주시는 대로 신실하게 그 일을 감당해 가자. 나와 여러분이 주님의 부르심에 응답하고서 주님께서 기뻐하시는 삶을 살아감으로 인해 훗날 우리를 위해 예비한 천국의 영화로운 상을 수상하는 기쁨을 함께 누리길 소원한다.

소나무, 재선충의 습격 앞에 쓰러지다

– 형제들의 강점을 세워 주고 격려하라

■ 금강산

세계에 내놓아도 자랑할 만하다는 금강산을 방문할 기회가 있었는데, 아름다운 산세는 그 명성에 걸맞은 것이었다. 기묘한 형상의 빼어난 바위 봉우리들과 구룡폭포 아래로 흘러내리는 골짜기의 수정같이 맑은 물 그리고 산봉우리들을 울타리로 삼아 그림처럼 떠 있는 삼일포 호수는 미인의 수줍은 눈망울을 연상하듯 아름다움을 뽐내고 있었다.

그런데 금강산에 들어서면서 가장 먼저 눈에 띄고 인상 깊었던 것이 쭉쭉 뻗은 소나무 숲이었다. 우리 나라의 산을 가보면 어디서나 쉽게 볼 수 있는 나무가 소나무이지만 금강산의 소나무는 굵고도 곧게 솟아 있어 기품이 있어 보였다. 그래서 이 산에 있는 소나무를 금강송이라고도 하고 미인송이라고도 부르는데, 반듯하고 훌륭한 재질을 가져 예전에 궁궐을 짓는데 귀하게 사용되었다고 한다. 집의 정원이나 야산 그리고 해변가에도 우리는 소나무를 쉽게 볼 수 있어

■ 소나무 숲

소나무야 말로 우리 나라의 대표 수종이라 할 수 있다.

소나무 숲에 대한 재선충의 습격

그런데 우리 나라의 소나무 숲에 비상이 걸렸다. 경남 지방을 중심으로 소나무에 기생하여 자라는 재선충이 발생하여 소나무가 말라 죽어가고 있기 때문이다. 재선충에 감염이 되면 1년 이내로 90퍼센트의 나무가 죽고 나머지 10퍼센트도 2년 내로 죽는다. 소나무로서는 치명적인 병이다. 재선충은 길이가 0.6-1.0mm 정도의 작은 실 같은 벌레로서 나무에서 수분과 영양분이 뿌리로부터 올라가는 길, 즉 수관부에 기생하면서 물과 영양분을 차단하기 때문에 나무로 하여금 말라 죽게 만든다. 재선충에 감염되면 6일 만에 묵은 잎이 아래로 처지고, 감염 후 20일이 지나면 잎이 시들어지며 새로운 잎도 아래로 처지면서 서서히 고사하고, 30일 후에는 완전히 말라버린 솔잎들이 아래로 떨어진다. 아무리 건강한 나무라도 한번 걸리면 죽게 되는 소나무의 에이즈로 불리는 무서운 병이다.

■ 솔수염하늘소와 재선충

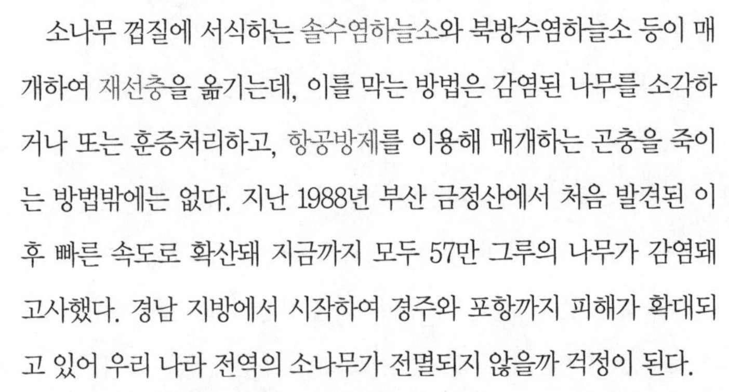

소나무 껍질에 서식하는 솔수염하늘소와 북방수염하늘소 등이 매개하여 재선충을 옮기는데, 이를 막는 방법은 감염된 나무를 소각하거나 또는 훈증처리하고, 항공방제를 이용해 매개하는 곤충을 죽이는 방법밖에는 없다. 지난 1988년 부산 금정산에서 처음 발견된 이후 빠른 속도로 확산돼 지금까지 모두 57만 그루의 나무가 감염돼 고사했다. 경남 지방에서 시작하여 경주와 포항까지 피해가 확대되고 있어 우리 나라 전역의 소나무가 전멸되지 않을까 걱정이 된다.

■ 항공방제

수백 년의 세월을 이기고 그 동안 온갖 풍상을 견뎌내며 꿋꿋하게 살아 온 소나무지만 실처럼 작은 벌레 앞에 꼼짝없이 당하고 있다. 폭설이 내리거나 강풍이 불어 닥쳐 나무를 때리고 또는 벼락을 맞을

지라도 죽지 않고 살아남아 사시 사철 푸른 잎을 자랑하며 살아온 소나무가 보잘것없이 약해 보이는 조그만 곤충에 의해 쓰러지고 있다.

남의 약점을 보지 마라

우리가 살아가면서도 별 것 아닌 것처럼 보이는 것에 의해 지치고 쓰러질 수 있다. 사람마다 완벽하지 않다. 그러므로 강점이 있는 가하면 약점도 있기 마련이다. 그런데 우리의 약점을 자꾸 거론하고 그 약점을 과대 포장하여 수군거리며 깎아 내리면 받은 상처로 인해 힘을 잃어 버리는 경우를 본다. 자신의 위치에서 열심히 일을 하던 사람도 자신을 헐뜯는 말이 들려질 때 의기소침해지고 날개 꺾인 새처럼 두려움에 싸이고 만다. 사람의 약점에 대한 집요한 공격이 있으면 자신만만하게 살아가며 의연한 태도를 보이던 사람도 흔들리기 마련이다. 이렇게 **사람의 허물을 들추고 얘기하는 것은 소나무에 재선충이 감염된 것과 같이 그 사람으로 하여금 능력을 발휘하지 못하고 하고 주저앉게 만드는 것이다.**

사람들은 대부분 자기를 성찰하는 데 노력을 기울이기보다는 남을 보고 판단하는 눈이 오히려 잘 개발되어 있다. 그것도 다른 사람의 장점을 보기보다는 단점을 보는 쪽으로 잘 발달되어 있다. 그래서 남의 흉을 보며 얘기하는 것을 들을 때, 흥미진진하게 생각하고 이에 대해 함께 맞장구를 친다. 그러면 서서히 그 사람을 죽이는 일이 된다. 성경의 잠언 11장 13절에 “두루 다니며 한담하는 자는 남의 비밀을 누설하나 마음이 신실한 자는 그런 것을 숨기느니라”고 했다. 여러 사람 만나면서 다른 사람의 약점을 얘기하고 퍼뜨리는 사람을 멀리해야 하고 우리도 이런 사람이 되어서는 안 된다.

신앙을 가진'우리는 하나님 아버지를 모시고 있는 믿음의 식구들이다. 가족의 한 사람이 잘 되는 것을 배 아파하고 싫어할 사람은 아무도 없다. 누구나 자신의 가족은 각자가 하는 일에서 성공하며 다른 사람으로부터 칭찬받기를 원한다. 그리고 다른 사람이 자신의 가족에 대해 험담을 하면 듣기 싫고 화가 난다. 마찬가지로 신앙으로 한 가족이 된 우리는 형제와 자매가 되었고 서로가 잘 되기를 바라며 기도해야 한다. 육신적 혈연으로 맺어진 가족 간에 약점을 용납하고 허물을 덮어 주며 서로 사랑하는 것은 누구나 하는 일이다.

우리는 여기에서 더 나아가 보다 넓은 시야를 가지고 믿음의 큰 가족을 바라볼 수 있기를 원한다. 믿음의 큰 가족은 주님께서 우리의 죄값을 치르기 위해 십자가 형틀에서 흘리신 보혈로 맺어진 가족이다. 그러기 때문에 더 귀한 가족들이다. 우리는 각자가 가진 강점을 잘 발휘할 수 있도록 격려하여 형제의 강점으로 인해 나의 약점이 극복될 수 있어야 한다. 자신의 눈에 있는 들보는 외면하고 형제의 눈에 있는 티를 보고 떠들면 곤란하다. 우리가 다른 사람을 비판하면 우리도 같은 비판을 받을 것이고, 다른 사람을 헤아리면 그 헤아림을 우리 자신도 당할 것임을 성경은 말하고 있다.

사람마다 주님께서 주신 은사가 있다. 은사를 발굴하고 이를 활용하여 주님의 일에 열심으로 봉사하며 가정이나 사회에서 자신이 맡은 일들을 통해 선한 결과가 나올 수 있도록 서로 세워줌이 필요하다. 형제의 즐거움에 기쁨으로 동참하여 함께 축하하며, 형제의 어려움을 함께 나누며 무거운 짐을 나누어 지는 일이 필요하다. 우리가 애국가의 2절을 노래하면서 "남산 위에 저 소나무 철갑을 두른 듯 바람 서리 불변함은 우리 기상일세" 라고 부른다. 오랜 세월 풍상에도 거뜬하게 견디어 온 소나무의 기상처럼 든든히 살아가기 위해서는 서로의 약점을 들추기보다는 각자가 자신이 가진 은사와 강점이 발휘될 수 있도록 서로에게 바람막이 울타리가 되면 좋겠다. 믿음의 형제들끼리 서로 버팀목이 되어 의지하며 이해하는 사회가 된다면 참으로 살 맛나는 세상이 될 것이다.

우주왕복선 컬럼비아호의 최후

– 전 우주를 창조하신 하나님의 세밀하심을 보라

컬럼비아호의 최후

■ 컬럼비아호

2003년 2월 1일, 미국의 우주왕복선인 컬럼비아호가 임무를 마치고 지구로 귀환하던 중 공중 폭발하여 떨어지는 사건이 발생했다. 컬럼비아호의 비행 궤적은 한 줄의 흰 연기로 이어지다 폭발 시점으로 추정되는 순간부터 여러 갈래로 흩어지는 것을 사람들이 목격했고, 폭발 추정 지점이 지상에서 수만 미터나 떨어진 고공이었지만 텍사스 주 동부 일대의 주민들이 엄청난 폭발음을 들은 것을 보면 매우 강력한 폭발이 일어났음을 알 수 있다.

우주왕복선은 우주와 지구 사이를 왕복하며 여러 번 사용하기 위해 만들어졌다. 이때까지는 인간이 탑승한 우주선은 모두 한 번 밖에 쓸 수 없었기 때문에 우주에 간다는 것은 경비가 대단히 많이 드는 일이어서 천문학적인 돈을 써서 갔다 와야 할만큼 의미가 있는가에 대해 비판을 많이 받았다. 그래서 미항공우주국(NASA)을 중심으로 경비가 덜 드는 방법이 검토된 끝에 결정된 것이 스페이스 셔틀 시스템, 즉 우주왕복선의 제작이었다. 우주 왕복선은 승무원들이 타는 우주선 부분과 외부 연료탱크, 그리고 고체연료 로켓 부스터의 조합으로 되어 있는데, 이중에서 우주선과 고체연료 로켓부스터는 회수하여 재사용하고, 외부 연료탱크만 한 번 쓰고 버리는 시스템이다.

이러한 우주왕복선을 제작하는 계획에 의해서 최초로 제작된 우주선이 컬럼비아호이다. 컬럼비아호는 선체 무게가 71,800kg이나 되고 전체 길이는 56.1미터인데, 우주선 부분은 길이가 37.2미터, 전체 폭은 23.8미터로 제트 여객기 DC-9과 거의 같은 크기이며, 승무원은 7명까지 탈 수 있다. 그리고 우주선 부분은 전체 표면에 내열용(耐熱用) 타일이 붙어 있다.

■ 컬럼비아호 폭발 당시의 장면을 담은 TV 화면

컬럼비아호를 이용한 최초의 비행은 1981년 4월 12일부터 14일까지 54시간 20분에 걸쳐 비행을 하였고, 발사지는 케네디 우주센터였다. 그리고 최초의 승무원은 존 영 기장과 로버트 크리펜 조종사이었으며, 지구를 36바퀴 회전하는 동안에 긴급 기본시스템의 테스트와 아울러 그 밖의 다양한 시험을 한 후 화이트샌드 미사일 발사장에 무사히 착륙하였다.

이후로 세 번의 시험 비행을 마친 후 다섯 번째 비행부터는 상업적, 군사적, 과학적 목적을 가지고 비행을 해왔다. 그래서 22년 동안 27번 우주 비행을 실시했으며, 28번째 비행을 마치고 돌아오는 중에 폭발사고가 난 것이다. 이번에 탑승한 우주인은 2개 팀으로 나누어 생물학, 의학, 자연과학, 기술 등과 관련해 연구를 실시했다. 실험 대상은 암 세포, 세균, 설치류 동물, 거미, 벌, 누에 등이었고, 우주인 자신들도 스스로 실험 대상이 됐다. 특히 우주인들이 우주 궤도를 지날 때 발생하는 심리적인 변화를 측정할 수 있는 감지기까지 부착하고 있었다. 특히 이번의 과학자들은 면역 기능을 떨어뜨릴 뿐만 아니라 골밀도를 낮추며, 근육을 약화시키는 무중력 효과에 대처하는 방법도 실험했다. 또 각종 질병을 치료할 수 있는 방법과 의약품을 개발하기 위한 실험도 시도됐다. 이와 함께 태양 관측 위성과 위성통신, 그리고 우주 기지 관리 업무 등과 관련된 실험도 수행했다.

이번 컬럼비아호의 폭발은 우주선이 이륙할 당시의 비디오를 살펴 본 결과 2.1kg 정도의 플라스틱 수지로 된 조각 파편이 왼쪽 날개를 친 것으로 나타났고, 이 충격으로 인해 왼쪽 날개 유압 시스템의 온도 감지기가 손상되면서 작동하지 않아 폭발의 잠재적 원인으로 작용했을 가능성이 크다고 설명을 했다. 하지만 실제로 이 조각을 가지고 충격 실험을 해본 결과, 이번 사고를 일으킬 만큼 선체에 손상을 주지 않았다. 그래서 연료탱크에서 나온 수소와 산소로 된 얼음 덩어리가 손상을 가했을 것이라는 추측도 있고, 혹은 지구 상공 1,920Km의 궤도에 떠다니는 100만 개 이상의 우주 쓰레기와 충돌했을 가능성도 있다고 한다. 아직도 정확한 원인은 알지 못하지만 과학자들의 머리로 전혀 예상하지 못한 이유로 인해 폭발한 것이 분명하다.

우주왕복선의 폭발 사고는 전에도 있었다. 1986년 1월 28일에 컬럼비아호와 마찬가지로 7명의 승무원을 태운 우주왕복선 챌린저호가 발사 73초 후에 공중 폭발하는 사고가 일어나 승무원 전원이 사망하는 참사를 빚은 바 있다. 이때는 낮은 온도에 약한 불과 몇 달러짜리 고무 부품 하나가 파손되어 일어난 어이없는 폭발이었다. 현대 물리학과 기계공학, 신소재공학 그리고 우주항공학의 첨단 기술이 집약되어 정성과 심혈을 기울여 제작된 우주왕복선이 예상치 못한 조그만 부품의 고장으로 산산조각 나버리는 것을 볼 때에 인간의 능력이 얼마나 불완전하고 부정확한지 알 수 있다.

전 우주를 세밀하게 아시는 하나님

하나님께서는 천지를 창조하실 때 넷째 날에 해와 달과 별들을 만드시고 주야를 나누시고 징조와 사시와 일자와 연한을 이루게 하셨다. 넓은 우주에 10^{25}개나 되는 별들을 만드시고 이 별들이 각자의 위치에서 정해진 궤도를 따라 움직이게 하셨다. 은하계 안에는 별이 약 천억 개 정도가 있고 이러한 은하계가 우주상에 수천억 개 이상 있을 것으로 생각되고 있다. 사람이 살아가면서 평생 동안 숫자를 센다고 한다면 다른 일은 하지 않고 정년 퇴직할 때까지 계속하더라도 수억을 넘기지 못한다고 한다. 따라서 이 우주에는 얼마나 많은 별들이 존재하는지 상상하기도 힘들다. **하나님께서는 태초부터 지금까지 이 많은 별들이 질서 있게 운행하도록 만드셔서 멋진 조화를 이루게 하신다.**

■ 은하계

성경의 욥기 38장 31절에 보면 "네가 묘성을 메어 떨기 되게 하겠느냐 삼성의 띠를 풀겠느냐?"라는 표현이 나온다. 묘성이라는 것은 황소자리에 있는 별로서 얼마 전까지는 서로 아무 관계 없이 떨어져 있는 개개의 별로서만 알았으나, 최근에 와서 비로소 묘성은 성단임이 알려지게 되었다. 수십 개의 별들이 서로의 인력으로 묶여 함께 움직이는 성단이라는 것이 밝혀진 것이다. 성경에서 말하는 떨기별이 바로 성단이라는 것이다. 삼성이란 겨울철 별자리 가운데 오리온자리의 허리띠에 있는 별이다. 최근에 전문적인 천체 관측에 의해 오리온자리의 삼태성은 지구에서 볼 때 세 개의 나란히 배열된 별들로 보이지만, 우주 공간에서 볼 때에는 입체적으로 뚝뚝 떨어져 있는 별들임이 밝혀졌다. 즉 삼성의 허리띠는 풀려 있는 것이다.

성경이 기록될 당시의 사람들은 도저히 알 수 없었던 내용이 이렇게 정확하게 쓰여 있다. 이렇듯 **정확하시고 흠이 없으신 하나님께서 우리를 인도하시는 방법도 한치의 오차 없이 하나님의 때에 하나님의 방법으로 세밀하게 하시기 때문에 우리가 온전히 신뢰할 분이시다.** 이사야 55장 8-9절에는 "여호와의 말씀에 내 생각은 너희 생각과 다르며 내 길은 너희 길과 달라서 하늘이 땅보다 높음같이 내 길은 너희 길보다 높으며 내 생각은 너희 생각보다 높으니라"고 했다. 우리가 살아가면서 어떤 때는 나의 이성으로 도저히 이해가 되지 않는 일이 일어나기도 한다. 하지만 하나님의 생각은 우리와 달라서 당장에 내게 일어나는 일의 의미를 알 수 없지만 지나고 나면 기막힌 하나님의 간섭하심을 깨닫게 된다.

우리의 머리털까지도 세셔서 알고 계시는 하나님께서는 내가 나 자신을 아는 것보다 더 잘 파악하고 계신다. 하나님께서는 자신의 자녀가 이 땅에서 살아갈 때에도 비참하게 근근이 살아가는 것을 원치 않으시고 풍성하게 살아갈 것을 원하신다. 우리의 풍성한 삶을 위해 하나님께서는 우리에게 가장 필요하고 좋은 것을 아시고 준비하시며 우리의 생애 가운데 가장 바람직한 때에 그것을 허락하시며 이루어지도록 한다. 이를 믿을 때 우리는 진정한 평안의 삶을 누릴 수 있다.

우리는 항상 미래에 무슨 일이 내게 일어날런지 알지 못하므로 원초적인 불안을 가지고 있다. 하지만 온 우주를 직접 설계하시고 창조하시며 운행하시는 정확무오하신 하나님께서 나의 하나님이 되시며 나의 삶을 인도하고 계시기 때문에 내일 일어날 일로 인해 두려워하거나 불안해 할 필요가 없는 것이다. 참으로 광대하시면서도 우리의 작은 삶까지 챙겨 주시는 하나님의 자녀가 된 우리는 신령한 안식을 주님 안에서 누릴 수가 있다. 매일의 삶 속에서 우리 앞에 전개되는 모든 일들이 하나님의 계획하심과 간섭 속에서 이루어짐을 깨닫고 오늘도 기대하는 마음으로 지켜보며 근심하지 않고 담대하게 하루를 살아가도록 하자.

우리 나라 최초의 방송위성 무궁화호

– 하나님이 창조하신 원형을 회복하자

인공위성 무궁화호의 발사

한국 최초의 통신 · 방송위성인 무궁화호가 발사되었다. 우리 나라가 자체 인공위성을 가지게 됨으로써 직접 위성방송이 가능하게 되어 난시청 지역이 사라지고 통신 분야에서도 혜택을 입어 지상에 케이블을 깔지 않아도 첨단 통신 서비스를 받을 수 있게 되었다.

그런데 무궁화 1호가 발사될 때 위성 발사시 사용되는 로켓이 제 기능을 충분히 하지 못함으로써 원래 목표했던 궤도보다 6,300Km나 미달되게 되었다. 그래서 자체 추력기를 사용하여 25일 동안 서서히 궤도 수정을 하여 지금은 동경 116도 고도 36,000Km의 원래 궤도를 찾았다. 하지만 자체 연료를 과다하게 사용하는 바람에 10년의 수명이 4년 4개월로 줄어들게 되었다. 아무리 정교하게 만든 위성이라도 자기 궤도에 들지 않으면 무용지물이 되는 것이다.

■ 태양계

우리가 살고 있는 지구를 생각하면 태양계에서 일정한 궤도를 유지하면서 돌고 있다. 만일 이 궤도를 벗어나 태양과 가까워지면 모두 타서 죽을 것이고 지금보다 멀어지게 되면 지구는 얼음 덩어리가 되어 버릴 것이다. 하나님께서 우리가 살기에 가장 알맞은 궤도를 설정하시고 돌게 하셨다. 창조 때부터 지금까지 한 번도 흐트러짐이 없이 규칙적으로 자전과 공전을 해오는 것이다. 여름이 가면 어김없이 가을이 오는 것이다. 적절한 환경을 만드시고 때를 따라 비를 내리시고 초목을 살리시며 동물이 깃들이게 하셨다.

하나님의 창조 질서의 회복

성경에 보면 하나님께서 지구를 우주 공간에 다시며 구름이 물로 되어 있음을 잘 설명하고 있다. "그는 북편 하늘을 허공에 펴시며 땅을 공간에 다시며 물을 빽빽한 구름에 싸시나 그 밑의 구름이 찢어지지 아니하느니라."(욥 26:7-8). **구름 한 점을 보아도 그 속에 비를 예비하신 주님의 섭리를 느낄 수 있고 시원스럽게 스쳐가는 바람을 통해서도 주님의 숨길을 느낄 수 있다. 우리는 이런 것들을 당연하게 생각하고 있으나 하나님의 정교한 솜씨가 없이는 되어질 수 없는 것이다.**

인공위성을 쏘아 올리는 데에도 많은 과학자가 참여하여 정밀한 계산을 하고 필요한 부품을 설계하여 제작하며 목적에 맞는 기능을 수행할 수 있도록 발사 직전까지 세밀한 점검을 한다. 그렇게 했음에도 불구하고 이처럼 정상궤도를 못 찾는 경우가 생기는 것이다. 아무렇게나 만들어 적당히 쏘아 올리는 것이 아니다. 땅 속의 금속 성분이 이리저리 모여 인공위성의 부품이 되고 저절로 짝이 맞아 조립이 되며 어느 날 공중으로 날아 일정 궤도를 유지하며 돌 것이라고 상상하는 사람은 아무도 없을 것이다.

그런데 어째서 우주는 한 점의 핵이 펑 터져서 수많은 별들이 생겨나고 서로 적절한 거리와 인력의 작용으로 은하계와 태양계 등이 생겨났다고 믿는 것일까! 이 우주는 어쩌다가 저절로 생겨난 게 아니다. 지구가 태양계 내에서 적당한 거리를 유지하며 자기의 궤도를 이탈하지 않고 도는 것은 우연하게 이루어질 수 없는 일이다. 하나님께서 만물을 창조하실 때 분명한 목적을 가지고 직접 설계하시고 작정하신대로 만드신 것이다. 하물며 하나님 창조의 클라이맥스인 인간에 대해서는 얼마나 심혈을 기울이셨겠는가.

하나님의 속성 가운데 우리를 끝없이 사랑하는 성품으로 말미암아 그 사랑의 대상으로 우리 인간을 창조하시고 우리를 사랑하시며 인격적인 교제를 원하셨다. 모든 사람이 하나님의 풍성한 사랑 안에서 행복한 삶을 살기 원하신다. 하나님을 바라보며 변함없는 궤도를 유지하며 따라가도록 하셨다. 그러나 인간은 하나님의 사랑과 기대보다는 제 마음대로 살고 싶은 충동으로 하나님을 향한 궤도를 이탈했다. 그 결과, 우리에게 남겨진 것은 파멸과 영원한 죽음뿐이었다. 인간의 죄성은 지금 우리가 겪고 있는 온갖 부조리와 고통과 불행을 낳게 했다.

이제 우리가 해야 될 일은 하나님께서 창조하신 그 때의 모습을 회복하는 것이다. 이 일은 내 힘으로는 안 되고 예수 그리스도를 나의 구원자로 믿을 때 시작되는 것이다. 사탄이 기뻐하는 길로 걸어가다가 이제는 주님이 제시한 궤도를 따라가는 것이다. 내 마음의 욕심대로 살아갔지만 이제는 성령님이 이끄시는 대로 순종하며 가는 것이다. 다른 사람을 질투하고 흉보기를 즐겨했으나 이제는 격려하고 허물을 감추어 주는 모습으로 변하는 것이다. 하나님의 사랑을 등지고 살아 가다가 이제는 그 사랑을 깨닫고 감격해 하면서 살아가는 것이다. 내 입술은 세상의 노래를 불렀으나 이제는 주님을 찬양함이 즐거운 일이 되었다. 모나고 비뚤어진 나의 성격이 용서하고 화합하는 성품으로 변하는 것이다. 예수님께서 보여주신 그 모습을 흠모하면서 예수님처럼 되려고 애를 쓰는 삶이 되는 것이다.

그리고 우리가 사는 환경도 창조하신 때의 모습을 찾도록 노력해야 한다. 개발이라는 이름 아래 성급하게 파헤치고 잘라내며 메우고 오염시키는 일은 창조 질서를 교란하는 일이다. 벌써 물이나 공기의 오염은 심각하다. 물을 사먹는 것은 벌써 보편화되어 있고 얼마 있지 않으면 공기마저 집집마다 배달될 날이 멀지 않을 것이다. 식품이 농약으로 중독 되고 고기도 항생제 범벅이 되어 있는 실정이다. 타락한 인간이 눈 앞의 이익을 위해 마구잡이로 자연의 질서를 파괴했기 때문이다.

자연은 파괴된 만큼 우리에게 고통의 대가를 준다. **이제 궤도에서 이탈한 우리 자신을 인정하고 주님의 능력으로 궤도 수정하여 죄의 종노릇 하던 것에서부터 하나님의 자녀로서의 축복을 누리며 창조 질서를 회복하는 일에 앞장서야 할 것이다.**

유전공학과 윤리의 딜레마

– 하나님의 창조 질서를 회복하는 것이 그리스도인의 사명이다

■ 쌍둥이

아이들은 부모를 닮았으나 부모와 같지 않고 같은 부모에게서 난 아이들끼리도 같지 않으며 심지어 쌍둥이라도 조금은 다르다. 이렇게 부모의 특징이 자녀에게 전달되는 현상과 전달되는 동안에 조금씩 변이가 일어나는 이 두 가지 현상이 생명체가 프로그램을 가지고 있고, 이 프로그램은 조금씩 다르게 표현될 수 있음을 말하고 있다. 이 프로그램은 DNA의 네 가지 염기로 씌어져 있고 이 염기서열이 생명체의 성장과 활동에 대한 정보를 가지고 있다. 이것은 대단히 복잡한 프로그램이지만 이 가운데 포함되어 있는 메시지를 우리는 읽기도 하고 변화시키기도 한다.

유전자 조작

이러한 지식은 1800년대 중반 오스트리아의 수도원 정원에서 본격적으로 시작되었다. 멘델(Mendel)은 1866년 그의 유전법칙을 발표하였으나 완전히 무시되었다가 1900년에 새롭게 관심을 받아 유전학의 초석이 되었다. 멘델의 가장 중요한 발견은 생명체의 형질이 자손에게 전해지는 것은 부모의 유전자라는 사실이다. 이에 따라 유전학자들은 곧 유전자를 갖고 있는 세포의 염색체를 발견하였고, 1953년에 와트슨(Watson)과 크릭(Crick)은 이중나선 구조로 이루어진 DNA의 구조를 밝혔다. DNA는 아데닌(adenine)과 티민(thymine) 그리고 구아닌(guanine)과 시토신(cytosine)이 수소결합을 하고 있는 긴 염기사슬임을 밝혔다. DNA의 구조가 밝혀진 후 분자생물학이라는 새로운 장이 열리게 되고 DNA의 염기 배열 순서를 읽을 수 있는 방법도 개발되었다. 그래서 사람의 유전자 전체의 염기 서열을 읽고자 하는 게놈 프로젝트(genome project)가 추진되어 전체 염기 서열의 해독이 끝났다.

■ 이중나선 구조

사람의 염색체는 30억 개의 뉴클레오티드로 이루어져 있어 이들의 염기 서열을 전부 밝히는 것은 대단히 어려운 일이고 많은 연구비가 소요되지만 1988년에 시작이 되었고 연간 2억 불의 연구비가 투입되었다. 이 프로젝트를 위해 우선 염색체에서 특정 유전자의 위치를 파악하는 유전자 지도의 작성이 선행되고 그 다음에는 염기 서열을 결정하였으며, 궁극적으로는 인간의 유전자의 기능을 완전히 이해하는 것을 목표로 한다. 유전자의 염기 서열을 알게 되면 특정 유전자를 조작하여 변화시킬 수 있다.

박테리오파제 : n.【세균】 살균 바이러스

플라스미드 : 세균의 세포 내에 염색체와는 별개로 존재하면서 독자적으로 증식할 수 있는 DNA의 고리 모양인 유전자.

1973년 박테리아(bacteria)에 박테리오파제(bacteriophage)의 감염에 대항하기 위한 장치로서 제한효소가 존재함을 발견하였고, 이어서 DNA의 복제와 정보 전달에 관여하는 효소들을 분리하고 규명함으로써 DNA의 특정 부위를 절단하고 접합할 수 있게 되었다. 그리고 박테리아 세포 안에 복제할 수 있는 플라스미드(plasmid)라고 하는 작은 유전자가 있음을 알았고, 이를 이용하여 우리가 원하는 유전자를 잘라

돌연변이 : (突然變異)【명사】『생』 어버이 계통에는 없던 새로운 형질이 돌연히 자손이 되는 생물체에 나타나 유전하는 일. 우연 변이.

플라스미드 안에 삽입하고 다시 박테리아에게 넣어 줌으로써 새로운 형질을 발현케 하는 유전자 조작 기술이 발달하게 되었다. 이러한 유전자 조작 기술은 DNA 염기배열상의 돌연변이를 탐색할 수 있게 하고 많은 유전적 질환을 진단할 수 있게 한다. 그리고 사람에게 필요한 호르몬이나 효소도 대량으로 생산할 수 있게 되고, 작물에도 원하는 유전자를 삽입하여 병충해나 냉해에 잘 견디는 식물로 개선하고 있다.

유전공학의 발달과 윤리적 딜레마

이러한 연구들은 비즈니스맨들의 관심을 끌게 되어 상업적으로 이용되기 시작했는데, 1970년대를 기점으로 수많은 생물공학 및 유전공학 회사들이 세워지고 있다. 처음에는 사람의 인슐린, 성장 호르몬, 인터페론과 같은 의약품 위주의 생산을 목표로 했는데 점차 영역이 넓어져 유전자 조작으로 만들어진 박테리아를 농업이나 폐수 처리, 화학 물질의 오염 처리 등에 응용하고자 함으로써 새로운 형태의 박테리아가 실험실로부터 우리 주위의 환경으로 노출될 우려가 있게 되었다. 따라서 새로운 형질의 미생물이 바깥에 노출됨으로서 우리가 예상하지 못하는 심각한 사태가 발생할 우려가 있다.

그래서 1975년 아실로마(Asilomar) 회의에서 잠재적 위험이 있는 실험에 대한 가이드라인이 마련되었다. 하지만 30여 년이 지난 지금, 1975년에는 상상하지 못한 실험들이 일상적으로 수행되고 있고, 뚜렷한 위험이 아직 노출되지 않고 있어 전에 정해 놓았던 가이드라인은 점점 완화되고 있다. 하지만 폐수 처리나 농작물의 개발을 위해 환경에 뿌려지는 미생물에 의해 생태계에 어떤 영향을 미칠지 아무도 확신할 수 없다. 왜냐 하면 새로운 종의 미생물이 낯선 환경에 유입될 때의 엄청난 위험을 역사는 말하고 있기 때문이다. 1987년 미국의 학술원인 NAS(National Academy of Science)는 유전적으로 조작된 미생물의 유입으로 인한 환경 변화의 가능성에 대해, 적절한 과학 지식이 안전하고 지혜롭게 사용할 수 있도록 한다고 보고하였다. 하지만 이 보고는 여러 생태학자들에 의해 생태계의 지식이 간과되었고 유전공학 연구의 활성만을 위한 편견에 치우친 결론이라고 즉각적인 반박을 받았다.

한편, 유전자 조작 기술을 사람에게 적용하여 여러 가지 병을 치료하고자 하는 경우 유전자 치료법이 고안되어 있는데 두 가지 방법이 있다. 하나는 유전자를 사람의 체세포에 넣어 병을 예방하거나 치료하는 것이고, 다른 하나는 발생초기세포에 유전자를 삽입하는 것으로서 다음 세대에도 변형된 유전자가 전달될 수 있다. 어떤 유전자에 결함이 생겨 발생하는 유전병의 경우 그 유전자가 주로 발현되는 조직에 정상적인 유전자를 도입함으로써 고치고자 하는 체세포 유전자 치료법은 윤리적으로도 큰 문제점을 갖지 않으나 발생 초기 세포에 유전자를 삽입하는 것은 기술적인 면과 윤리적인 측면에서 문제가 많다. 이는 자손에게 전달되는 사람의 유전자 흐름을 변화시킬 우려가 있는 것이다.

환경운동가인 제레미 리프킨(Jeremy Rifkin)은 발생 초기 세포에 유전자를 삽입하는 것이 무절제하게 이루어지면 생체의 유전자를 우수한 것으로 개선하고 능력이 뛰어난 것으로 개발한다는 미명 아래 유전자의 바꿔치기가 마구 이루어짐으로 완전히 새로운 형태의 생명체가 형성될 가능성이 있다고 말한다. 오늘날 유전공학은 유전자의 작용원리를 이해하기 위한 도구로 사용하기보다는 산업적 · 경제적 측면에 기본적인 관심이 있다. 따라서 공익보다는 상업적 이익을 추구하게 되고, 유전공학을 절제하고 규제하려는 움직임에 대해 반발하며 유전공학을 통한 장미빛 미래만을 강조하고 있다. 즉 유전공학이 암이나 심장병을 정복할 수 있는 유일한 희망이라고 주장할 것이다.

생화학자 카발리에리(Cavalieri)는 유전공학에 대한 적절한 조절과 정확한 평가가 이루어져야 하며, 과학자가 사회적 양심을 가지고 연구할 것을 촉구하였다. 호기심의 자유만을 부르짖으며 맹목적인 연구가 이루어질 때 우리의 삶의 질에 어떤 변화와 충격이 올지 모르며 궁극적으로 어떤 사태가 발생할지 알 수 없는 것이다.

생물학자 데이비드 윌콕스(David Wilcox)는 생명체의 핵산에 존재하는 정보는 그 생명체에 대한 하나님의 지시로서 생명체는 하나님께서 설계하시고 자손에게 유전되도록 만드신 DNA의 정보에 순응해야 된다고 주장한다. 그런데 우리는 하나님의 생명체를 향한 명령, 즉 유전자를 판독하고 수정하고 있다. 그런데 이 기술은 유익과 해악을 함께 지니고 있다. 즉 유전공학 기술은 과학의 윤리적 딜레마의 하나다.

유전공학과 하나님의 창조

그러면 앞으로 야기될지 모를 위험 때문에 이를 중지해야 하는가? 창세기 1장 28절의 땅을 정복하고 다스리라는 하나님의 문화명령에 따라 우리는 청지기로서 하나님의 창조에 대해 이해하고 이를 토대로 문화를 창출하는 존재다. **유전자 조작 기술도 하나님의 창조 원리의 이해를 위한 중요한 도구가 될 수 있고 이를 통해 하나님의 영광을 드러낼 수 있다. 그리고 우리는 이러한 기술의 의학적 적용에서 도덕적 정의를 심각하게 생각하고 잠재적 해악을 내포하고 있는 실험은 피해야 하고 단순한 호기심 충족의 차원에서 벗어나 공익**

을 우선하는 책임 있는 연구 자세가 필요하리라고 본다.

그리고 우리는 유전공학 연구를 감시하고 교회나 사회에 대해 어떤 것이 도덕적 선택인지를 분명히 해석하고 알려야 할 것이다. 유전공학의 발달로 생명의 신비가 벗겨짐에 따라 하나님께 영광 돌리기보다는 인간의 교만을 부추길 확률이 높다. 하지만 우리는 더욱 하나님의 명령에 충실한 청지기로서 생명의 신비를 알아갈수록 창조하신 하나님의 손길을 바라보고 겸손해지며 사회에 대해서는 책임 있는 자세를 유지해야 할 것이다.

유전의 비밀

– 우리가 살아가는 이 자체가 기적이다

■ 아버지와 닮은 아들

이제 우리 함께 유전자를 따라 한 번 여행해 보자. 사람이 결혼해서 자식을 낳으면 희한하게도 그 생김새가 부모와 비슷하게 생긴 것을 보게 된다. 어떤 경우는 아버지와 아들이 너무 닮아서 국화빵이라고 말하기도 한다. 마치 틀에 찍어 만든 것 같다는 말이다. 대부분의 부모들은 자기와 닮은 자식을 보면서 신기해 하고 한편으로는 자기의 분신처럼 생각해 애지중지하며 좋은 것으로 해주고 싶어하고 잘 되기를 바란다. 그래서 예수님도 "너희 중에 누가 아들이 떡을 달라 하면 돌을 주며 생선을 달라 하면 뱀을 줄 사람이 있겠느냐 너희가 악한 자라도 좋은 것으로 자식에게 줄줄 알거든 하물며 하늘에 계신 너희 아버지께서 구하는 자에게 좋은 것으로 주시지 않겠느냐" (마 7:9-11)고 말씀하셨다.

유전에 관한 체계적인 연구

이렇게 부모로부터 자녀에게 형질이 유전되는 것을 체계적으로 관찰하고 연구한 사람이 오스트리아의 수도사였던 멘델이었다. 그는 수도원 뜰에 완두콩을 재배하면서 실험하여 유명한 유전법칙을 1866년에 발표하였다. 그러나 큰 각광을 받지 못하다가 뒤늦게 그의 연구가 너무나 훌륭한 것임을 알게 되었다. 유전법칙이 발표된 지 78년 만에 폐렴을 일으키는 균의 DNA를 일으키지 못하는 균과 섞어 주면 이 박테리아가 폐렴을 유발하는 독성을 가지게 된다는 사실을 깨닫고, DNA가 폐렴균의 독성을 갖게 하는 유전 물질임을 알게 되었다. 그러자 DNA에 대한 관심이 높아지고 생화학자 샤가프에 의해 DNA는 4개의 염기로 이루어지며 이들 염기 가운데 티민과 아데닌의 양이 비슷하고 시토신과 구아닌의 양이 서로 비슷함이 밝혀졌다.

그리고 모리스 윌킨스와 로잘린 프랭클린이 각각 DNA 구조에 대한 연구를 진행시키고 있었는데 DNA의 결정을 만들고 X선을 조사시켜 산란되는 패턴을 보고 구조를 유추하고 있었다. 이런 실험 결과들을 종합하여 1953년 왓슨과 크릭은 DNA 염기모형을 만들어 맞추어 보다가 이중나선 구조로 꼬여있으면서 티민(T)과 아데닌(A)이 결합을 하고 시토신(C)과 구아닌(G)이 서로 수소 결합을 이루는 구조임을 알게 되었다. 이 구조를 이용하여 나선 구조의 사슬이 풀리면서 풀린 사슬을 틀로 하여 새로운 사슬이 합성되어 복제되는 기작을 제안하게 되었다. DNA 구조에 대한 비밀이 풀리게 되자 유전자에 대한 연구에 가속도가 붙어 새로운 사실들이 급속도로 밝혀지기 시작했다. 유전자의 특정 위치에서 자르고 붙일 수 있는 효소들이 발견되고 염색체와는 독립적으로 세포 내에서 복제가 가능한 플라스미드라는 조그만 유전자를 발견하게 되었다.

티민 : 티민[thymine] DNA를 구성하는 피리미딘염기

아데닌 : 아데닌[adenine] 뉴클레오티드의 일종.

시토신 : 시토신 [cytosine] 핵산을 구성하는 염기의 하나

구아닌 : 구아닌[guanine] 2-아미노-6-옥시퓨린에 해당하는 핵산 구성성분인 퓨린 염기의 일종

그래서 캘리포니아 대학에 있던 보이어는 항생제를 분해하는 효소의 유전자를 플라스미드 안에 삽입하고 재조합된 플라스미드 유전자를 대장균에 집어넣어 줌으로써 전에는 항생제의 존재 하에서 살지 못하던 균이 이제는 살 수 있게 됨을 실험적으로 보여 주었다. 보이어의 실험이 기폭제가 되어 유전자 조작 실험이 광범위하게 이루어지게 되었고 지금은 아주 보편화된 기술이 되었다. 한편 유전자가 4개의 염기가 이어져 사슬을 이루고 있는데, 이것이 어떻게 정보를 가지며 전달하는지 궁금하였다. 이에 니렌버그가 중추적인 역할을 하여 나란히 있는 염기 3개가 하나의 아미노산을 지시한다는 사실을 깨닫게 되었다. 그리고 코라나 박사는 DNA를 합성할 수 있게 되어 여러 조합의 염기 서열을 합성하고 어떤 아미노산이 연결되는지 확인함으로써 유전자 내의 염기 서열에 따른 암호를 풀어나가기 시작했다.

그래서 지금은 4종류의 염기가 3개씩 조합을 이루면 64개의 조합이 생기는데 이 64개 염기 조합에 대한 비밀을 모두 풀 수 있게 되었다. 사람의 경우23쌍의 염색체가 존재하는데 이 염색체에 있는 DNA의 염기 서열을 T, A, C, G로 표시하여 기록해 나가면 1,000페이지나 되는 두꺼운 책이 1,000권 정도 만들어진다. 참으로 방대한 정보의 양이라 할 수 있다. 이런 일련의 연구를 통해 유전자는 모든 생명체에 존재하며 부모로부터 자손으로 형질을 전해 주는 궁극적인 물질임을 확실히 알게 되었던것이다.

유전 물질인 DNA는 대단히 긴 물질인데 꽃을 피우는 현화식물의 경우 10^9에서 10^{11}개의 염기가 길게 이어져 하나의 염색체를 이루고 있다. 그리고 포유류의 경우는 하나의 염색체에 몇 십억 개의 염기 사슬을 가지고 있다. 가장 간단한 생명체인 마이크로플라즈마라는 미생물도 백만여 개의 염기 사슬을 가지고 있다. 동물의 세포를 살펴보면 분열할 때 염색체가 두 배로 복제되어 세포 중앙에 일렬로 배열된 다음 양쪽으로 나뉘어지는데, 세포 분열 직전에 볼 수 있는 염색체는 폭이 0.5μm, 길이가 10μm인데 하나의 염색체에 들어 있는 염기 사슬은 85mm나 되어 염색체 길이의 10,000배 정도 된다.

그러면 이렇게 긴 염기 사슬이 어떻게 꼬여져 10μm로 될 수 있을까? 한편 이 염색체는 세포 안에 막으로 둘러싸인 핵이라는 곳에 존재한다. 핵은 직경이 5μm(0.000005m) 정도인데 핵 안에 들어 있는 여러 염색체의 DNA를 전부 이어 보면 그 길이가 약 2m에 달한다. 그러면 도대체 이렇게 긴 실 모양의 DNA가 어떻게 염색체의 길이로 뭉쳐질 수 있고 핵의 직경보다 4천만 배나 긴 것이 핵 안에 어떻게 들어갈 수 있는가? 실을 마음대로 구기고 접고 꼬아 보아도 쉬운 일이 아닐 것이다. 그리고 DNA는 무작위적으로 꼬여 있는 것이 아니라 질서 정연하게 꼬여 있어 필요할 때는 언제나 정확하게 특정 부위가 풀려 유전 정보가 발현되도록 하고 있다. 마음대로 꼬아 쑤셔 넣으면 엉켜서 풀어내고 싶을 때 제대로 되지 않을 것이고 불가능하다는 사실을 알고 두 손을 들고 말 것이다.

DNA의 염기 사슬은 히스톤이라는 단백질로 이루어진 실타래에 두 바퀴씩 감겨져 있다. 히스톤 단백질은 8개가 한 조가 되어 실타래를 이루고 있는데, 수 많은 실타래 주위로 DNA 사슬이 질서 있게 감겨져 있다. 이렇게 되면 염기가 쌍으로 결합하여 이중 나선을 이루고 있는 DNA 사슬은 폭이 약 20A°(A°=10^{-8}m) 정도인데, 실타래에 감기면 100A° 정도 굵기의 실이 된다. 그리고 이 실은 실타래에 감긴 채 다시 꼬여져 약 300A° 굵기의 실로 된다. 이런 실이 적절히 구부러져 염색체의 모습을 이루는데 이런 모습을 유지하도록 다양한 단백질이 결합하여 안정되도록 만들어 주고 있다. 그리고 염색체는 항상 이렇게 촘촘히 구부러지고 감겨져 있지는 않다. 끊임없이 어떤 부위는 풀렸다가 다시 감기고 한다. 아무리 풀렸다 감겼다 하더라도 엉키는 법 없이 자기의 기능을 완벽하게 수행하는 것이다.

그 많은 정보를 담고 있는 염색체에서 필요한 유전 정보가 있는 곳의 DNA 실이 풀려지게 되고 풀려진 곳으로 RNA 합성 효소가 들어가 DNA에 담겨진 유전 정보를 RNA에 담아 나오는 것이다. 마치 어마어마하게 큰 중앙도서관에 들어가 내가 필요한 정보를 가지고 있는 책을 골라내고 그 책에서 필요한 부분만 복사기로 복사하여 나오는 것과 같다. RNA에 복사되어진 정보는 핵을 떠나 세포질로 나온다. 세포질에는 수 많은 단백질 합성 공장인 리보좀이 기다리고 있다가 RNA에 있는 정보에 따라 아미노산을 하나씩 연쇄적으로 붙여 나감으로써 단백질을 합성한다. 이 때 RNA에 담겨진 유전 암호를 해독하는 기능을 가진 수송 RNA가 아미노산 하나씩을 달고서 암호에 맞추어 질서 있게 단백질 합성 공장으로 들어가 아미노산끼리 서로 연결되도록 한 다음 공장을 나오게 된다. 이렇게 수송 RNA가 차례로 정확하게 암호를 풀어 가기 때문에 염기 서열에 따라 특정 아미노산으로 연결된 독특한 단백질이 생산되는 것이다.

만들어진 단백질은 자신이 가진 활성에 따라 기능을 수행함으로써 유전 정보가 최종적으로 발현되는 것이고 각 생명체의 독특한 형질을 만들어가는 것이다. 세포마다 발현되는 특정 유전자가 다른데, 각자가 꼭 필요한 유전 정보를 정확히 선택하여 발현시킨다. 그래서 심장 세포에서는 혈액을 퍼내고 들이는데 꼭 필요한 단백질을 만들도록 하고, 간 세포에서는 소화 효소나 여러 약물의 대사에 필요한 효소 등을 발현하여 간으로서 고유한 기능을 수행토록 하는 것이다.

뇌에서는 신체 각 부분이나 바깥 세상에서 들어 오는 각종 정보를 처리하고 적절히 대처하도록 만드는 데 필수적인 단백질 등을 발현하도록 한다.

우리 몸에는 다양한 종류의 조직과 세포들이 있지만 이들 세포에는 모두 23쌍, 즉 46개의 염색체를 가지고 있다. 세포 하나마다 한 개체가 이루어질 수 있는 유전 정보를 모두 가지고 있는 셈이다. 그런데 세포마다 46개 염색체의 모든 유전 정보가 한꺼번에 발현되는 것이 아니다. 위에서 언급했듯이 각각 세포의 독특한 기능에 맞는 특정 부위의 유전자만 발현시키는 것이다. 이를 상상해 보라. 엄청난 정보의 바다에서 어떻게 그 세포가 필요한 정보만을 골라서 가져나오는가 말이다.

염색체 중에 어떤 부위는 잠잠한 반면, 어떤 부위는 풀려서 정보를 베껴가도록 허용하고 있다. 염색체나 RNA 합성 효소나 모두 스스로 지혜를 가져서 상황에 따라 알아서 일을 처리한다는 말인가? 혹은 세포마다 자기의 분수를 알아서 자기가 필요로 하는 부분만 발현되고 활동하도록 조절하는 것일까? 세포마다 독특한 기능을 부여하고 그 기능에 합당한 유전자가 발현되도록 애초부터 설계되어 있었고 설계된 대로 정확하게 각 분자들이 기능을 수행하도록 만들어졌음이 분명하다. 원래 설계된 대로 작용하지 않으면 단 한시도 우리는 살아갈 수 없다. 호흡을 한 시간이라도 안 하고 살 수 있는가? 심장이 피를 5분 간만 퍼내지 않으면 우리는 혼수상태에 빠지고 말 것이다. 어쩌면 지금 우리가 정상적으로 생활하며 활동하고 있다는 자체가 기적인 것이다. 너무나 복잡한 생화학 반응들이 한치의 오차도 없이 진행되기 때문이다.

아무리 완벽하게 설계하고 공사를 한 공장이라도 작업 과정 가운데 혼선이 생길 수 있고 설치된 장비가 제대로 작동을 못해 불량품을 만들기도 하는 것이다. 우리가 하루하루를 인간답게 살아갈 수 있다는 자체가 우리 몸 속에서 상상할 수 없을 만큼의 복잡한 반응들이 소리 없이 정확하게 진행되고 있다는 것을 말해 주고 있다. 그 많은 반응들 중에 하나만이라도 삐딱하게 마음먹고 자기 멋대로 작용하면 큰 낭패를 보는 것이다.

그리고 난자와 정자가 합해져 하나의 수정란이 되면 단 한 개의 세포가 분열을 거듭하여 60-70조 개의 세포를 만들고 사람이 탄생하는 것이다. 이런 발생 과정 가운데 46개의 염색체 안에 내장되어 있는 정보는 오류를 범하지 않고 시간에 따라 적절히 발현됨으로써 한 개체가 만들어지는 것이다. 어머니 뱃속에서 발생이 진행되면 독특한 기능의 조직들로 분화되고 그 조직의 세포들은 자신이 속한 조직의기능에 합당한 역할을 수행하는 것이다.

이렇게 개체가 발달하면서 염색체 안에 꼬여 있던 DNA 사슬이 풀려지며 정보를 전해 주고 한편으로 정보가 두 배로 복제되어 새롭게 생기는 세포로 전해지게 된다. 염색체 안에서 촘촘히 꼬여 있으며 다양한 단백질과 결합되어 있는 상황 속에서 두 가닥의 사슬이 풀려지고 상보적인 새로운 사슬이 만들어지고 다시 새롭게 만들어진 단백질과 결합하면서 꼬여지는 일련의 작업을 충실하게 반복하기 때문에 정확한 발생이 가능하게 된다. 이런 DNA 복제 과정이 정확하지 않으면 세포마다 가지고 있는 유전 정보의 내용과 양이 달라져 한 개체 내에서 혼선을 빚을 것이다. 따라서 하나의 세포가 성숙한 개체로 발생하고 분화되는 것은 너무나 경이롭고 엄숙한 것이다.

우리가 살아가는 자체가 기적이다

사람이 살아가는 자체가 기적이라면 하나의 사람으로 온전히 발생되는 것도 기적이라 할 수 있다. 하나님의 지혜와 설계가 없었다면 이루어질 수 없는 일임을 금방 알 수 있다. 하나님께서는 각 생명체에 유전자를 통해 독특한 청사진을 주셨고, 그 정보 범위 안에서 오묘하고도 정확하게 발현되고 조절되게 하심으로써 한 개체로서 충분히 살아가도록 하셨다. 아무리 복제 인간이 가능하다 해도 염색체의 유전 정보 발현을 어떻게 조절하는지 정확하게 모방할 수 없는 것이 인간의 한계이다. 그저 하나님께서 설계하시고 만들어 놓은 것들을이리 저리 바꿔 보려고 하는 것이 우리 수준이다. 유전자를 따라 걸어가면서 하나님의 신묘막측함이 다시 한 번 가슴에 절실히 와 닿는다.

진정한 창조의 회복은 종말의식에서부터 비롯된다

– 종말에 대한 분명한 인식으로 살아가는 그리스도인이 되라

태초에 하나님이 천지를 창조하심으로 우주의 시작은 이루어졌고, 현재도 하나님께서 정하신 원리대로 운행되고 있다. 넓은 우주 가운데 하나님께서는 특별히 지구라는 환경을 만드시고 여기에 생명체를 창조하셔서 살아가도록 했다.

■ 종말

이것뿐만 아니라 하나님께서는 이들의 마지막도 정해 놓으셨다. 개인의 종말뿐만 아니라 우주적 종말도 반드시 있다. 그날에 하늘이 불에 타서 풀어지고 체질이 뜨거운 불에 녹아져 처음 하늘과 처음 땅이 없어지고 새 하늘과 새 땅이 이루어진다고 했다. 그리고 우리 인생들도 정해진 기한이 있다. 천하에 범사가 기한이 있고 모든 목적이 이룰 때가 있으며 날 때와 죽을 때가 있다. 하나님께서 시작을 하셨고 또한 끝을 정해 놓으셨다. 한번 죽는 것은 사람에게 정하신 것이고 그 후에는 심판이 있다고 말한다. 다시 말해 하나님께서는 시작한 것에 대해서 반드시 최종 평가 작업을 하신다. 진정한 가치는 마지막 평가에 의해 결정나는 것이다. 따라서 최종 평가를 하시는 창조주 하나님의 정하신 삶의 원리에 얼마나 충실하게 살았나 하는 점이 중요할 것이다.

한편 과학만능주의는 이 땅의 인구 문제, 환경 문제, 식량 문제 등을 능히 해결할 수 있다고 믿는다. 인간의 지성을 너무 높이 평가한 나머지 인류가 문제에 봉착할 때마다 이를 극복할 수 있는 지혜와 능력이 있기 때문에 현대의 문명은 점점 바람직한 방향으로 조절되고 발전되어 이 땅에 유토피아가 건설될 수 있다고 믿는다.

■ 환경문제

하지만 과학과 지성은 한계가 있다. 이는 인간이 유한하기 때문이다. 인간의 편리를 추구하다보니 어느새 우리를 위협하는 괴물을 양산하였다. 기술이 발전하면 점점 행복해질 것으로 기대하지만 이 기술이 앞으로 어떤 영향을 미치며 발전된 기술의 다른 얼굴은 어떤 것인지 정확하게 파악하지 못하는 인간의 좁은 소견 때문에 일어나는 문제이다. 이 땅에 건설되고 있는 문명이 결국은 무너질 바벨탑임을 인식해야 한다.

그렇다고 해서 무너질 것만 바라보며 팔짱만 끼고 있어야 하는가? 성서에서 제시하는 창조 질서를 종합적으로 면밀하게 연구하여 크리스천 과학자로서 대안을 제시하며 이를 회복하기 위해 최선의 노력을 기울여야 한다. 비록 이런 노력이 불완전할지라도 주님의 재림으로 온전한 회복이 이루어질 때까지 지속되어야 할 것이다. 앞으로는 문서나 신문, 방송 미디어, 세미나 등을 통해 하나님의 창조를 전할 때 하나님께서 정하신 종말도 있음을 전할 필요가 있다. 왜냐하면 마지막을 대비하는 슬기로움이 필요한 때이기 때문이다. 하지만 대부분은 종말을 의식하지 않고 살아간다. 마지막 때는 멀리 떨어져 있고 자신과는 직접 관계가 없는 일처럼 생각한다.

최근에도 존경하던 분이 의욕적으로 왕성하게 활동하시다가 불의의 사고로 갑자기 떠나셨다. 종말은 항상 예상과 기대를 빗나간다. 종말에 대한 분명한 인식이 있을 때 오늘 하루의 삶도 하나님께서 나에게 주신 기회로 알고 감사하며 겸손할 것이다. 하나님께서 정하신 기한이 이르기 전에 창조주를 기억하고 그 분이 기뻐하시는 대로 지혜롭게 시간을 아끼며 살아가도록 일깨워야 한다. 크리스천 과학자의 중요한 사명 가운데 하나가 하나님의 창조 섭리를 전하면서 복음을 증거함에 있다. 피조물로서 하나님의 창조하심을 믿고 정하신 목적대로 바른 가치관을 따라 살며, 세상의 빛과 소금으로서 살 수 있는 구체적인 생활원리 및 방식을 제시해야 할 것이다. 이것이 언제 다가올지 모를 종말에 대비하는 일임을 강조해야 한다.

삶에서 진정한 창조 원리의 회복은 올바른 종말의식으로부터 이루어짐을 믿는다. 많은 사람을 옳은 데로 돌아오게 하는 구원을 위한 노력이 창조질서 회복의 가장 근본적인 부분이기 때문에, 이 일을 위해 하나님의 창조하심과 종말의 심판하심을 크리스천 과학자는 더욱 힘을 쏟아 전해야 할 것이다.

타이타닉호와 노아의 방주

– 하나님의 보호하심에 삶을 맡겨라

〈타이타닉〉이라는 영화가 있다. 제임스 카메론 감독이 만든 영화로서 1998년 아카데미 영화상 14개 부문에 후보로 올랐고, 작품, 감독, 주제가, 작곡, 미술, 촬영, 편집 등 11개 부문을 휩쓸어 역대 아카데미상 최다 부문 수상기록을 가진 영화이다. 2억8천5백만 불이라는 어마어마한 제작비를 투입해서 만든 영화로서, 생생한 현장감과 긴박감을 살리기 위해 실물보다는 작지만 233m나 되는 큰 배를 실제로 만들고 캘리포니아 앞바다에 1,700만 갤론의 탱크를 제작하여 그 안에 배를 띄워 촬영을 했다고 한다. 실제로 일어난 사건을 재현하여 영화로 만들었는데, 재난의 현장을 실감 넘치게 하기 위해 정교한 컴퓨터 그래픽을 활용했다고 한다.

■ 영화 〈타이타닉〉

■ 타이타닉호

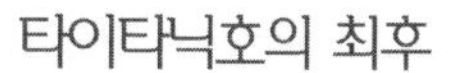

타이타닉호의 최후

1912년 4월 10일 수요일, 영국의 사우스햄튼(South Hampton) 항구를 출발한 타이타닉(TITANIC) 여객선은 프랑스와 아일랜드를 거쳐 뉴욕으로 출발을 하였다. 20세기에 들어서면서 대서양을 횡단하는 호화선박 붐을 타고 이 배는 당시 지상에서 가장 크고, 가장 빠르며, 가장 호화로운 배로 선전이 되어 모든 사람이 타고 싶어하는 꿈의 여객선이었다. 이 배에는 28개의 초호화 특실이 있어서 부유한 상류계층의 사람들로 북적거렸고 3등실의 일반 서민들과 아울러 1500여 명의 승객이 탔고, 700여 명의 승무원이 승선하여 총 2,223명의 인원을 태우고 처녀 항해를 시작하였다.

그런데 북대서양에 떠 있는 빙하에 대한 경고에도 불구하고, 크고 안전한 배로만 믿고 가다가 출항 5일만인 4월 14일 밤 11시 40분에 빙하와 충돌하여 새벽 2시 30분에 두 동강이 난 채 차가운 대서양 바다 밑으로 침몰하였다. 이 배에는 승객의 50퍼센트를 수용할 정도의 구명보트만 장착되었고, 사고 발생 당시 승무원들이 허둥거려서 침착하게 대처하지 못했기 때문에 1/3 정도밖에 살지 못했다. 그래서 배와 함께 1,500여 명이 칠흑 같은 얼음 바다에서 목숨을 잃었다.

아무리 크고 튼튼하다 할지라도 하나님이 만드신 자연 앞에는 무력할 수밖에 없었다. 가장 화려하고 멋있게 만들었다고 뽐내었지만 아무 소용이 없었다. 빙하에 부딪힌 선체는 찢어져 구멍이 났고 구멍 난 배 앞부분으로 쏟아져 들어온 바닷물의 수압을 견디지 못하여 배가 수직으로 들렸다. 이어 선체가 두 동강이 나면서 앞부분은 직각으로 빠져 들어갔다. 인간들의 오만이 바다에 침몰하는 순간이었다.

성경에도 어마어마하게 큰 배에 대한 내용이 있다. 창세기에 기록된 대홍수 때 노아의 방주는 타이타닉보다 더 심한 악조건 하에서도 안전한 항해를 할 수 있었다. 방주는 온 땅을 뒤엎는 홍수의 급한 물결 속에서도 깨어지지 않고 떠 있었던 것이다. 성경에는 하늘의 창이 열리고 깊음의 샘이 터졌다고 했다. 이는 하늘로부터 내리는 비뿐만 아니라 지하로부터의 화산이 터지고 이로 인해 해일이 엄청나게 일어났음을 짐작할 수 있다. 따라서 방주는 잔잔한 바다 위에 떠 있었던 것이 아니라 급격한 물살의 요동 속에서 위태롭게 떠 있었던 것이다.

타이타닉호는 출항한지 불과 5일 만에 깨어졌지만 방주는 비가 오고 마그마가 뿜어 나오며 해일이 일어나는 40주야에 걸쳐 살아남았고, 물이 서서히 빠져 배가 아라랏산에 머물기까지 모두 150일 동안 안전하게 항해했다. 방주 안에는 노아의 여덟 식구들과 아울러 온갖 동물들이 타고 있었지만 홍수 기간동안 아무도 희생되지 않고 홍수가 끝나기까지 온전히 살아남을 수 있었다. 그리고 타이타닉은 견고한 철로 만들어졌지만 방주는 잣나무에 역청을 발라 만들었다. 따라서 방주가 충격에 훨씬 더 약했으리라 짐작이 된다. 또한 한 가지 더 생각해 볼 사실은 방주에는 추진 장치나 방향을 잡는 키가 전혀 없었다. 타이타닉은 그 당시 가장 빠르게 달리는 여객선이었다. 그 큰 배를 움직이는 막강한 파워의 엔진이 있었고 방향을 잡는 키는 말할 것도 없고 항해에 전문적인 지식을 갖추고 오랫동안 훈련을 받은 승무원들이 700여 명이나 타고 있었다. 하지만 바다에 떠 있는 빙산을 피하지 못하고 결국은 좌초되고 말았다.

노아의 방주와 하나님의 보호하심

한편 노아의 방주는 눈앞에 암초가 있다 하여도 방향을 틀어 피할 능력을 갖추고 있지 못한 배였다. 그렇지만 이 배를 통해 이 땅의 인류가 다시 시작되었고 모든 동물들이 다시 번성할 수 있었다. 이는 온전히 하나님의 보호하심 때문이었다. 하나님께서 가파른 물살 가운데서도 방주를 보호하시고 파선케 할 수 있는 수많은 장애물을 피하게 하셨다.

신앙의 삶도 이런 것이라 생각된다. 나 스스로는 아무것도 할 수 없는 존재로 인정하고 온전히 주님만 신뢰하고 주님의 보호하심만 믿는 것이다. 나는 약하지만 내 인생의 주인이신 예수님으로 말미암아 강하게 살 수 있고 나는 미련하지만 내 안에 살아 계신 주님으로 인해 지혜롭게 살 수 있음을 믿는 것이다.

내가 능력이 있다고 생각할 때 하나님을 찾지 않고 내가 힘이 있다고 생각할 때 주님께 눈길을 돌리지 않는다. 나는 아직도 무엇을 할 수 있다고 자만할 때 결국 침몰하는 인생으로 끝나는 것이다. 하나님은 지금도 살아 계셔서 우리를 눈동자같이 보호하시며 낮의 해가 우리를 상치 못하게 하시며 밤의 달도 우리를 해치 못하게 하시는 것을 인식하고 하나님에 대한 온전한 믿음을 가진 우리는 진정으로 행복한 자라 할 수 있다.